普通高等教育土建学科专业"十一五"规划教材
全国高职高专教育土建类专业教学指导委员会规划推荐教材

建筑工程资料管理实训

(土建类专业适用)

本教材编审委员会组织编写
李 光 主编
白 峰 主审

中国建筑工业出版社

图书在版编目（CIP）数据

建筑工程资料管理实训/本教材编审委员会组织编写
—北京：中国建筑工业出版社，2007
普通高等教育土建学科专业"十一五"规划教材．全国高职高专教育土建类专业教学指导委员会规划推荐教材．土建类专业适用
ISBN 978-7-112-08935-2

Ⅰ．建… Ⅱ．本… Ⅲ．建筑工程-技术档案-档案管理-高等学校：技术学校-教材 Ⅳ．G275.3

中国版本图书馆 CIP 数据核字（2007）第 024644 号

普通高等教育土建学科专业"十一五"规划教材
全国高职高专教育土建类专业教学指导委员会规划推荐教材

建筑工程资料管理实训
（土建类专业适用）
本教材编审委员会组织编写
李　光　主编
白　峰　主审

*

中国建筑工业出版社出版、发行（北京西郊百万庄）
各地新华书店、建筑书店经销
北京嘉泰利德公司制版
化学工业出版社印刷厂印刷

*

开本：787×1092 毫米　1/16　印张：18　插页：3　字数：435 千字
2007 年 3 月第一版　　2013 年 7 月第十五次印刷
定价：29.00 元
ISBN 978-7-112-08935-2
（20329）

版权所有　翻印必究
如有印装质量问题，可寄本社退换
（邮政编码 100037）

本社网址：http://www.cabp.com.cn
网上书店：http://www.china-building.com.cn

本教材是土建类专业系列实训教材之一。突出了"以能力为本位"的指导思想，以建筑施工企业资料员为培养目标。全书分为两部分。第一部分为建筑工程技术资料管理知识，包括建筑工程技术资料管理概述、建筑工程施工资料管理两章，介绍了与建筑工程技术资料相关的基本知识。第二部分为建筑工程资料管理实训，包括施工技术管理资料、建筑与结构—地基与基础分部工程资料、建筑与结构—主体结构分部工程资料、建筑与结构—建筑屋面分部工程资料、建筑与结构—建筑装饰装修分部工程资料、安全和功能检验资料核查记录等6个项目。

　　本教材既可作为高职高专学生完成校内理论学习后的工程实践指导用书，也可作为建筑施工企业建造师助理、技术员、资料员的参考学习用书。

＊　＊　＊

　　责任编辑：朱首明　李　明
　　责任设计：郑秋菊
　　责任校对：王　爽　刘　钰

本教材编审委员会名单

主　任：杜国城
副主任：杨力彬　赵　研
委　员：（按姓氏笔画排序）
　　　　王春宁　白　峰　危道军　李　光　张若美
　　　　张瑞生　季　翔　赵兴仁　姚谨英

序

2004年12月，在"原高等学校土建学科教学指导委员会高等职业教育专业委员会"（以下简称"原土建学科高职委"）的基础上重新组建了全国统一名称的"高职高专教育土建类专业教学指导委员会"（以下简称"土建类专业教指委"），继续承担在教育部、建设部的领导下对全国土建类高等职业教育进行"研究、咨询、指导、服务"的责任。组织全国的优秀编者编写土建类高职高专教材推荐给全国各院校使用是教学指导委员会的一项重要工作。2003年"原土建学科高职委"精心组织编写的"建筑工程技术"专业12门主干课程教材《建筑识图与构造》、《建筑力学》、《建筑结构》（第二版）、《地基与基础》、《建筑材料》、《建筑施工技术》（第二版）、《建筑施工组织》、《建筑工程计量与计价》、《建筑工程测量》、《高层建筑施工》、《工程项目招投标与合同管理》、《建筑法规概论》，较好地体现了土建类高等职业教育的特色，以其权威性、先进性、实用性受到全国同行的普遍赞誉，于2006年全部被教育部和建设部评为国家级和部级"十一五"规划教材。总结这套教材使用中发现的一些不尽如人意的地方，考虑近年来出现的新材料、新设备、新工艺、新技术、新规范急需编入教材，土建类专业教指委土建施工类专业指导分委员会于2006年5月在南昌召开专门会议，对这套教材的修订进行了认真充分的研讨，形成了共识后才正式着手教材的修订。修订版教材将于2007年由中国建筑工业出版社陆续出版、发行。

现行的"建筑工程技术"专业的指导性培养方案是由"原土建学科高职委"于2002年组织编制的，该方案贯彻了培养"施工型"、"能力型"、"成品型"人才的指导思想，实践教学明显加强，实践时数占总教学时数的50%，但大量实践教学的内容还停留在由实践教学大纲和实习指导书来规定的水平，由实践教学承担的培养岗位职业能力的内容、方法、手段缺乏科学性和系统性，这种粗放、单薄的关于实践教学内容的规定，与以能力为本位的培养目标存在很大的差距。土建类专业教指委的专家们敏感地意识到了这个差距，于2004年开始在西宁召开会议正式启动了实践教学内容体系建设工作，通过全国各院校专家的共同努力，很快取得了共识，以毕业生必备的岗位职业能力为总目标，以培养目标能力分解的各项综合能力为子目标，把相近的子目标整合为一门门实训课程，以这一门门实训课程为主，以理论教学中的一项项实践性环节为辅，构建一个与理论教学内容体系相对独立、相互渗透、互相支撑的实践教学内容新体系。为了编好实训教材，2005年间土建类专业教指委土建施工类专业指导分委员会多次召开会议，研讨有关问题，最终确定编写《建筑工程识图实训》、《建筑施工技术管理实训》、《建筑施工组织与造价管理实训》、《建筑工程质量与安全管理实训》、《建筑工程资料管理实训》5本实训教材，并聘请工程经历丰富的10位专家担任主编和主审，对各位主编提出的编写大纲也进行了认真研讨,随后编写工作才正式展开。实训教材计划 2007 年由中国建筑工业出版社陆续出版、发行,届时土建类专业就会有 12 门主干课程教材和 5 本与其配套的实训教材供各院校使用。编写实训教材是一项原创性的工作,困难多,难度大,在此向参与 5 门实训教材编审工作的专家们表示深深的谢意。

教学改革是一项在艰苦探索中不断深化的过程,我们又向前艰难地迈出了一大步,我们坚信方向是正确的,我们还要一如既往地走下去。相信这 5 本实训教材的面世和使用,一定会使土建类高等职业教育走进"以就业为导向、以能力为本位"的新境界。

高职高专教育土建类专业教学指导委员会
2006 年 11 月

前 言

本书是高职高专土建类专业教学指导委员会土建施工类专业指导分委员会组织编写的实训教材之一。主要用于高职高专建筑工程技术专业实践技能训练，是一本实践技能培训教材。它以建筑施工企业建造师、技术员、质量员、资料员为实训对象。以实际工程项目为案例进行教学分析，采用指导与具体实际训练相结合的教学方法，以建筑识图与构造、建筑力学与结构、施工技术、施工组织、工程材料、质量安全控制等相关教材为基础，以能够完成一般常见类型建设项目资料填写、收集、整理、归档的全过程资料管理工作为培养目标。

本书是建筑工程技术专业的一门实践性课程，通过该门课程的学习将使学生掌握工程技术资料填写收集的基本方法，并通过实际训练、案例学习和项目实训掌握建筑工程技术资料管理的技能，对培养学生的专业岗位能力，迅速成长为具有实际操作能力的施工技术管理人才有重要作用。

本书阐述了建设项目全过程中各阶段和各参与单位资料编制的内容，重点系统地介绍施工阶段施工技术资料的编制内容、要求及方法。教材编写紧密结合工程实例，以具体项目为框架，简化理论阐述，重实用、重案例。通过本书的学习，使读者能够掌握建设工程技术资料管理的基本知识，具有初步编制建筑工程技术资料的能力。

本书依据《建设工程质量管理条例》、《建筑工程施工质量验收统一标准》、《建筑工程质量验收规范》、《建设工程文件归档整理规范》等有关法律、法规和技术标准组织编写。

本书共包括两部分：第1部分建设工程资料管理概述由新疆建设职业技术学院李光编写；第2部分的项目2、项目3由新疆建设标准办公室李建国编写；项目1、项目4由新疆建设职业技术学院李光编写，项目5由四川建筑职业技术学院刘鉴秋编写；项目6由李光、李建国共同编写。全书由山西建筑职业技术学院白峰主审。

本书参考借鉴了其他学者的部分研究成果，在此向他们表示衷心的感谢。

由于编者水平有限，书中难免存在不妥和疏漏之处，恳切希望读者批评指正。

目 录

第1部分 建筑工程技术资料管理

1 建筑工程技术资料管理概述 ··· 1
 1.1 建筑工程技术资料管理基本概念 ································· 1
 1.2 建筑工程资料的归档管理 ··· 2

2 建筑工程施工资料管理 ··· 19
 2.1 建筑工程施工质量验收 ··· 19
 2.2 建筑工程技术资料用表 ··· 34
 2.3 建筑工程常用资料表格编制及填写要求 ······················ 40

第2部分 建筑工程资料管理实训

××市公安局办公大楼施工资料 ··· 48

项目1 施工技术管理资料 ·· 53
 训练1 施工技术管理资料分类及组卷 ································ 53
 训练2 施工技术管理资料编制组卷实例 ···························· 55

项目2 建筑与结构—地基与基础分部工程资料 ················ 67
 训练1 地基与基础工程的子分部、分项检验批的划分与数量 ······ 67
 训练2 工程质量控制资料——建筑与结构—地基与基础工程 ······ 69

项目3 建筑与结构—主体结构分部工程资料 ···················· 135
 训练1 主体结构工程的子分部、分项检验批的划分与数量 ········· 135
 训练2 工程质量控制资料——建筑与结构—主体结构工程 ········· 137

项目4 建筑与结构—建筑屋面分部工程资料 ···················· 185
 训练1 建筑屋面分部工程的子分部、分项检验批的划分与数量 ··· 185
 训练2 工程质量控制资料——建筑与结构—建筑屋面工程 ········· 186

项目5　建筑与结构—建筑装饰装修分部工程资料 ……………………… 215
　　训练1　建筑装饰装修分部工程的子分部、分项工程检验批的划分与
　　　　　　数量 ……………………………………………………………… 215
　　训练2　工程质量控制资料——建筑与结构—建筑装饰装修工程 ……… 217

项目6　安全和功能检验资料核查记录 ………………………………………… 262
　　单位（子单位）工程安全和功能检验资料核查记录 …………………… 263
　　单位（子单位）工程观感质量检查记录 ………………………………… 275
　　单位（子单位）工程质量竣工验收记录 ………………………………… 276

主要参考文献 …………………………………………………………………… 277

第1部分 建筑工程技术资料管理

本部分提要

本部分主要内容包括：建筑工程技术资料归档管理的职责、范围、质量要求，组卷的原则和方法及验收与移交；建筑工程施工质量验收规定、验收的程序和组织、验收备案制度；建筑工程技术资料用表；常用建筑工程资料表格的填写要求。

1 建筑工程技术资料管理概述

1.1 建筑工程技术资料管理基本概念

1.1.1 建筑工程技术资料管理的意义

建筑工程技术资料是建筑工程进行竣工验收和竣工核定的必备条件，是城建档案的重要组成部分，也是对工程进行检查、维修、管理、使用、改建的重要依据。在我国，国家立法和验收标准均对工程资料提出了明确要求。《中华人民共和国建筑法》、《建设工程质量管理条例》等法律、法规，《建筑工程施工质量验收统一标准》等规范，均把工程资料放在重要位置。

任何新建、改建、扩建的建筑工程，参与工程建设的建设、勘察、设计、监理和施工等单位均不能忽视工程资料的管理。在工程实践中，工程资料的验收应与工程竣工验收同步进行，同时建设工程的归档及整理应遵循《建设工程文件归档整理规范》（GB/T50328—2001）的规定。工程资料不符合要求的，将导致无法进行工程竣工验收。

在现实中，未曾验收的工程如果由于某种原因遗失、毁损了工程资料，则工程的验收便不能正常进行，必须通过有资格的检测单位进行质量检测，方可证明工程是否合格。已经投入使用的工程，如果没有妥善保存工程资料，则工程的维护、维修、改造都缺少依据，难以进行。

当前全面贯彻执行ISO9000质量管理体系系列标准，资料是其一项重要内容，是证明管理有效性的重要依据，资料也是质量管理体系的重要组成部分，是评价管理水平的重要见证材料。由于产品结构和制造工艺复杂，必须在产品质量的形成过程中加强管理和实施监督，要求企业在生产过程建立相应的质量体系，提供能充分证明质量符合要求的客观证据。

由此可以看出工程资料的重要性。为了保证建筑工程的安全和使用功能，必须重视工程资料的真实性、可靠性。因此，我们应当规范工程资料的管理，将工程资料视为工程质量验收的重要依据，甚至是工程质量的组成部分。

1.1.2　建筑工程文件的概念及分类

建筑工程文件是指在工程建设过程中形成的各种形式的信息记录，包括工程准备阶段文件、监理文件、施工文件、竣工图和竣工验收文件，也可简称为工程文件。工程准备阶段文件是指在工程开工以前，在立项、审批、征地、勘察、设计、招投标等工程准备阶段形成的文件；监理文件是指监理单位在工程设计、施工等监理过程中形成的文件；施工文件是指施工单位在工程施工过程中形成的文件；竣工图是指在工程竣工验收后，真实反映建设工程项目施工结果的图样；竣工验收文件是指在建设工程项目竣工验收活动中形成的文件。

1.1.3　建筑工程档案与资料的概念

建筑工程档案是指在工程建设活动中直接形成的具有归档保存价值的文字、图表、声像等各种形式的历史记录，也可简称为工程档案。

建筑工程资料是指工程建设过程及结果的书面或声像记载。如规划文件资料，建设文件资料，施工技术资料，竣工图、竣工测量资料和竣工验收资料，声像资料等资料。

资料与档案区别在于：资料是一个相对性的概念，只要对人们研究解决某一问题有信息支持价值，无论其具体内容是什么，均可视为资料；档案是保存备查的历史文件，在工作活动中，总要产生和使用许多文件，由于工作的持续进行和事业发展的客观需要，人们又自然要把日后仍需考查的文件有意识地留存下来，就成为了档案；档案没有资料那样的相对性，档案可作为资料使用，资料却不能作为档案看待并使用。

1.2　建筑工程资料的归档管理

建筑工程资料的归档管理是指建设项目各参与单位，按照规范的要求对与工程建设有关的重要活动、工程建设主要过程和现状的记载，并将具有保存价值的各种载体的文件进行收集、按照《建设工程文件归档整理规范》（GB/T50328—2001）的归档范围的基本原则整理立卷后归档。

1.2.1　建筑工程资料的归档管理职责

建筑工程技术资料管理职责包括建设单位、监理单位、施工单位、城建档案馆在内的全部工程资料的编制和管理单位。工程资料不仅由施工单位提供，而且参与工程建设的建设单位、承担监理任务的监理或咨询单位，都负有收集、整理、签署、核查工程资料的责任。建设、勘察、设计、施工、监理等单位应将工程文件的形成和积累纳入工程建设管理的各个环节和有关人员的职责范围。

（1）在工程文件与档案的整理立卷、验收移交工作中，建设单位应履行下列职责：

1）在工程招标及与勘察、设计、施工、监理等单位签订协议、合同时，应对工程文件的套数、费用、质量、移交时间等提出明确要求；

2）收集和整理工程准备阶段、竣工验收阶段形成的文件，并应进行立卷归档；

3）负责组织、监督和检查勘察、设计、施工、监理等单位的工程文件的形成、积累和立卷归档工作，也可委托监理单位监督、检查工程文件的形成、积累和立卷归档工作；

4）收集和汇总勘察、设计、施工、监理等单位立卷归档的工程档案；

5）在组织工程竣工验收前，应提请当地的城建档案管理机构对工程档案进行预验收，未取得工程档案验收认可文件，不得组织工程竣工验收；

6）对列入城建档案馆（室）接收范围的工程，工程竣工验收后3个月内，向当地城建档案馆（室）移交一套符合规定的工程档案。

（2）勘察、设计、施工、监理等单位应将本单位形成的工程文件立卷后向建设单位移交。

（3）建筑工程项目实行总承包的，总包单位负责收集、汇总各分包单位形成的工程档案，并应及时向建设单位移交；各分包单位遵循《建设工程文件归档整理规范》（GB/T50328—2001）基本规定，应将本单位形成的工程文件整理、立卷后及时移交总包单位。建设工程项目由几个单位承包的，各承包单位负责收集、整理立卷其承包项目的工程文件，并应及时向建设单位移交。

（4）城建档案管理机构应对工程文件的立卷归档工作进行监督、检查、指导。在工程竣工验收前，应对工程档案进行预验收，验收合格后，须出具工程档案认可文件。

1.2.2 建筑工程资料的归档范围

建筑工程资料的具体归档范围应符合《建设工程文件归档整理规范》（GB/T50328—2001）基本规定，见表1-1。

建设工程文件归档范围和保管期限表　　　表1-1

序号	归档文件	保存单位和保管期限				
		建设单位	施工单位	设计单位	监理单位	城建档案馆
工程准备阶段文件						
一	立项文件	永久				
1	项目建议书	永久				√
2	项目建议书审批意见及前期工作通知书	永久				√

续表

序号	归档文件	保存单位和保管期限				
		建设单位	施工单位	设计单位	监理单位	城建档案馆
3	可行性研究报告及附件	永久				√
4	可行性研究报告审批意见	永久				√
5	关于立项有关的会议纪要、领导讲话	永久				√
6	专家建议文件	永久				√
7	调查资料及项目评估研究材料	长期				√
二	建设用地、征地、拆迁文件					
1	选址申请及选址规划意见通知书	永久				√
2	用地申请报告及县级以上人民政府城乡建设用地批准书	永久				√
3	拆迁安置意见、协议、方案等	长期				
4	建设用地规划许可证及其附件	永久				√
5	划拨建设用地文件	永久				√
6	国有土地使用证	永久				√
三	勘察、测绘、设计文件					
1	工程地质勘察报告	永久		永久		√
2	水文地质勘察报告、自然条件、地震调查	永久		永久		√
3	建设用地钉桩通知单（书）	永久				√
4	地形测量和坡地测量成果报告	永久		永久		√
5	申报的规划设计条件和规划设计条件通知书	永久		长期		√
6	初步设计图纸和说明	长期		长期		
7	技术设计图纸和说明	长期		长期		
8	审定设计方案通知书及审查意见	长期		长期		√
9	有关行政主管部门（人防、环保、消防、交通、园林、市政、文物、通信、保密、河湖、教育、白蚁防治、卫生等）批准文件或取得的有关协议	永久				√
10	施工图及其说明	长期		长期		
11	设计计算书	长期		长期		
12	政府有关部门对施工图设计文件的审批意见	永久		长期		√
四	招投标文件					
1	勘察设计招投标文件	长期				
2	勘察设计承包合同	长期		长期		
3	施工招投标文件	长期				
4	施工承包合同	长期	长期			√
5	工程监理招投标文件	长期				
6	监理委托合同	长期			长期	√
五	开工审批文件					
1	建设项目列入年度计划的申报文件	永久				√
2	建设项目列入年度的批复文件或年度计划项目表	永久				√
3	规划审批申报表及报送的文件和图纸	永久				

续表

序号	归档文件	保存单位和保管期限				
		建设单位	施工单位	设计单位	监理单位	城建档案馆
4	建设工程规划许可证及其附件	永久				√
5	建设工程开工审查表	永久				
6	建设工程施工许可证	永久				√
7	投资许可证、审计证明、缴纳绿化建设费等证明	长期				√
8	工程质量监督手续	长期				√
六	财务文件					
1	工程投资估算材料	短期				
2	工程设计概算材料	短期				
3	施工图预算材料	短期				
4	施工预算	短期				
七	建设、施工、监理机构及负责人					
1	工程项目管理机构（项目经理部）及负责人名单	长期				√
2	工程项目监理机构（项目监理部）及负责人名单	长期			长期	√
3	工程项目施工管理机构（施工项目经理部）及负责人名单	长期	长期		长期	√
监 理 文 件						
1	监理规划					
①	监理规划	长期			短期	√
②	监理实施细则	长期			短期	√
③	监理部总控制计划等	长期			短期	√
2	监理月报中的有关质量问题	长期			长期	√
3	监理会议纪要中的有关质量问题	长期			长期	√
4	进度控制					
①	工程开工/复工审批表	长期			长期	√
②	工程开工/复工暂停令	长期			长期	
5	质量控制					
①	不合格项目通知	长期			长期	√
②	质量事故报告及处理意见	长期			长期	√
6	造价控制					
①	预付款报审与支付	短期				
②	月付款报审与支付	短期				
③	设计变更、洽商费用报审与签认	长期				
④	工程竣工决算审核意见书	长期				√
7	分包资质					
①	分包单位资质材料	长期				
②	供货单位资质材料	长期				
③	试验等单位资质材料	长期				
8	监理通知					

续表

序号	归档文件	建设单位	施工单位	设计单位	监理单位	城建档案馆
①	有关进度控制的监理通知	长期			长期	
②	有关质量控制的监理通知	长期			长期	
③	有关造价控制的监理通知	长期			长期	
9	合同与其他事项管理					
①	工程延期报告及审批	永久			长期	√
②	费用索赔报告及审批	长期			长期	
③	合同争议、违约报告及处理意见	永久			长期	√
④	合同变更材料	长期			长期	√
10	监理工作总结					
①	专题总结	长期			短期	
②	月报总结	长期			短期	
③	工程竣工总结	长期			长期	√
④	质量评价意见报告	长期			长期	√
施工文件						
一	建筑安装工程					
（一）	土建（建筑与结构）工程					
1	施工技术准备文件					
①	施工组织设计	长期				
②	技术交底	长期	长期	长期		√
③	图纸会审记录	长期	长期			
④	施工预算的编制和审查	短期	短期			
⑤	施工日志	短期	短期			
2	施工现场准备					
①	控制网设置资料	长期	长期			√
②	工程定位测量资料	长期	长期			√
③	基槽开挖线测量资料	长期	长期			√
④	施工安全措施	短期	短期			
⑤	施工环保措施	短期	短期			
3	地基处理记录					
①	地基钎探记录和钎探平面布点图	永久	长期			√
②	验槽记录和地基处理记录	永久	长期			√
③	桩基施工记录	永久	长期			√
④	试桩记录	长期	长期			√
4	工程图纸变更记录					
①	设计会议会审记录	永久	长期	长期		√
②	设计变更记录	永久	长期	长期		√
③	工程洽商记录	永久	长期	长期		√
5	施工材料预制构件质量证明文件及复试试验报告					

续表

序号	归档文件	保存单位和保管期限				
		建设单位	施工单位	设计单位	监理单位	城建档案馆
①	砂、石、砖、水泥、钢筋、防水材料、隔热保温材料、防腐材料、轻集料试验汇总表	长期				√
②	砂、石、砖、水泥、钢筋、防水材料、隔热保温材料、防腐材料、轻集料出厂证明文件	长期				√
③	砂、石、砖、水泥、钢筋、防水材料、轻集料、焊条、沥青复试试验报告	长期				√
④	预制构件（钢、混凝土）出厂合格证、试验记录	长期				√
⑤	工程物资选样送审表	短期				
⑥	进场物资批次汇总表	短期				
⑦	工程物资进场报验表	短期				
6	施工试验记录					
①	土的（素土、灰土）干密度试验报告	长期				√
②	土的（素土、灰土）击实试验报告	长期				
③	砂浆配合比通知单	长期				
④	砂浆（试块）抗压强度试验报告	长期				√
⑤	混凝土配合比通知单	长期				
⑥	混凝土（试块）抗压强度试验报告	长期				√
⑦	混凝土抗渗试验报告	长期				√
⑧	商品混凝土出厂合格证、复试报告	长期				√
⑨	钢筋接头（焊接）试验报告	长期				
⑩	防水工程试水检查记录	长期				
⑪	楼地面、屋面坡度检查记录	长期				
⑫	土、砂浆、混凝土、钢筋连接、混凝土抗渗试验报告汇总表	长期				√
7	隐蔽工程检查记录					
①	基础和主体结构钢筋工程	长期	长期			√
②	钢结构工程	长期	长期			√
③	防水工程	长期	长期			√
④	高程控制	长期	长期			√
8	施工记录					
①	工程定位测量检查记录	永久	长期			√
②	预检工程检查记录	短期				
③	冬施混凝土搅拌测温记录	短期				
④	冬施混凝土养护测温记录	短期				
⑤	烟道、垃圾道检查记录	短期				
⑥	沉降观测记录	长期				√
⑦	结构吊装记录	长期				

续表

序号	归档文件	保存单位和保管期限				
		建设单位	施工单位	设计单位	监理单位	城建档案馆
⑧	现场施工预应力记录	长期				√
⑨	工程竣工测量	长期	长期			√
⑩	新型建筑材料	长期	长期			√
⑪	施工新技术	长期	长期			√
9	工程质量事故处理记录	永久				√
10	工程质量检验记录					
①	检验批质量验收记录	长期	长期		长期	
②	分项工程质量验收记录	长期	长期		长期	
③	基础、主体工程验收记录	永久	长期		长期	√
④	幕墙工程验收记录	永久	长期		长期	√
⑤	分部（子分部）工程质量验收记录	永久	长期		长期	√
（二）	电气、给水排水、消防、采暖、通风、空调、燃气、建筑智能化、电梯工程					
1	一般施工记录					
①	施工组织设计	长期	长期			
②	技术交底	短期				
③	施工日志	短期				
2	图纸变更记录					
①	图纸会审	永久	长期			√
②	设计变更	永久	长期			√
③	工程洽商	永久	长期			√
3	设备、产品质量检查、安装记录					
①	设备、产品质量合格证、质量保证书	长期				√
②	设备装箱单、商检证明和说明书、开箱报告	长期				
③	设备安装记录	长期	长期			√
④	设备试运行记录	长期				√
⑤	设备明细表	长期				√
4	预检记录	短期				
5	隐蔽工程检查记录	长期	长期			√
6	施工试验记录					
①	电气接地电阻、绝缘电阻、综合布线、有线电视末端等测试记录	长期				√
②	楼宇自控、监视、安装、视听、电话等系统调试记录	长期				√
③	变配电设备安装、检查、通电、满负荷测试记录	长期				√
④	给水排水、消防、采暖、通风、空调、燃气等管道强度、严密性、灌水、通水、吹洗、漏风、试压、通球、阀门等试验记录	长期				√

续表

序号	归档文件	保存单位和保管期限				
		建设单位	施工单位	设计单位	监理单位	城建档案馆
⑤	电气照明、动力、给水排水、消防、采暖、通风、空调、燃气等系统调试、试运行记录	长期				√
⑥	电梯接地电阻、绝缘电阻测试记录,空载、半载、满载、超载试运行记录,平衡、运速、噪声调整试验报告	长期				√
7	质量事故处理记录	永久	长期			√
8	工程质量检验记录					√
①	检验批质量验收记录	长期	长期		长期	
②	分项工程质量验收记录	长期	长期		长期	
③	分部(子分部)工程质量验收记录	永久	长期		长期	√
(三)	室外工程					
1	室外安装(给水、雨水、污水、热力、燃气、电信、电力、照明、电视、消防等)施工文件	长期				√
2	室外建筑环境(建筑小品、水景、道路、园林绿化等)施工文件	长期				√
二	市政基础设施工程					
(一)	施工技术准备					
1	施工组织设计	短期	短期			
2	技术交底	长期	长期			
3	图纸会审记录	长期	长期			√
4	施工预算的编制和审查	短期	短期			
(二)	施工现场准备					
1	工程定位测量资料	长期	长期			√
2	工程定位测量复核记录	长期	长期			√
3	导线点、水准点测量复核记录	长期	长期			√
4	工程轴线、定位桩、高程测量复核记录	长期	长期			√
5	施工安全措施	短期	短期			
6	施工环保措施	短期	短期			
(三)	设计变更、洽商记录					
1	设计变更通知单	长期	长期			√
2	洽商记录	长期	长期			√
(四)	原材料、成品、半成品、构配件、设备出厂质量合格证及试验报告					
1	砂、石、砌块、水泥、钢筋(材)、石灰、沥青、涂料、混凝土外加剂、防水材料、粘接材料、防腐保温材料、焊接材料等试验汇总表	长期				√

9

续表

序号	归档文件	建设单位	施工单位	设计单位	监理单位	城建档案馆
2	砂、石、砌块、水泥、钢筋（材）、石灰、沥青、涂料、混凝土外加剂、防水材料、粘接材料、防腐保温材料、焊接材料等质量合格证书和出厂检（试）验报告及现场复试报告	长期				√
3	水泥、石灰、粉煤灰混合料、沥青混合料、商品混凝土等试验汇总表	长期				√
4	水泥、石灰、粉煤灰混合料、沥青混合料、商品混凝土等出厂合格证和试验报告、现场复试报告	长期				√
5	混凝土预制构件、管材、管件、钢结构构件等试验汇总表	长期				√
6	混凝土预制构件、管材、管件、钢结构构件等出厂合格证书和相应的施工技术资料	长期				√
7	厂站工程的成套设备、预应力混凝土张拉设备、各类地下管线井室设施、产品等汇总表	长期				√
8	厂站工程的成套设备、预应力混凝土张拉设备、各类地下管线井室设施、产品等出厂合格证书及安装使用说明	长期				√
9	设备开箱报告	短期				
（五）	施工试验记录					
1	砂浆、混凝土试块强度，钢筋（材）焊接连接，填土、路基强度试验汇总表	长期				√
2	道路压实度、强度试验记录					
①	回填土、路床压实度试验及土质的最大干密度和最佳含水量试验报告	长期				√
②	石灰类、水泥类、二灰类无机混合料基层的标准击实试验报告	长期				√
③	道路基层混合料强度试验记录	长期				√
④	道路面层压实度试验记录	长期				√
3	混凝土试块强度试验记录					
①	混凝土配合比通知单	短期				
②	混凝土试块强度试验报告	长期				√
③	混凝土试块抗渗、抗冻试验报告	长期				√
④	混凝土试块强度统计、评定记录	长期				√
4	砂浆试块强度试验记录					
①	砂浆配合比通知单	短期				
②	砂浆试块强度试验报告	长期				√
③	砂浆试块强度统计、评定记录	长期				√

续表

序号	归档文件	保存单位和保管期限				
		建设单位	施工单位	设计单位	监理单位	城建档案馆
5	钢筋（材）焊接连接试验报告	长期				√
6	钢管、钢结构安装及焊缝处理外观质量检查记录	长期				
7	桩基础试（检）验报告	长期				√
8	工程物质选样送审记录	短期				
9	进场物质批次汇总记录	短期				
10	工程物质进场报验记录	短期				
（六）	施工记录					
1	地基与基槽验收记录					
①	地基钎探记录及钎探位置图	长期	长期			√
②	地基与基槽验收记录	长期	长期			√
③	地基处理记录及示意图	长期	长期			√
2	桩基施工记录					
①	桩基位置平面示意图	长期	长期			√
②	打桩记录	长期	长期			√
③	钻孔桩钻进记录及成孔质量检查记录	长期	长期			√
④	钻孔（挖孔）桩混凝土浇筑记录	长期	长期			√
3	构件设备安装和调试记录					
①	钢筋混凝土大型预制构件、钢结构等吊装记录	长期	长期			
②	厂（场）、站工程大型设备安装调试记录	长期	长期			√
4	预应力张拉记录					
①	预应力张拉记录表	长期				√
②	预应力张拉孔道压浆记录	长期				√
③	孔位示意图	长期				√
5	沉井工程下沉观测记录	长期				
6	混凝土浇筑记录	长期				
7	管道、箱涵等工程项目推进记录	长期				√
8	构筑物沉降观测记录	长期				√
9	施工测温记录	长期				
10	预制安装水池壁板缠绕钢丝应力测定记录					
（七）	预检记录					
1	模板预检记录	短期				
2	大型构件和设备安装前预检记录	短期				
3	设备安装位置检查记录	短期				
4	管道安装检查记录	短期				
5	补偿器冷拉及安装情况记录	短期				
6	支（吊）架位置、各部位连接方式等检查记录	短期				
7	供水、供热、供气管道吹（冲）洗记录	短期				

续表

序号	归档文件	建设单位	施工单位	设计单位	监理单位	城建档案馆
8	保温、防腐、油漆等施工检查记录	短期				
（八）	隐蔽工程检查（验收）记录	长期	长期			√
（九）	工程质量检查评定记录					
1	工序工程质量评定记录	长期	长期			
2	部位工程质量评定记录	长期	长期			
3	分部工程质量评定记录	长期	长期			√
（十）	功能性试验记录					
1	道路工程的弯沉试验记录	长期				√
2	桥梁工程的动、静载试验记录	长期				√
3	无压力管道的严密性试验记录	长期				√
4	压力管道的强度试验、严密性试验、通球试验等记录	长期				√
5	水池满水试验	长期				√
6	消化池气密性试验	长期				√
7	电气绝缘电阻、接地电阻测试记录	长期				√
8	电气照明、动力试运行记录	长期				√
9	供热管网、燃气管网等管网试运行记录	长期				√
10	燃气储罐总体试验记录	长期				√
11	电信、宽带网等试运行记录	长期				√
（十一）	质量事故及处理记录					
1	工程质量事故报告	永久	长期			√
2	工程质量事故处理记录	永久	长期			√
（十二）	竣工测量资料					
1	建筑物、构筑物竣工测量记录及测量示意图	永久	长期			√
2	地下管线工程竣工测量	永久	长期			
竣　工　图						
一	建筑安装工程竣工图					
（一）	综合竣工图					
1	综合图					√
①	总平面布置图（包括建筑、建筑小品、水景、照明、道路、绿化等）	永久	长期			√
②	竖向布置图	永久	长期			√
③	室外给水、排水、热力、燃气等管网综合图	永久	长期			√
④	电气（包括电力、电信、电视系统等）综合图	永久	长期			√
⑤	设计总说明书	永久	长期			√
2	室外专业图					
①	室外给水	永久	长期			√
②	室外雨水	永久	长期			√

续表

序号	归档文件	保存单位和保管期限				
		建设单位	施工单位	设计单位	监理单位	城建档案馆
③	室外污水	永久	长期			√
④	室外热力	永久	长期			√
⑤	室外燃气	永久	长期			√
⑥	室外电信	永久	长期			√
⑦	室外电力	永久	长期			√
⑧	室外电视	永久	长期			√
⑨	室外建筑小品	永久	长期			√
⑩	室外消防	永久	长期			√
⑪	室外照明	永久	长期			√
⑫	室外水景	永久	长期			√
⑬	室外道路	永久	长期			√
⑭	室外绿化	永久	长期			√
(二)	专业竣工图					
1	建筑竣工图	永久	长期			√
2	结构竣工图	永久	长期			√
3	装修（装饰）工程竣工图	永久	长期			√
4	电气工程（智能化工程）竣工图	永久	长期			√
5	给水排水工程（消防工程）竣工图	永久	长期			√
6	采暖通风空调工程竣工图	永久	长期			√
7	燃气工程竣工图	永久	长期			√
二	市政基础设施工程竣工图					
1	道路工程	永久	长期			√
2	桥梁工程	永久	长期			√
3	广场工程	永久	长期			√
4	隧道工程	永久	长期			√
5	铁路、公路、航空、水运等交通工程	永久	长期			√
6	地下铁道等轨道交通工程	永久	长期			√
7	地下人防工程	永久	长期			√
8	水利防灾工程	永久	长期			√
9	排水工程	永久	长期			√
10	供水、供热、供气、电力、电信等地下管线工程	永久	长期			√
11	高压架空输电线工程	永久	长期			√
12	污水处理、垃圾处理处置工程	永久	长期			√
13	场、厂、站工程	永久	长期			√
	竣工验收文件					
一	工程竣工总结					
1	工程概况表	永久				√

续表

序号	归档文件	保存单位和保管期限				
		建设单位	施工单位	设计单位	监理单位	城建档案馆
2	工程竣工总结	永久				√
二	竣工验收记录					
(一)	建筑安装工程					
1	单位（子单位）工程质量验收记录	永久	长期			√
2	竣工验收证明书	永久	长期			√
3	竣工验收报告	永久	长期			√
4	竣工验收备案表（包括各专项验收认可文件）	永久				√
5	工程质量保修书	永久	长期			√
(二)	市政基础设施工程					
1	单位工程质量评定表及报验单	永久	长期			√
2	竣工验收证明书	永久	长期			√
3	竣工验收报告	永久	长期			√
4	竣工验收备案表（包括各专项验收认可文件）	永久	长期			√
5	工程质量保修书	永久	长期			√
三	财务文件					
1	决算文件	永久				√
2	交付使用财产总表和财产明细表	永久	长期			√
四	声像、缩微、电子档案					
1	声像档案					
①	工程照片	永久				√
②	录音、录像材料	永久				√
2	缩微品	永久				√
3	电子档案					
①	光盘	永久				√
②	磁盘	永久				√

注："√"表示应向城建档案馆移交。

1.2.3 建筑工程资料归档的质量要求

根据《建设工程文件归档整理规范》（GB/T50328—2001）的规定，建筑工程资料在归档时应满足以下质量要求：

（1）归档的工程文件应为原件；

（2）工程文件的内容及其深度必须符合国家有关工程勘察、设计、施工、监理等方面的技术规范、标准和规程；

（3）工程文件的内容必须真实、准确，与工程实际相符合；

（4）工程文件应采用耐久性强的材料书写，如碳素墨水、蓝黑墨水，不得使用易褪色的材料书写，如：红色墨水、纯蓝墨水、圆珠笔、复写纸、铅笔等；

（5）工程文件应字迹清楚，图样清晰，图表整洁，签字盖章手续完备；

（6）工程文件中文字材料幅面尺寸规格宜为 A4 幅面（297mm×210mm），图纸宜采用国家标准图幅；

（7）工程文件的纸张应采用能够长期保存的韧力大、耐久性强的纸张。图纸一般采用蓝图，竣工图应是新蓝图。计算机出图必须清晰，不得使用计算机出图的复印件；

（8）所有竣工图均应加盖竣工图章。

1）竣工图标题栏的基本内容应包括："竣工图"字样、施工单位、编制人、审核人、技术负责人、编制日期、监理单位、现场监理、总监。竣工图章尺寸为 50mm×80mm，其中竣工图一栏 15mm×80mm，其余行间距均为 7mm，每列间距均为 20mm。竣工图印章应使用不易褪色的红印泥，应盖在图标题栏上方空白处。竣工图标题栏示例如图 1-1。

竣工图			
施工单位			
编制人		审核人	
技术负责人		编制日期	
监理单位			
总监		现场监理	

图 1-1 竣工图标题栏式样

2）利用施工图改绘竣工图，必须标明变更修改依据；凡施工图结构、工艺、平面布置等有重大改变，或变更部分超过图面 1/3 的，应当重新绘制竣工图。

3）不同幅面的工程图纸应按《技术制图复制图的折叠方法》（GB/T10609.3—89）统一折叠成 A4 幅面（297mm×210mm），图标题栏露在外面。

1.2.4 建筑工程资料组卷的原则和方法

立卷是指按照一定的原则和方法，将有保存价值的资料分门别类地整理成案卷。

1. 组卷的基本原则

（1）组卷应遵循工程文件的自然形成规律，保持卷内文件的有机联系，便于档案的保管和利用；

（2）一个建设工程由多个单位工程组成时，工程文件应按单位工程组卷。

2. 组卷的方法

（1）工程文件可按建设程序划分为工程准备阶段的文件、监理文件、施工文件、竣工图、竣工验收文件 5 部分。

（2）工程准备阶段文件可按建设程序、专业、形成单位等组卷。

（3）监理文件可按单位工程、分部工程、专业、阶段等组卷。

（4）施工文件可按单位工程、分部工程、专业、阶段等组卷。

(5) 竣工图可按单位工程、专业等组卷。
(6) 竣工验收文件按单位工程、专业等组卷。

3. 组卷过程中宜遵循下列要求

(1) 案卷不宜过厚，一般不超过 40mm。
(2) 案卷内不应有重份文件。
(3) 不同载体的文件一般应分别组卷。

4. 组卷时卷内文件的排列

(1) 文字材料按事项、专业顺序排列。
(2) 同一事项的请示与批复、同一文件的印本与定稿、主件与附件不能分开，并按批复在前、请示在后，印本在前、定稿在后，主件在前、附件在后的顺序排列。
(3) 图纸按专业排列，同专业图纸按图号顺序排列。
(4) 既有文字材料又有图纸的案卷，文字材料排前，图纸排后。

5. 组卷时案卷的编目要求

(1) 编制卷内文件页号应符合下列规定：
　1) 卷内文件均按有书写内容的页面编号。每卷单独编号，页号从"1"开始。
　2) 页号编写位置：单面书写的文件在右下角；双面书写的文件，正面在右下角，背面在左下角。折叠后的图纸一律在右下角。
　3) 成套图纸或印刷成册的科技文件材料，自成一卷的，原目录可代替卷内目录，不必重新编写页码。
　4) 案卷封面、卷内目录、卷内备考表不编写页号。

(2) 卷内目录的编制应符合下列规定：
　1) 卷内目录式样宜符合《建设工程文件归档整理规范》（GB/T50328—2001）附录 B（略）的要求。
　2) 序号：以一份文件为单位，用阿拉伯数字从 1 依次标注。
　3) 责任者：填写文件的直接形成单位和个人。有多个责任者时，选择两个主要责任者，其余用"等"代替。
　4) 文件编号：填写工程文件原有的文号或图号。
　5) 文件题名：填写文件标题的全称。
　6) 日期：填写文件形成的日期。
　7) 页次：填写文件在卷内所排的起始页号，最后一份文件填写起止页号。
　8) 卷内目录排列在卷内文件首页之前。

(3) 卷内备考表的编制应符合下列规定：
　1) 卷内备考表的式样宜符合《建设工程文件归档整理规范》（GB/T50328—2001）附录 C（略）的要求。
　2) 卷内备考表主要标明卷内文件的总页数、各类文件页数（照片张数），以及立卷单位对案卷情况的说明。
　3) 卷内备考表排列在卷内文件的尾页之后。

(4) 案卷封面的编制应符合下列规定：

1) 案卷封面印刷在卷盒、卷夹的正表面，也可采用内封面形式。案卷封面的式样宜符合《建设工程文件归档整理规范》（GB/T50328—2001）附录D（略）的要求。

2) 案卷封面的内容应包括：档号、档案馆代号、案卷题名、编制单位、起止日期、密级、保管期限、共几卷、第几卷。

3) 档号应由分类号、项目号和案卷号组成。档号由档案保管单位填写。

4) 档案馆代号应填写国家给定的本档案馆的编号。档案馆代号由档案馆填写。

5) 案卷题名应简明、准确地揭示卷内文件的内容。案卷题名应包括工程名称、专业名称、卷内文件的内容。

6) 编制单位应填写案卷内文件的形成单位或主要责任者。

7) 起止日期应填写案卷内全部文件形成的起止日期。

8) 保管期限分为永久、长期、短期三种期限。各类文件的保管期限详见表1-1。永久是指工程档案需永久保存，长期是指工程档案的保存期限等于该工程的使用寿命，短期是指工程档案保存20年以下。同一案卷内有不同保管期限的文件，该案卷保管期限应从长。密级分为绝密、机密、秘密三种，同一案卷内有不同密级的文件，应以高密级为本卷密级。

(5) 卷内目录、卷内备考表、案卷内封面应采用70g以上白色书写纸制作，幅面统一采用A4幅面。

6. 案卷装订的要求

案卷可采用装订与不装订两种形式。文字材料必须装订；既有文字材料，又有图纸的案卷应装订。装订应采用线绳三孔左侧装订法，要整齐、牢固，便于保管和利用。装订时必须剔除金属物。

7. 卷盒、卷夹、案卷脊背的要求

案卷装具一般采用卷盒、卷夹两种形式。卷盒的外表尺寸为220~310mm，厚度分别为20、30、40、50mm。卷夹的外表尺寸为220~310mm，厚度一般为20~30mm。卷盒、卷夹应采用无酸纸制作。

案卷脊背的内容包括档号、案卷题名。式样宜符合《建设工程文件归档整理规范》（GB/T50328—2001）附录E（略）的要求。

1.2.5 建筑工程资料的归档规定

(1) 归档资料应符合的规定：归档文件必须完整、准确、系统，能够反映工程建设活动的全过程。文件材料归档范围详见表1-1。文件材料的质量符合建筑工程资料归档的质量要求。归档的文件必须经过分类整理，并应组成符合要求的案卷。

(2) 归档时间应符合的规定：根据建筑程序和工程特点，归档可以分阶段分期进行，也可以在单位或分部工程通过竣工验收后进行。勘察、设计单位应当在任务完成时，施工、监理单位应当在工程竣工验收前，将各自形成的有关工程档案向建设单位归档。

（3）归档顺序应符合的规定：勘察、设计、施工单位在收齐工程文件并整理立卷后，建设单位、监理单位应根据城建档案管理机构的要求对档案文件完整、准确、系统情况和案卷质量进行审查。审查合格后向建设单位移交。勘察、设计、施工、监理等单位向建设单位移交档案时，应编制移交清单，双方签字、盖章后方可交接。

（4）归档数量应符合的规定：工程档案一般不少于两套，一套由建设单位保管，一套（原件）移交当地城建档案馆（室）。凡设计、施工及监理单位需要向本单位归档的文件，应按国家有关规定和《建设工程文件归档整理规范》（GB/T50328—2001）附录 A 的要求单独立卷归档。

1.2.6 工程档案的验收与移交

（1）列入城建档案馆（室）档案接收范围的工程，建设单位在组织工程竣工验收前，应提请城建档案管理机构对工程档案进行预验收。建设单位未取得城建档案管理机构出具的认可文件，不得组织工程竣工验收。

（2）城建档案管理机构在进行工程档案预验收时，应重点验收以下内容：工程档案齐全、系统、完整；工程档案的内容真实、准确地反映工程建设活动和工程实际状况；工程档案已整理立卷，立卷符合《建设工程文件归档整理规范》（GB/T50328—2001）的规定；竣工图绘制方法、图式及规格等符合专业技术要求，图面整洁，盖有竣工图章；文件的形成、来源符合实际，要求单位或个人签章的文件，其签章手续完备；文件材质、幅面、书写、绘图、用墨、托裱等符合要求。

（3）列入城建档案馆（室）接收范围的工程，建设单位在工程竣工验收后 3 个月内，必须向城建档案馆（室）移交一套符合规定的工程档案。

（4）停建、缓建建筑工程的档案，暂由建设单位保管。

（5）对改建、扩建和维修工程，建设单位应当组织设计、施工单位据实修改、补充和完善原工程档案。对改变的部位，应当重新编制工程档案，并在工程竣工验收后 3 个月内向城建档案馆（室）移交。

（6）建设单位向城建档案馆（室）移交工程档案时，应办理移交手续，填写移交目录，双方签字、盖章后交接。

2 建筑工程施工资料管理

建筑工程技术资料的形成与工程质量有着不可分割的关系，在工程实践中，大部分工程资料是与施工工序同步形成的，工程资料的验收应与工程竣工验收同步进行，工程资料不符合要求的，将导致无法进行工程竣工验收。

建筑工程施工资料的数量众多，根据工程的规模与具体情况，以及施工企业管理的模式不同可能有较大区别。目前我国建筑工程施工资料管理主要是根据《建设工程文件归档整理规范》（GB/T50328—2001）和《建筑工程质量验收统一标准》（GB 50300—2001）的规定进行的。施工资料主要包括：施工技术准备文件（施工组织设计、技术交底、施工日志），工程质量控制资料（见表2-3），单位（子单位）工程所含分部工程有关安全和功能的检测资料（见表2-4），单位（子单位）工程观感质量检查记录（见表2-11）。其中工程质量控制资料是整个施工资料的核心。建筑工程施工资料管理程序是依照施工质量的验收程序逐步进行的。

2.1 建筑工程施工质量验收

目前国内建筑工程质量验收的基本规定、验收内容的划分、验收程序和组织、质量验收要求等是依据现行的《建筑工程质量验收统一标准》（GB 50300—2001）（以下简称统一标准）和配套建筑工程专业施工质量验收规范执行的。

2.1.1 建筑工程施工质量验收的基本规定

（1）施工现场质量管理应有相应的施工技术标准，健全的质量管理体系、施工质量检验制度和综合施工质量水平考核制度。

施工单位应推行生产控制和合格控制的全过程质量控制，应有健全的生产控制和合格控制的质量管理体系。这里不仅包括原材料控制、工艺流程控制、施工操作控制、每道工序质量检查、各道相关工序间的交接检验以及专业工种之间的中间交接环节的质量管理和控制要求，还应包括满足施工图设计和功能要求的抽样检验制度等。施工单位还应通过内部的审核与管理者的评审，找出质量管理体系中存在的问题和薄弱环节，并制定改进的措施和跟踪检查落实等措施，使单位的质量管理体系不断健全和完善，是该施工单位不断提高建筑工程施工质量的保证。

同时施工单位应重视综合质量控制水平，应从施工技术、管理制度、工程质量控制和工程质量等方面制定施工企业综合质量控制水平的指标，以提高整体素质和经济效益。

（2）建筑工程施工质量控制的重点是工序质量控制，其主要内容是：
1）建筑工程采用的主要材料、半成品、成品、建筑构配件、器具和设备应进行现场验收。凡涉及安全、功能的有关产品，应按各专业工程质量验收规范规定进行复验，并应经监理工程师（建设单位技术负责人）检查认可。

2）各工序应按施工技术标准进行质量控制，每道工序完成后，应进行检查。

3）相关各专业工种之间，应进行交接检验，并形成记录。未经监理工程师（建设单位技术负责人）检查认可，不得进行下道工序施工。

工序质量控制的主要方面：一是用于建筑工程的主要材料、半成品、成品、建筑构配件、器具和设备的进场验收和重要建筑材料的复检；二是控制每道工序的质量，在每道工序的质量控制中特别强调按企业标准进行控制，是考虑企业标准的控制指标应严于行业和国家标准指标的因素；三是施工单位每道工序完成后除了自检、专职质量检查员检查外，还强调了工序交接检查，上道工序还应满足下道工序的施工条件和要求。同样相关专业工序之间形成一个有机的整体。

（3）建筑工程施工质量应按下列要求进行验收：

1）建筑工程质量应符合本标准和相关专业验收规范的规定。

2）建筑工程施工应符合工程勘察、设计文件的要求。

3）参加工程施工质量验收的各方人员应具备规定的资格。

4）工程质量的验收均应在施工单位自行检查评定的基础上进行。

5）隐蔽工程在隐蔽前应由施工单位通知有关单位进行验收，并应形成验收文件。

6）涉及结构安全的试块、试件以及有关材料，应按规定进行见证取样检测。

7）检验批的质量应按主控项目和一般项目验收。

8）对涉及结构安全和使用功能的重要分部工程应进行抽样检测。

9）承担见证取样检测及有关结构安全检测的单位应具有相应资质。

10）工程的观感质量应由验收人员通过现场检查，并应共同确认。

（4）建筑工程质量验收的基本检验及检验批的质量检验，应根据检验项目的特点在下列抽样方案中进行选择：

1）计量、计数或计量－计数等抽样方案；

2）一次、二次或多次抽样方案；

3）根据生产连续性和生产控制稳定性情况，尚可采用调整型抽样方案；

4）对重要的检验项目当可采用简易快速的检验方法时，可选用全数检验方案；

5）经实践检验有效的抽样方案。

检验批质量检验评定的抽样方案，可根据检验项目的特点进行选择。对于检验项目的计量、计数检验，可分为全数检验和抽样检验两大类。对于重要的检验项目，且可采用简易快速的非破损检验方法时，宜选用全数检验。对于构件截面尺寸或外观质量等检验项目，宜选用考虑合格质量水平的生产方风险 α 和使用方风险 β 的一次或二次抽样方案，也可选用经实践检验有效的抽样方案。

2.1.2 建筑工程质量验收的划分

（1）建筑工程质量验收应划分为单位（子单位）工程、分部（子分部）工程、分项工程和检验批。

(2) 单位工程的划分：具备独立施工条件并能形成独立使用功能的建筑物及构筑物为一个单位工程。建筑规模较大的单位工程，可将其能形成独立使用功能的部分划为一个子单位工程。

随着经济发展和施工技术进步，建筑规模较大的单体工程和具有综合使用功能的综合性建筑物大量涌现。这些建筑物的施工周期一般较长，受多种因素的影响，诸如后期建设资金不足，部分停缓建，已建成可使用部分需投入使用，以发挥投资效益等；投资者为追求最大的投资效益，在建设期间，需要将其中一部分提前建成使用；规模特别大的工程，一次性验收也不方便等等。因此，为适应当前的情况，可将此类工程划分为若干个子单位工程进行验收。在施工前由建设、监理、施工单位自行商议确定，并据此收集整理施工技术资料和验收。

(3) 分部工程的划分应按专业性质、建筑部位确定。当分部工程较大或较复杂时，可按材料种类、施工特点、施工程序、专业系统及类别等划分为若干子分部工程。随着生产、工作、生活条件要求的提高，建筑物的内部设施也越来越多样化，建筑物相同部位的设计也呈多样化；新型材料大量涌现，施工工艺和技术的发展，使分项工程越来越多，因此，按建筑物的主要部位和专业来划分分部工程已不适应要求，故也可按相近工作内容和系统划分若干子分部工程，这样有利于正确评价建筑工程质量，有利于进行验收。《统一标准》将单位工程划分为68个子分部工程。见表2-1。

(4) 分项工程应按主要工种、材料、施工工艺、设备类别等进行划分。即建筑与结构工程分项工程的划分应按主要工种、施工程序的先后和使用材料的不同划分。建筑设备安装工程的分项工程一般应按工种种类及设备组别等划分。《统一标准》将单位工程划分为389个分项工程。见表2-1。

(5) 分项工程可由一个或若干检验批组成，检验批可根据施工及质量控制和专业验收需要按楼层、施工段、变形缝等进行划分。分项工程划分成检验批进行验收有利于及时纠正施工中出现的质量问题，确保工程质量，也符合施工实际需要。多层及高层建筑工程中主体分部的分项工程可按楼层或施工段来划分检验批；单层建筑工程的分项工程可按变形缝等划分检验批；地基基础分部工程一般划分为一个检验批；地基基础分部工程中的分项工程一般划分为一个检验批，有地下层的基础工程可按不同地下层划分检验批；屋面分部工程中的分项工程不同楼层屋面可划分为不同的检验批；其他分部工程中的分项工程，一般按楼面划分检验批；对于工程量较少的分项工程可统一划分为一个检验批。安装工程一般按一个设计系统或设备组别划分为一个检验批。室外工程统一划分为一个检验批。散水、台阶、明沟等含在地面检验批中。建筑工程分部工程、分项工程划分详见表2-1。

建筑工程分部工程、分项工程划分　　　　　表2-1

序号	分部工程	子分部工程	分项工程
1	地基与基础	无支护土方	土方开挖、土方回填
		有支护土方	排桩、降水、排水、地下连续墙、锚杆、土钉墙、水泥土桩、沉井与沉箱、钢及混凝土支撑

续表

序号	分部工程	子分部工程	分项工程
1	地基与基础	地基处理	灰土地基，砂和砂石地基，碎砖三合土地基，土工合成材料地基，粉煤灰地基，重锤夯实地基，强夯地基，振冲地基，砂桩地基，预压地基，高压喷射注浆地基，土和灰土挤密桩地基，注浆地基，水泥粉煤灰碎石桩地基，夯实水泥土桩地基
		桩基	锚杆静压桩及静力压桩，预应力离心管桩，钢筋混凝土预制桩，钢桩，混凝土灌注桩（成孔、钢筋笼、清孔、水下混凝土浇筑）
		地下防水	防水混凝土，水泥砂浆防水层，卷材防水层，涂料防水层，金属板防水层，塑料板防水层，细部构造，喷锚支护，复合式衬砌，地下连续墙，盾构法隧道；渗排水、盲沟排水，隧道、坑道排水；预注浆、后注浆，衬砌裂缝注浆
		混凝土基础	模板、钢筋、混凝土，后浇带混凝土，混凝土结构缝处理
		砌体基础	砖砌体，混凝土砌块砌体，配筋砌体，石砌体
		劲钢（管）混凝土	劲钢（管）焊接，劲钢（管）与钢筋的连接，混凝土
		钢结构	焊接钢结构、栓接钢结构，钢结构制作，钢结构安装，钢结构涂装
2	主体结构	混凝土结构	模板、钢筋、混凝土、预应力、现浇结构，装配式结构
		劲钢（管）混凝土结构	劲钢（管）焊接，螺栓连接，劲钢（管）与钢筋的连接，劲钢（管）制作、安装，混凝土
		砌体结构	砖砌体，混凝土小型空心砌块砌体，石砌体，填充墙砌体，配筋砖砌体
		钢结构	钢结构焊接，紧固件连接，钢零部件加工，单层钢结构安装，多层及高层钢结构安装，钢结构涂装，钢构件组装，钢构件预拼装，钢网架结构安装，压型金属板
		木结构	方木和原木结构，胶合木结构，轻型木结构，木构件防护
		网架和索膜结构	网架制作，网架安装，索膜安装，网架防火、防腐涂料
3	建筑装饰装修	地面	整体面层：基层，水泥混凝土面层，水泥砂浆面层，水磨石面层，防油渗面层，水泥钢（铁）屑面层，不发火（防爆的）面层；板块面层：基层，砖面层（陶瓷锦砖、缸砖、陶瓷地砖和水泥花砖面层），大理石面层和花岗石面层，预制板块面层（预制水泥混凝土、水磨石板块面层），料石面层（条石、块石面层），塑料板面层，活动地板面层，地毯面层；木竹面层：基层、实木地板面层（条材、块材面层），实木复合地板面层（条材、块材面层），中密度（强化）复合地板面层（条材面层），竹地板面层
		抹灰	一般抹灰，装饰抹灰，清水砌体勾缝
		门窗	木门窗制作与安装，金属门窗安装，塑料门窗安装，特种门安装，门窗玻璃安装
		吊顶	暗龙骨吊顶，明龙骨吊顶
		轻质隔墙	板材隔墙，骨架隔墙，活动隔墙，玻璃隔墙
		饰面板（砖）	饰面板安装，饰面砖粘贴
		幕墙	玻璃幕墙，金属幕墙，石材幕墙
		涂饰	水性涂料涂饰，溶剂型涂料涂饰，美术涂饰
		裱糊与软包	裱糊，软包
		细部	橱柜制作与安装，窗帘盒、窗台板和暖气罩制作与安装，门窗套制作与安装，护栏和扶手制作与安装，花饰制作与安装

续表

序号	分部工程	子分部工程	分项工程
4	建筑屋面	卷材防水屋面	保温层，找平层，卷材防水层，细部构造
		涂膜防水屋面	保温层，找平层，涂膜防水层，细部构造
		刚性防水屋面	细石混凝土防水层，密封材料嵌缝，细部构造
		瓦屋面	平瓦屋面，油毡瓦屋面，金属板屋面，细部构造
		隔热屋面	架空屋面，蓄水屋面，种植屋面
5	建筑给水、排水及采暖	室内给水系统	给水管道及配件安装，室内消火栓系统安装，给水设备安装，管道防腐，绝热
		室内排水系统	排水管道及配件安装，雨水管道及配件安装
		室内热水供应系统	管道及配件安装，辅助设备安装，防腐，绝热
		卫生器具安装	卫生器具安装，卫生器具给水配件安装，卫生器具排水管道安装
		室内采暖系统	管道及配件安装，辅助设备及散热器安装，金属辐射板安装，低温热水地板辐射采暖系统安装，系统水压试验及调试，防腐，绝热
		室外给水管网	给水管道安装，消防水泵接水器及室外消火栓安装，管沟及井室
		室外排水管网	排水管道安装，排水管沟与井池
		室外供热管网	管道及配件安装，系统水压试验及调试，防腐，绝热
		建筑中水系统及游泳池系统	建筑中水系统管道及辅助设备安装，游泳池水系统安装
		供热锅炉及辅助设备安装	锅炉安装，辅助设备及管道安装，安全附件安装，烘炉、煮炉和试运行，换热站安装，防腐，绝热
6	建筑电气	室外电气	架空线路及杆上电气设备安装，变压器、箱式变电所安装，成套配电柜、控制柜（屏、台）和动力、照明配电箱（盘）及控制柜安装，电线、电缆导管和线槽敷设，电线、电缆穿管和线槽敷设，电缆头制作、导线连接和线路电气试验，建筑物外部装饰灯具、航空障碍标志灯和庭院路灯安装，建筑照明通电试运行，接地装置安装
		变配电室	变压器、箱式变电所安装，成套配电柜、控制柜（屏、台）和动力、照明配电箱（盘）及控制柜安装，裸母线、封闭母线、插接式母线安装，电缆沟内和电缆竖井内电缆敷设，电缆头制作、导线连接和线路电气试验，接地装置安装，避雷引下线和变配电室接地干线敷设
		供电干线	裸母线、封闭母线、插接式母线安装，桥架安装和桥架内电缆敷设，电缆沟内和电缆竖井内电缆敷设，电线、电缆导管和线槽敷设，电线、电缆穿管和线槽敷线，电缆头制作、导线连接和线路电气试验
		电气动力	成套配电柜、控制柜（屏、台）和动力、照明配电箱（盘）及控制柜安装，低压电动机、电加热器及电动执行机构检查、接线，低压电气动力设备检测、试验和空载试运行，桥架安装和桥架内电缆敷设，电线、电缆导管和线槽敷设，电线、电缆穿管和线槽敷线，电缆头制作、导线连接和线路电气试验，插座、开关、风扇安装

续表

序号	分部工程	子分部工程	分项工程
6	建筑电气	电气照明安装	成套配电柜、控制柜（屏、台）和动力、照明配电箱（盘）安装，电线、电缆导管和线槽敷设，电线、电缆导管和线槽敷线，槽板配线，钢索配线，电缆头制作、导线连接和线路电气试验，普通灯具安装，专用灯具安装，插座、开关、风扇安装，建筑照明通电试运行
		备用和不间断电源安装	成套配电柜、控制柜（屏、台）和动力、照明配电箱（盘）安装，柴油发电机安装，不间断电源的其他功能单元安装，裸母线、封闭母线、插接式母线安装，电线、电缆导管和线槽敷设，电线、电缆导管和线槽敷线，电缆头制作，导线连接和线路电气试验，接地装置安装
		防雷及接地安装	接地装置安装，避雷引下线和变配电室接地干线敷设，建筑物等电位连接，接闪器安装
7	智能建筑	通信网络系统	通信系统，卫星及有线电视系统，公共广播系统
		办公自动化系统	计算机网络系统，信息平台及办公自动化应用软件，网络安全系统
		建筑设备监控系统	空调与通风系统，变配电系统，照明系统，给水排水系统，热源和热交换系统，冷冻和冷却系统，电梯和自动扶梯系统，中央管理工作站与操作分站，子系统通信接口
		火灾报警及消防联动系统	火灾和可燃气体探测系统，火灾报警控制系统，消防联动系统
		安全防范系统	电视监控系统，入侵报警系统，巡更系统，出入口控制（门禁）系统，停车管理系统
		综合布线系统	缆线敷设和终接，机柜、机架、配线架的安装，信息插座和光缆芯线终端的安装
		智能化集成系统	集成系统网络，实时数据库，信息安全，功能接口
		电源与接地	智能建筑电源，防雷及接地
		环境	空间环境，室内空调环境，视觉照明环境，电磁环境
		住宅（小区）智能化系统	火灾自动报警及消防联动系统，安全防范系统（含电视监控系统，入侵报警系统，巡更系统、门禁系统、楼宇对讲系统、住户对讲呼救系统、停车管理系统），物业管理系统（多表现场计量及与远程传输系统、建筑设备监控系统、公共广播系统、小区网络及信息服务系统、物业办公自动化系统），智能家庭信息平台
8	通风与空调	送排风系统	风管与配件制作，部件制作，风管系统安装，空气处理设备安装，消声设备制作与安装，风管与设备防腐，风机安装，系统调试
		防排烟系统	风管与配件制作，部件制作，风管系统安装，防排烟风口、常闭正压风口与设备安装，风管与设备防腐，风机安装，系统调试
		除尘系统	风管与配件制作，部件制作，风管系统安装，除尘器与排污设备安装，风管与设备防腐，风机安装，系统调试
		空调风系统	风管与配件制作，部件制作，风管系统安装，空气处理设备安装，消声设备制作与安装，风管与设备防腐，风机安装，风管与设备绝热，系统调试

续表

序号	分部工程	子分部工程	分项工程
8	通风与空调	净化空调系统	风管与配件制作，部件制作，风管系统安装，空气处理设备安装，消声设备制作与安装，风管与设备防腐，风机安装，风管与设备绝热，高效过滤器安装，系统调试
		制冷设备系统	制冷机组安装，制冷剂管道及配件安装，制冷附属设备安装，管道及设备的防腐与绝热，系统调试
		空调水系统	管道冷热（媒）水系统安装，冷却水系统安装，冷凝水系统安装，阀门及部件安装，冷却塔安装，水泵及附属设备安装，管道与设备的防腐与绝热，系统调试
9	电梯	电力驱动的曳引式或强制式电梯安装	设备进场验收，土建交接检验，驱动主机，导轨，门系统，轿厢，对重（平衡重），安全部件，悬挂装置，随行电缆，补偿装置，电气装置，整机安装验收
		液压电梯安装	设备进场验收，土建交接检验，驱动主机，导轨，门系统，轿厢，对重（平衡重），安全部件，悬挂装置，随行电缆，补偿装置，整机安装验收
		自动扶梯、自动人行道安装	设备进场验收，土建交接检验，整机安装验收

（6）室外工程可根据专业类别和工程规模划分单位（子单位）工程。室外单位（子单位）工程和分部工程可按表2-2划分。

室外工程划分　　　　表2-2

单位工程	子单位工程	分部（子分部）工程
室外建筑环境	附属建筑	车棚，围墙，大门，挡土墙，收集站
	室外	建筑小品，道路，亭台，连廊，花坛，场坪绿化
室外安装	给水排水与采暖	室外给水系统，室外排水系统，室外供热系统
	电气	室外供电系统，室外照明系统

2.1.3 建筑工程质量验收

1. 检验批验收

检验批是工程验收的最小单位，是分项工程、分部工程和单位工程施工质量验收的基础。检验批合格质量应符合下列规定：

（1）主控项目和一般项目的质量经抽样检验合格。

（2）具有完整的施工操作依据、质量检查记录。

检验批质量合格的条件，共两个方面：资料检查、主控项目检验和一般项目检验。质量控制资料反映了检验批从原材料到最终验收的各施工工序的操作依据、检查情况以及保证质量所必须的管理制度等。对其完整性的检查，实际是对过程控制的确认，这是检验批合格的前提。

主控项目是对检验批的基本质量起决定性影响的检验项目，因此必须全部符合有关专业工程验收规范的规定。主控项目包括的内容有：重要材料，构件及配件，成品及半成品，设备及附件的材质、技术性能等。检查出厂证明及技术数据是否符合有关技术标准的规定；结构的强度、刚度和稳定性等检验数据，工程性能的监测；一些重要的允许偏差项目，必须控制在允许偏差限值之内。

一般项目是除主控项目以外的检验项目，其要求也是应该达到的，只不过对不影响工程安全和使用功能的少数要求可以适当放宽一些。这些项目在验收时，绝大多数抽查的结果必须达到要求，虽可以超过一定的指标，但也是有限的，通常不得超过规定值的150%。一般项目包括的内容有：允许有一定偏差的项目，最多不超过20%的检查点可以超过允许偏差值，但也不得超过规定值的150%；对不能确定偏差值而又允许出现一定缺陷的项目，则以缺陷的数量来区分；一些无法定量检查的而采用定性检查的项目。

为了使检验批的质量符合安全和功能的基本要求，达到保证建筑工程质量的目的，各专业工程质量验收规范对各检验批的主控项目、一般项目的子项合格质量给予明确的规定。

2. 分项工程质量验收

分项工程质量验收合格应符合下列规定：

（1）分项工程所含的检验批均应符合合格质量的规定。

（2）分项工程所含的检验批的质量验收记录应完整。

一般情况下，分项工程和检验批验收具有相同或相近的性质，只是批量的大小不同而已。因此，将有关的检验批汇集构成分项工程。分项工程合格质量的条件比较简单，只要构成分项工程的各检验批的验收资料文件完整，并且均已验收合格，则分项工程验收合格。在验收分项工程时应注意：核对检验批的部位、区段是否全部覆盖分项工程的范围，一些在检验批中无法检验的项目，可在分项工程中验收。如混凝土强度的评定，检验批验收记录的内容及签字人是否正确、齐全。

3. 分部（子分部）工程质量验收

分部（子分部）工程质量验收合格应符合下列规定：

（1）分部（子分部）工程所含工程的质量均应验收合格。

（2）质量控制资料应完整。

（3）地基与基础、主体结构和设备安装等分部工程有关安全及功能的检验和抽样检测结果应符合有关规定。

（4）观感质量验收应符合要求。

分部工程验收合格的条件：

首先，分部工程的验收在其所含各分项工程验收的基础上进行，不应有漏项、缺项。且分部工程的各分项工程必须已验收合格。

其次，相应的质量控制资料文件必须完整，这是验收的基本条件。此项验收内容主要是统计、核查三方面的资料：一是核查各检验批的验收记录资料是否完整；二是核查各检验批的施工操作依据、质量检查记录是否完整，如工艺标准、原材料、构配件出厂合格证及试验资料的完整程度；三是注意对各种资料的内容、数据及验收人员的签字是否规范。

此外，由于各分项工程的性质不尽相同，因此作为分部工程不能简单地组合而加以验收，尚须增加以下两类检查项目。一是涉及安全和使用功能的地基基础、主体结构、及设备安装分部工程应进行有关见证取样送样试验或抽样检测；检测报告的结果作为该分部工程验收合格的重要依据。二是关于观感质量验收，这类检查往往难以定量，只能以观察、触摸或简单量测的方式进行，并由各个人的主观印象判断，检查结果并不给出"合格"或"不合格"的结论，而是综合给出质量评价；对于"差"的检查点应通过返修处理等补救。最终评价结论由参加验收人员共同确认。

4. 单位（子单位）工程质量验收

单位（子单位）工程质量验收合格应符合下列规定：

(1) 单位（子单位）工程所含分部（子分部）工程的质量均应验收合格。
(2) 质量控制资料应完整。
(3) 单位（子单位）工程所含分部工程有关安全和功能的检测资料应完整。
(4) 主要功能项目的抽查结果应符合相关专业质量验收规范的规定。
(5) 观感质量验收应符合要求。

单位工程质量验收也称质量竣工验收，是建筑工程投入使用前的最后一次验收，也是最重要的一次验收。验收合格的条件有五个：

(1) 构成单位工程的各分部（子分部）工程必须合格，这是基本条件，即任何一项分部（子分部）工程不合格，单位工程就不能验收。

(2) 有关的质量控制资料文件应完整。建筑工程质量控制资料是反映建筑工程施工过程中，各个环节工程质量状况的基本数据和原始记录，反映完工项目的测试结果和记录。这些资料是反映工程质量的客观见证，是评价工程质量资料的主要依据，是工程的"合格证"和技术证明书。由于工程质量整体测试，只能在建造的施工过程中分别测试、检验或间接的检测。所以建筑工程质量控制资料是在各个工序完成后逐渐形成的。由于工程的安全性能要求高，所以工程质量资料比产品的合格证更重要。从广义质量来说，工程质量资料就是工程质量的一部分。

质量控制资料对一个单位工程来讲，主要是判定其是否能够反映保证结构安全和主要使用功能是否达到设计要求，因此，在标准中规定质量控制资料应完整。对单位工程质量控制资料完整的判定，通常情况下可按以下三个层次进行判定：

1) 资料项目完整。在《统一标准》单位、子单位工程质量控制资料核查记录表中，共列48项资料必须具备。使用新材料、新工艺还应具有专家的鉴定报告、检验或实验报告、当地政府主管部门的准用证或使用许可证、合格证等有关资料。工程发生质量问题应有质量事故处理和返工记录资料。质量控制资料项目如表2-3。

2) 在每个项目中应该有的资料应完整是指表2-3中实际发生的每一个项目中，应该有的资料应完整。

3) 在各项资料中，每一项资料应该有的数据必须完整。资料中应该证明的材料指标数据、工程性能的检测数据、检测报告数据必须完整。如果其数据没有或不完备，这项资料就是无效的。如钢筋复试报告，通常应有抗拉强度及冷弯物理性能的数据和结论,符合设计及钢筋标准的规定。当要求进行化学成分试验时,应按要求做相应化学成分的试验,并有符合标准规定的数据及结论。

由于每个工程的具体情况不一,因此什么是资料完整,要视工程特点和已有资料的情况而定,总之,有一点应掌握的,是看其能否反映工程的结构安全和使用功能,是否达到设计要求。如果资料能保证该工程结构安全和使用功能,能达到设计要求,则可认为是完整的。

单位(子单位)工程质量控制资料核查记录　　　　表2-3

工程名称		施工单位			
序号	项　目	资料名称	份数	核查意见	核查人
1	建筑与结构	图纸会审,设计变更,洽商记录			
2		工程定位测量,放线记录			
3		原材料出厂合格证书及进场检(试)验报告			
4		施工试验报告及见证检测报告			
5		隐蔽工程验收记录			
6		施工记录			
7		预制构件、预拌混凝土合格证			
8		地基基础、主体结构检验及抽样检测资料			
9		分项、分部工程质量验收记录			
10		工程质量事故及事故调查处理资料			
11		新材料、新工艺施工记录			
12					
1	给水排水与采暖	图纸会审,设计变更,洽商记录			
2		材料、配件出厂合格证书及进场检(试)验报告			
3		管道、设备强度试验、严密性试验记录			
4		隐蔽工程验收记录			
5		系统清洗、灌水、通水、通球试验记录			
6		施工记录			
7		分项、分部工程质量验收记录			
8					
1	建筑电气	图纸会审,设计变更,洽商记录			
2		材料、配件出厂合格证书及进场检(试)验报告			
3		设备调试记录			
4		接地、绝缘电阻测试记录			
5		隐蔽工程验收记录			
6		施工记录			
7		分项、分部工程质量验收记录			
8					

续表

工程名称		施工单位			
序号	项目	资料名称	份数	核查意见	核查人
1	通风与空调	图纸会审，设计变更，洽商记录			
2		材料、配件出厂合格证书及进场检（试）验报告			
3		制冷、空调、水管道强度试验、严密性试验记录			
4		隐蔽工程验收记录			
5		制冷设备运行调试记录			
6		通风、空调系统调试记录			
7		施工记录			
8		分项、分部工程质量验收记录			
9					
1	电梯	土建布置图纸会审，设计变更，洽商记录			
2		设备出厂合格证书及开箱检验记录			
3		隐蔽工程验收记录			
4		施工记录			
5		接地、绝缘电阻测试记录			
6		负荷试验、安全装置检查记录			
7		分项、分部工程质量验收记录			
8					
1	建筑智能化	图纸会审，设计变更，洽商记录，竣工图及设计说明			
2		材料、设备出厂合格证书及进场检（试）验报告			
3		隐蔽工程验收记录			
4		系统功能测定及设备调试记录			
5		系统技术、操作和维护手册			
6		系统管理、操作人员培训记录			
7		系统检测报告			
8		分项、分部工程质量验收报告			

结论：

总监理工程师

施工单位项目经理　　年　月　日　　　（建设单位项目负责人）　　年　月　日

（3）单位（子单位）工程所含分部工程有关安全和功能的检测资料应完整，是指表2-4中，单位（子单位）工程安全和功能检验资料核查及主要功能抽查记录必须具备26个检测项目，实际发生的每一个项目中，该有的资料应完整。

单位（子单位）工程安全和功能检验资料核查及主要功能抽查记录　　表2-4

工程名称		施工单位			
序号	项　目	资料名称	份数	核查意见	核查（抽查）人
1	建筑与结构	屋面淋水试验记录			
2		地下室防水效果检查记录			
3		有防水要求的地面蓄水试验记录			
4		建筑物垂直度、标高、全高测量记录			
5		抽气（风）道检查记录			
6		幕墙及外窗气密性、水密性、耐风压检测报告			
7		建筑物沉降观测测量记录			
8		节能、保温测试记录			
9		室外环境检测报告			
10					
1	给水排水与采暖	给水管道通水试验记录			
2		暖气管道、散热器压力试验记录			
3		卫生器具满水试验记录			
4		消防管道、燃气管道压力试验记录			
5		排水干管通球试验记录			
6					
1	电　气	照明全负荷试验记录			
2		大型灯具牢固性试验记录			
3		避雷接地电阻测试记录			
4		线路、插座、开关接地检验记录			
5					
1	通风与空调	通风、空调系统试运行记录			
2		风量、温度测试记录			
3		洁净室洁净度测试记录			
4		制冷机组试运行调试记录			
5					
1	电　梯	电梯运行记录			
2		电梯安全装置检测报告			
1	建筑智能化	系统试运行记录			
2		系统电源及接地检测报告			
3					

结论：

总监理工程师

施工单位项目经理　　　年　月　日　　　（建设单位项目负责人）　　年　月　日

注：抽查项目由验收组协商确定。

为确保工程的安全和使用功能，在分部、子分部工程检查验收时，应进行检测以保证工程的综合质量和最终质量。这种检测（检验）应由施工单位来检测，检测过程中监理工程师或建设单位有关负责人应参加并监督检测工作，达到要求后，形成检测记录各方签字认可。在单位工程、子单位工程验收时，监理工程师应对各分部、子分部工程检测的项目进行核对，对检测资料的数量、数据及使用的检测方法标准、检测程序进行核查，同时核查有关人员的资格和签认情况等。核查后，将核查的情况填入单位（子单位）工程安全和功能检测资料核查和主要功能抽查记录表，对表的该项内容做出是否确认的结论。

（4）主要功能项目的抽查结果应符合相关专业质量验收规范的规定。

主要功能项目抽查的目的，是综合检验工程质量能否保证工程的功能，满足使用要求。这项抽查检测多数是复查性的和验证性的。

主要功能抽测项目的内容：一是对原监测项目的结论或对工程有质疑，需要抽查进行验证。二是工程质量监督机构对工程实体质量进行监督抽查检测，以验证工程的综合质量。三是抽查建筑综合性使用项目如室内环境检测、屋面淋水检测、照明全负荷试验检测、智能建筑系统运行等。

主要功能抽测项目的程序：应在单位工程完工，施工单位向建设单位提交工程验收报告之前，全部进行完毕，将检测报告写好。建设单位组织单位工程验收时，抽测项目的内容，可由验收委员会（验收组）确定。一般不超出表2-4中所含项目，如需要做表2-4中未有的检测项目时，应进行专门研究来确定。通常监理单位应在施工过程中，将抽测的项目在分部、子分部工程验收时抽测。多数情况是施工单位检测时，监理、建设单位都参加，不再重复检测，防止造成不必要的浪费及对工程的损害。

主要功能抽测项目进行时，一般可对照该项目的检测记录逐项核查，可重新做抽测记录表，也可不形成抽测记录，在原检测记录上注明签认。

（5）观感质量验收应符合要求。

观感质量评价是实地全面评价单位工程的外观及使用功能质量，核查质量控制资料，核查分项、分部工程验收的正确性，补查在分项工程中不能检查的项目。观感质量验收应符合下列要求：

一是工程完工时绝大部分的安全可靠性能和使用功能已达到要求，但验收时出现不应出现的严重影响使用功能的情况，应该先弄清原因，然后再评价。如在竣工验收时出现地面严重空鼓、起砂、墙面空鼓粗糙、门窗开关不灵、关闭不严等项目的质量缺陷，就说明在分项、分部工程验收时，掌握标准不严。通过竣工验收对这些质量缺陷应予以整改处理。

二是分项、分部工程无法测定和不便测定的项目，在单位工程观感评价中，给予核查。如建筑物的全高垂直度、上下窗口位置偏移及一些线角顺直等项目，只有在单位工程质量最终检查时，才能了解得更确切。

三是观感质量的验收方法和内容与分部、子分部工程的观感质量评价一样，只是分部、子分部工程的范围小一些，单位工程的观感质量更宏观一些。观感质量评价内容按各有关检验批的主控项目、一般项目有关内容综合掌握，给出好、一般、差的评价。

2.1.4 建筑工程质量验收程序和组织

1. 检验批及分项工程验收和组织

（1）所有检验批和分项工程均应由监理工程师（建设单位项目技术负责人）组织施工单位项目专业质量（技术）负责人等进行验收。

（2）检验批和分项工程验收前，施工单位先填好"检验批和分项工程的质量验收记录"（有关监理记录和结论不填），并由项目专业质量检验员和项目专业技术负责人分别在检验批和分项工程质量检验记录中相关栏目签字，然后由监理工程师组织，严格按规定程序进行验收。

2. 分部（子分部）工程验收和组织

（1）分部（子分部）工程验收时，工程监理实行总监理工程师负责制的分部工程应由总监理工程师（建设单位项目负责人）组织施工单位项目负责人和技术、质量负责人等进行验收。

（2）地基与基础、主体结构分部工程验收时，勘察、设计单位工程项目负责人和施工单位技术、质量部门负责人也应参加相关分部工程验收。由于地基基础、主体结构技术性能要求严格、技术性强，关系到工程整体的安全，因此要求这些分部工程的勘察、设计单位工程项目负责人也应参加相关分部的工程质量验收。

3. 单位工程竣工验收程序和组织

（1）单位工程完工后，施工单位首先要依据质量标准、设计图纸等组织有关人员进行自检，并对检查结果进行评定。自检结果符合要求后施工单位向建设单位提交工程验收报告和完整的质量资料，请建设单位组织竣工验收。

（2）实行监理的工程竣工报告须先报送监理单位，并由总监理工程师组织人员对工程竣工资料检查、评定，即预验收。预验收合格后，形成"单位工程竣工预验收报验表"并报送建设单位。

（3）建设单位收到工程竣工报告后，由建设单位负责组织施工（含分包单位）、设计、监理等单位（项目）负责人和其他有关方面的专家组成验收组，制定验收方案。建设单位将验收方案呈报工程质量监督机构审核，审核同意工程竣工验收后，建设单位发出工程竣工验收通知工程质量监督机构参加。工程质量监督机构对工程竣工验收的组织形式、验收程序、执行技术标准和实体质量的状况进行现场监督。在进行单位（子单位）工程验收时，由于设计、施工、监理单位都是责任主体，因此设计、施工单位负责人或项目负责人及施工单位的技术、质量负责人和监理单位的总监理工程师均应参加验收。

（4）在一个单位工程中，对满足生产要求或具备使用条件，施工单位已预验，监理工程师已初验通过的子单位工程，建设单位可组织进行验收。由几个施工单位负责施工的单位工程，当其中的施工单位所负责的子单位工程已按设计完成，并经自行检验，也可按规定的程序组织正式验收，办理交工手续。在整个单位工程进行全部验收时，已验收的子单位工程验收资料应作为单位工程验收的附件。

（5）单位工程有分包单位施工时，分包单位对所承包的工程按验收标准规定的程度检查评定,总包单位应派人参加。分包工程完成后,应将工程有关资料交总包单位。由于《建设工程承包合同》的双方主体是建设单位和总承包单位,总承包单位应按照承包合同的权利义务对建设单位负责。分包单位对总承包单位负责,亦应对建设单位负责。因此,分包单位对承建的项目进行检验时,总包单位应参加,检验合格后,分包单位应将工程的有关资料移交总包单位,待建设单位组织单位工程质量验收时,分包单位负责人应参加验收。

(6)当参加验收各方对工程质量验收意见不一致时,可请当地建设行政主管部门或工程质量监督机构协调处理。协调部门可以是当地建设行政主管部门或其委托的部门(单位),也可是各方认可的咨询机构。

2.1.5 建筑工程质量遇到非正常情况时的处理

一是经返工重做或更换器具、设备的检验批,应重新进行验收。在检验批验收时,其主控项目不能满足验收规范或一般项目超过偏差限值的子项不符合检验规定的要求时,应及时进行处理。其中,严重的缺陷应推倒重来;一般的缺陷通过翻修或更换器具、设备予以解决,应允许施工单位在采取相应的措施后重新验收。如能够符合相应的专业工程质量验收规范,则应认为该检验批合格。

二是经有资质的检测单位检测鉴定能够达到设计要求的检验批,应予以验收。个别检验批发现试块强度不满足要求等问题,难以确定是否验收时,应请具有资质的法定检测单位检测。当鉴定结果能够达到设计要求时,该检验批仍应认为通过验收。

三是经有资质的检测单位检测鉴定达不到设计要求、但经原设计单位核算认可能够满足结构安全和使用功能的检验批,可予以验收。一般情况下,规范标准给出了满足安全和功能的最低限度要求,而设计往往在此基础上留有一些余量。不满足设计要求和符合相应规范标准的要求,两者并不矛盾。

四是经返修或加固处理的分项、分部工程,虽然改变外形尺寸但仍能满足安全使用要求,可按技术处理方案和协商文件进行验收。更为严重的缺陷或者超过检验批的更大范围内的缺陷,可能影响结构的安全性和使用功能。若经法定检测单位检测鉴定以后认为达不到规范标准的相应要求,即不能满足最低限度的完全储备和使用功能,则必须按一定的技术方案进行加固处理,使之能保证其满足安全使用的基本要求。这样会造成一些永久性的缺陷,如改变结构外形尺寸,影响一些次要的使用功能等。为了避免社会财富更大的损失,在不影响安全和主要使用功能条件下可按处理技术方案和协商文件进行验收,责任方应承担经济责任,但不能作为轻视质量而回避责任的一种出路,这是应该特别注意的。

五是通过返修或加固处理仍不能满足安全使用要求的分部工程、单位(子单位)工程,严禁验收。

上述规定给出了当质量不符合要求时的处理办法。一般正常情况下,不合格现象在最基层的验收单位检验批时就应发现并及时处理,否则将影响后续检验批和相关的分项工程、分部工程的验收。因此所有质量隐患必须尽快消灭在萌芽状态,这也是《统一标准》以强化验收促进过程控制原则的体现。

2.1.6 建筑工程验收备案制度

单位工程质量验收合格后，建设单位应在规定时间内将工程竣工验收报告和有关文件，报建设行政管理部门备案。建设工程竣工验收备案制度是加强政府监督管理，防止不合格工程流向社会的一个重要手段。建设单位应依据《建设工程质量管理条例》和建设部《房屋建筑工程和市政基础设施工程竣工验收备案管理暂行办法》（建设部第78号令）等有关规定，在工程竣工验收合格后的15日内将工程竣工验收报告和规划、公安消防、环境保护、人民防空、城市建设档案等部门出具的验收认可文件或准许使用文件上报县级以上人民政府建设行政主管部门或其他有关部门备案。否则，不允许投入使用。

2.2 建筑工程技术资料用表

建筑工程质量验收记录应符合下列规定：
（1）施工现场质量管理检查记录可按表2-5进行。
（2）室外单位（子单位）工程和分部工程可按表2-6划分。
（3）检验批质量验收可按表2-7进行。
（4）分项工程质量验收可按表2-8进行。
（5）分部（子分部）工程质量验收应按表2-9进行。
（6）单位（子单位）工程质量竣工验收记录可按表2-10。
（7）质量控制资料核查可按表2-3。
（8）安全和功能检验资料核查及主要功能抽查记录可按表2-4。
（9）观感质量检查应按表2-11进行。

表2-7和表2-8、表2-9分别为检验批和分项工程及分部（子分部）工程验收记录表，主要是规范了各专业编制这方面表格的基本格式、内容和方式，具体内容由各专业规范规定。表2-10为单位工程的质量竣工验收记录。施工现场质量管理检查记录应由施工单位按表2-5填写，总监理工程师（建设单位项目负责人）进行检查，并做出检查结论。

1. 施工现场质量管理检查记录（见表2-5）

施工现场质量管理检查记录　　　　　表2-5

开工日期：

工程名称		施工许可证（开工证）	
建设单位		项目负责人	
设计单位		项目负责人	
监理单位		总监理工程师	
施工单位		项目经理	项目技术负责人	

续表

序号	项目	内容	
1	现场质量管理制度		
2	质量责任制		
3	主要专业工种操作上岗证书		
4	分包方资质与对分包单位的管理制度		
5	施工图审查情况		
6	地质勘察资料		
7	施工组织设计、施工方案及审批		
8	施工技术标准		
9	工程质量检验制度		
10	搅拌站及计量设置		
11	现场材料、设备存放与管理		
12			
检查结论:			
		总监理工程师	
(建设单位项目负责人)		年 月 日	

2. 室外工程划分（见表2-6）

室外工程划分　　　　　　　　　　　　　　　表2-6

单位工程	子单位工程	分部（子分部）工程
室外建筑环境	附属建筑	车棚，围墙，大门，挡土墙，垃圾收集站
	室外	建筑小品，道路，亭台，连廊，花坛，场坪绿化
室外安装	给水排水与采暖	室外给水系统，室外排水系统，室外供热系统
	电气	室外供电系统，室外照明系统

3. 检验批质量验收记录

由施工项目专业质量检查员填写，监理工程师（建设单位项目专业技术负责人）组织项目专业质量检查员等进行验收，并按表2-7记录。

检验批质量验收记录　　　　　　　　　　　　　表2-7

工程名称		分项工程名称		验收部位	
施工单位			专业工长		项目经理
施工执行标准名称及编号					
分包单位		分包项目经理		施工班组长	

续表

	质量验收规范的规定	施工单位检查评定记录	监理（建设）单位验收记录
主控项目	1		
	2		
	3		
	4		
	5		
	6		
	7		
	8		
	9		
一般项目	1		
	2		
	3		
	4		
施工单位检查评定结果		项目专业质量检查员： 年 月 日	
监理（建设）单位验收结论		监理工程师 （建设单位项目专业技术负责人） 年 月 日	

4. 分项工程质量验收记录

分项工程质量应由监理工程师（建设单位项目专业技术负责人）组织项目专业技术负责人等进行验收，并按表2-8记录。

_____分项工程质量验收记录　　　　　　表2-8

工程名称		结构类型		检验批数	
施工单位		项目经理		项目技术负责人	
分包单位		分包单位负责人		分包项目经理	
序号	检验批部位、区段	施工单位检查评定结果		监理（建设）单位验收结论	
1					
2					
3					
4					
5					
6					
7					

续表

序号	检验批部位、区段	施工单位检查评定结果	监理（建设）单位验收结论
8			
9			
10			
11			
12			
13			
14			
15			
16			
17			
检查结论	项目专业技术负责人： 年 月 日	验收结论	监理工程师 （建设单位项目专业技术负责人） 年 月 日

5. 分部（子分部）工程质量验收记录

分部（子分部）工程质量应由总监理工程师（建设单位项目专业负责人）组织施工项目经理和有关勘察、设计单位项目负责人进行验收，并按表2-9记录。

_____分部（子分部）工程验收记录　　　表2-9

工程名称		结构类型		层数	
施工单位		技术部门负责人		质量部门负责人	
分包单位		分包单位负责人		分包技术负责人	
序号	分项工程名称	检验批数	施工单位检查评定	验收意见	
1					
2					
3					
4					
5					
6					
质量控制资料					
安全和功能检验（检测）报告					
观感质量验收					
验收单位	分包单位			项目经理　年 月 日	
	施工单位			项目经理　年 月 日	
	勘察单位			项目负责人　年 月 日	
	设计单位			项目负责人　年 月 日	
	监理（建设）单位	总监理工程师 （建设单位项目专业负责人）　年 月 日			

6. 单位（子单位）工程质量竣工验收记录

单位（子单位）工程质量竣工验收记录应按表 2-10 记录，与表 2-3 单位（子单位）工程质量控制资料核查记录、表 2-4 单位（子单位）工程安全和功能检验资料核查及主要功能抽查记录、表 2-11 单位（子单位）工程观感质量检查记录、表 2-9 分部（子分部）工程质量验收记录配合使用。验收记录由施工单位填写，验收结论由监理（建设）单位填写，综合验收结论由参加验收各方共同商定，并由建设单位填写，应对工程质量是否符合设计和规范要求及总体质量水平做出评价。

单位（子单位）工程质量竣工验收记录　　　　　表 2-10

工程名称		结构类型		层数/建筑面积	
施工单位		技术负责人		开工日期	
项目经理		项目技术负责人		竣工日期	
序　号	项　目	验收记录		验收结论	
1	分部工程	共　分部，经查　分部　符合标准及设计要求　分部			
2	质量控制资料核查	共　项，经审查符合要求　项，经核定符合规范要求　项			
3	安全和主要使用功能核查及抽查结果	共核查　项，符合要求　项，共抽查　项，符合要求　项，经返工处理符合要求　项			
4	观感质量验收	共抽查　项，符合要求　项，不符合要求　项			
5	综合验收结论				
参加验收单位	建设单位 （公章） 单位（项目）负责人 　年　月　日	监理单位 （公章） 总监理工程师 　年　月　日		施工单位 （公章） 单位负责人 　年　月　日	设计单位 （公章） 单位（项目）负责人 　年　月　日

7. 单位（子单位）工程质量控制资料核查记录（见表 2-3）
8. 单位（子单位）工程安全和功能检验资料核查及主要功能抽查记录（见表 2-4）
9. 单位（子单位）工程观感质量检查记录（见表 2-11）

单位（子单位）工程观感质量检查记录

表 2-11

工程名称			施工单位								质量评价		
序号	项	目	抽查质量状况								好	一般	差
1	建筑与结构	室外墙面											
2		变形缝											
3		水落管，屋面											
4		室内墙面											
5		室内顶棚											
6		室内地面											
7		楼梯、踏步、护栏											
8		门窗											
1	给排水与采暖	管道接口、坡度、支架											
2		卫生器具、支架、阀门											
3		检查口、扫除口、地漏											
4		散热器、支架											
1	建筑电气	配电箱、盘、板、接线盒											
2		设备器具、开关、插座											
3		防雷、接地											
1	通风与空调	风管、支架											
2		风口、风阀											
3		风机、空调设备											
4		阀门、支架											
5		水泵、冷却塔											
6		绝热											
1	电梯	运行、平层、开关门											
2		层门、信号系统											
3		机房											
1	智能建筑	机房设备安装及布局											
2		现场设备安装											
观感质量综合评价													
检查结论		施工单位项目经理　　年　月　日　　总监理工程师　　年　月　日 　　　　　　　　　　　　　　　　　　　　（建设单位项目负责人）											

2.3 建筑工程常用资料表格编制及填写要求

2.3.1 施工现场质量管理检查记录表

该表是承包单位工程开工后提请项目监理机构对有关制度、技术组织与管理、质量管理体系等进行检查与确认。通常情况下一个工程的一个标段或一个单位工程只查一次，但如分段施工、人员更换或管理工作不到位时，可再次检查。在开工前检查，由施工单位现场负责人填写，由监理单位的总监理工程师（建设单位项目负责人）检查验收并作出检查结论。填表要求和填写方法如下：

1. 表头部分

（1）工程名称栏。应填写工程名称的全称，与合同或招投标文件中的工程名称一致。

（2）施工许可证（开工证），填写当地建设行政主管部门批准发给的施工许可证（开工证）的编号。

（3）建设单位栏。填写合同文件中的甲方单位，名称应写全称，与合同签章上的单位名称一致。

（4）建设单位项目负责人栏。应填写合同书上的签字人或签字人以文字形式委托的代表——工程的项目负责人。工程完工后竣工验收备案表中的单位项目负责人应与此一致。

（5）设计单位栏。填写设计合同中签章单位的名称，其全称应与印章上的名称一致。设计单位的项目负责人栏，应填写设计合同书签字人或签字人以文字形式委托的该项目负责人，工程完工后竣工验收备案表中的单位项目负责人也应与此一致。

（6）监理单位栏。填写单位全称，应与合同或协议书中的名称一致。

（7）总监理工程师栏。应是合同或协议书中明确的项目监理负责人，也可以是监理单位以文件形式明确的该项目监理负责人，必须有监理工程师任职资格证书，专业要对口。

（8）施工单位栏。填写施工合同中签章单位的全称，与签章上的名称一致。

（9）项目经理栏、项目技术负责人栏。与合同中明确的项目经理、项目技术负责人一致。

表头部分可统一填写，不需具体人员签名，只是明确了负责人的地位。

2. 检查项目部分

填写各项检查项目文件的名称或编号，并将文件（复印件或原件）附在表的后面供检查，检查后应将文件归还。

（1）现场质量管理制度栏。主要是图纸会审、设计交底、技术交底、施工组织设计编制与审批程序、工序交接、质量检查评定制度、质量评定的奖罚办法以及质量例会制度及质量问题处理制度等。

（2）质量责任制栏。指质量负责人的分工，各项质量责任的落实规定，定期检查及有关人员奖罚制度等。

（3）主要专业工种操作上岗证书栏。测量工，起重、塔吊等竖直运输司机，钢筋工、混凝土工、机械工、焊接工、瓦工、防水工等建筑结构工种，电工、管道工等安装工种，上岗证以当地建设行政主管部门的规定为准。

（4）分包方资质与对分包单位的管理制度栏。专业承包单位的资质应在其承包业务范围内承建工程，超出范围的应办理特许证书，否则不能承包工程。在有分包的情况下，总承包单位应有管理分包单位的制度，主要是质量、技术的管理制度等。

（5）施工图审查情况栏。重点是看建设行政主管部门出具的施工图审查批准书及审查机构出具的审查报告。如果图纸是分批交出的话，施工图审查可分段进行。

（6）地质勘察资料栏。有勘察资质的单位出具的正式地质勘察报告，供地下部分施工方案制定和施工组织总平面图编制参考等。

（7）施工组织设计、施工方案及审批栏。施工单位编写的施工组织设计、施工方案应经项目监理机构审批，应检查编写内容、有针对性的具体措施、编制程序和内容，有编制单位、审核单位、批准单位，并有贯彻执行的措施。

（8）施工技术标准栏。承建企业应编制不低于国家质量验收规范的操作规程等企业标准。检查内容有：施工技术标准批准程序，由企业的总工程师、技术委员会负责人审查批准，有批准日期、执行日期、企业标准编号及标准名称。企业应建立技术标准档案，具有施工现场需要的所有施工技术标准，可作为培训工人、技术交底和施工操作的的主要依据，也是质量检查评定的标准。

（9）工程质量检验制度栏。包括三个方面的检验，一是原材料、设备进场检验制度；二是施工过程的试验报告；三是竣工后的抽查检测。应专门制定抽测项目、抽测时间、抽测单位等计划。工程质量检验制度可以单独搞一个计划，也可以在施工组织设计中作为一项内容。

（10）搅拌站及计量设置栏。主要是说明设置在工地搅拌站的计量设施的精确度、管理制度等内容。预拌混凝土或安装专业就无此项内容。

（11）现场材料、设备存放与管理栏。这是为保证材料、设备质量必须有的措施，要根据材料、设备性能制定管理制度，建立相应的库房等。

3. 检查项目填写时应注意的事项

（1）直接将有关资料的名称写上，资料较多时，也可将有关资料进行编号，填写编号，注明份数。

（2）填表时间是在开工之前，监理单位的总监理工程师（建设单位项目负责人）应对施工现场进行检查，这是保证开工后施工顺利和工程质量的基础，目的是做好施工前的准备。

（3）由施工单位负责人填写，填好后将有关文件的原件或复印件附在后边，请总监理工程师（建设单位项目负责人）验收核查，验收合格后，签字认可，并返还施工单位。

（4）如总监理工程师或建设单位项目负责人检查验收不合格，施工单位必须限期改正，否则不许开工。

2.3.2 检验批质量验收记录表

1. 检验批的名称与划分

检验批应由监理工程师（建设单位项目技术负责人）组织施工单位项目专业质量（技术）负责人等进行验收。检验批表的名称标注的是分项工程的名称，在制定专用表格时就已印好，而分项工程可由一个和若干个检验批组成，检验批可根据施工及质量控制和专业验收需要按楼层、施工段、变形缝等进行划分。

另外，有些规范的分项工程，在验收时也将其划分为几个不同的检验批来验收。如混凝土结构子分部工程的混凝土分项工程，分为原材料、配合比设计、混凝土施工3个检验批来验收。

2. 表头部分的填写

（1）工程名称：按合同文件上的单位工程名称填写。

（2）验收部位：指一个分项工程中验收的那个检验批的抽样范围，要标注清楚，如二层1~10轴线砖砌体。

（3）施工单位、分包单位：填写施工单位的全称，与合同上公章名称相一致。项目经理填写合同中指定的项目负责人。有分包单位时，也应填写分包单位全称，分包单位的项目经理也应是合同中指定的项目负责人。这些人员由填表人填写不需要本人签字，只是标明他是项目负责人。

（4）施工执行标准名称及编号栏：填写企业的标准系列名称（操作工艺、工艺标准、工法等）及编号，企业标准应有编制人、批准人、批准时间、执行时间、标准名称及编号，并要在施工现场有这项标准，工人在执行这项标准。

3. 质量验收规范的规定栏

质量验收规范的规定栏填写具体的质量要求，在制表时就已填写好验收规范中主控项目、一般项目的全部内容。但由于表格的地方小，多数指标不能将全部内容填写下，所以，只将质量指标归纳、简化描述或题目及条文号填写上，作为检查内容提示，以便查对验收规范的原文。对计数检验的项目，将数据直接写出来。规范上还有基本规定、一般规定等内容，它们虽然不是主控项目和一般项目的条文，但这些内容也是验收主控项目和一般项目的依据，所以验收规范的质量指标不宜全抄过来，只将其主要要求及如何判定注明。这些在制表时就已填好。

4. 主控项目、一般项目施工单位检查评定记录

填写方法分以下几种情况，判定验收不验收均按施工质量验收规范规定进行判定。

（1）对定量项目根据规范要求的检查数量直接填写检查的数据。

（2）对定性项目，填写实际发生的检查内容。

（3）有混凝土、砂浆强度等级的检验批，按规定制取试件后，可填写试件编号，待试件试验报告出来后，对检验批进行判定，并在分项工程验收时进一步进行强度评定及验收。

（4）对一般项目合格点有要求的项目，应是其中带有数据的定量项目；定性项目必须基本达到。定量项目其中每个项目都必须有80%以上（混凝土保护层为90%）检测点的实测数值达到规范规定，其余20%按各专业施工质量验收规范规定，不能大于150%，钢结构为120%，就是说定量的项目，除必须达到规定的数值外，其余可适当放宽。

施工单位检查评定记录栏按实际检查结果填写，并给出是否符合设计或规范规定的结论。结论表述应文字简练，技术用语规范，定量项目，将实际测量的数值填入格内。

5. 监理（建设）单位验收记录

通常监理人员应采用平行、旁站或巡回的方法进行监理，在施工过程中，对施工质量进行察看和测量，并参加施工单位的重要项目的检测，以了解质量水平和控制措施的有效性及执行情况，且在整个过程中，可以随时抽查检测。在检验批验收时，对主控项目、一般项目应逐项进行验收。对符合验收规范规定的项目，填写"合格"或"符合要求"，对不符合验收规范规定的项目，暂不填写，待处理后再验收，但应做标记。

6. 施工单位检查结果评定

指施工单位自行检查评定合格后，由项目专业质量检查员，根据执行标准检查填写的实际检查结果。一般可注明"主控项目全部合格，一般项目满足规范规定要求"。

专业工长（施工员）和施工班、组长栏目由本人签字，以示承担责任。专业质量检查员代表企业逐项检查评定合格，并写明结果，签字后交监理工程师或建设单位项目专业技术负责人验收。

7. 监理（建设）单位验收结论

主控项目、一般项目验收合格，混凝土、砂浆试件强度待试验报告出来后判定，其余项目已全部验收合格，注明"同意验收"。专业监理工程师或建设单位的专业技术负责人签字。

2.3.3 分项工程质量验收记录表

分项工程验收由监理工程师组织项目专业技术负责人等进行验收。分项工程是在检验批验收合格的基础上进行，通常起一个归纳整理的作用，是一个统计表，没有实质性验收内容。只要注意三点就可以了，一是检查检验批是否覆盖了整个工程，有没有漏掉的部位；二是检查有混凝土、砂浆强度要求的检验批，到龄期后能否达到规范规定；三是将检验批的资料统一，依次进行登记整理，方便管理。

填写表格，表名栏填写所验收分项工程的名称，表头工程名称按合同文件上的单位工程名称填写，结构类型按设计文件提供的结构类型填写，然后填写检验批部位、区段以及施工单位检查评定结果。施工单位项目专业质量检查员填写好后，由施工单位的项目专业技术负责人检查给出检查结论并签字，交监理单位或建设单位验收。

监理（建设）单位验收结论由专业监理工程师（或建设单位的专业负责人）应逐项审查并填写验收结论，同意项填写"合格或符合要求"，不同意项暂不填写，待处理后再验收，但应做标记。验收结论应注明"同意验收"或"不同意验收"的意见，如同意验收并签字确认，不同意验收请指出存在问题，明确处理意见和完成时间。

2.3.4 分部（子分部）工程验收记录表

分部（子分部）工程的质量验收记录，是质量控制的一个重点。由于单位工程体量的增大，复杂程度的增加，专业施工单位的增多，为了分清责任，及时整修等，分部（子分部）工程的验收就显得很重要，分部（子分部）工程的质量验收除了分项工程的核查外，还有质量控制资料核查，安全、功能项目的检测，观感质量的验收等。

分部（子分部）工程应由施工单位将自行检查评定合格的表填写好后，由项目经理交监理单位或建设单位验收。由总监理工程师组织施工项目经理及有关勘察（地基与基础部分）、设计（地基与基础及主体结构等）单位项目负责人进行验收，并按分部（子分部）工程验收记录（表2-9）的要求进行记录。

表的填写：

1. 表名及表头部分

（1）表名：分部（子分部）工程的名称填写要具体，写在分部（子分部）工程的前边，并分别划掉分部或子分部。

（2）表头部分结构类型填写按设计文件提供的结构类型。层数应分别注明地下和地上的层数。其余项目与检验批、分项工程、单位工程验收表的内容一致。

2. 验收内容

（1）分项工程

按分项工程检验批施工先后的顺序，填写分项工程名称，在第二格栏内分别填写各分项工程实际的检验批数量，即分项工程验收表上的检验批数量，并将各分项工程评定表按顺序附在表后。

施工单位检查评定栏，填写施工单位自行检查评定的结果。核查一下各分项工程是否都通过验收，有关有龄期试件的合格评定是否达到要求；有全高垂直度或总的标高检验项目的应进行检查验收。自检符合要求的可按"合格"标注，否则按"不合格"标注。有"不合格"的项目不能交给监理单位或建设单位验收，应进行返修达到合格后再提交验收。监理单位（或建设单位）由总监理工程师（或建设单位项目专业技术负责人）组织审查，在符合要求后，在验收意见栏内签注"同意验收"意见。

（2）质量控制资料

施工单位应按单位（子单位）工程质量控制资料核查记录（表2-3）中的相关内容来确定所验收的分部（子分部）工程的质量控制资料项目，按资料核查的要求，逐项进行核查。能基本反映工程质量情况，达到保证结构安全和使用功能的要求，即可通过验收。全部项目都通过，即可在施工单位检查评定栏内标注"合格"，并送监理单位或建设单位验收。监理单位总监理工程师组织审查，在符合要求后，在验收意见栏内签注"同意验收"意见。

有些工程可按子分部工程进行资料验收，有些工程可按分部工程进行资料验收，由于工程不同，不强求统一。

(3) 安全和功能检验（检测）报告

安全和功能检验（检测）报告是指竣工抽样检测的项目，能在分部（子分部）工程中检测的，尽量放在分部（子分部）工程中检测。检测内容按单位（子单位）工程安全和功能检验资料核查及主要功能抽查记录（表2-4）中相关内容确定抽查项目。

施工单位在核查时要注意，在开工之前确定的项目是否都进行了检测。逐一检查每个检测报告，核查每个检测项目的检测方法、程序是否符合有关标准规定，检测结果是否达到规范的要求，检测报告的审批程序签字是否完整。每个检测项目都通过审查，即可在施工单位检查评定栏内标注"合格"。由项目经理送监理单位或建设单位验收，监理单位总监理工程师或建设单位项目专业负责人组织审查，在符合要求后，在验收意见栏内签注"同意验收"意见。

(4) 观感质量验收

由施工单位项目经理组织进行现场检查，实际检查内容不仅包括外观质量，还有能启动或运转的要启动或试运转，能打开查看的要打开查看，有代表性的房间、部位都应走到，并经检查合格后，将施工单位填写的内容填写好后，由项目经理签字后交监理单位或建设单位验收。

监理单位由总监理工程师或建设单位项目专业负责人组织验收，在听取参加检查人员意见的基础上，以总监理工程师或建设单位项目专业负责人为主导共同确定质量评价——好、一般或差，由施工单位的项目经理和总监理工程师或建设单位项目专业负责人共同签认。如评价观感质量差的项目，能修理的尽量修理，如果确难修理时，只要不影响结构安全和使用功能的，可采用协商解决的方法进行验收，并在验收表上注明，然后将验收评价结论填写在分部（子分部）工程观感质量验收意见栏格内。

3. 验收单位签字认可

表列参与工程建设责任单位的有关人员应亲自签名，以示负责，以便有质量问题时追查责任。

勘察单位可只签认地基基础分部（子分部）工程，由项目负责人亲自签认。

设计单位可只签认地基基础、主体结构及重要安装分部（子分部）工程，由项目负责人亲自签认。

施工单位总承包单位必须签认，由项目经理亲自签认。有分包单位的分包单位也必须签认其分包的分部（子分部）工程，由分包项目经理亲自签认。

监理单位作为验收方，由总监理工程师亲自签认验收。如果按规定不委托监理单位的工程，可由建设单位项目专业负责人亲自签认验收。

2.3.5 单位（子单位）工程质量竣工验收记录

单位（子单位）工程质量验收由五部分内容组成，每一项内容都有自己的专门验收记录表，而表2-10单位（子单位）工程质量竣工验收记录是一个综合性的表,各项目验收合格后填写。

单位(子单位)工程由建设单位(项目)负责人组织施工(含分包单位)、设计、监理等单位(项目)负责人进行验收。单位(子单位)工程验收表中的由参加验收单位盖章,并由负责人签字。表2-3质量控制资料核查记录、表2-4安全和功能检验资料核查及主要功能抽查记录、表2-11观感质量检查记录应均由施工单位项目经理和总监理工程师(建设单位项目负责人)签字。

1. 表名及表头的填写

(1)将单位工程或子单位工程的名称(项目批准的工程名称)填写在表名的前边。

(2)表头部分,按分部(子分部)表的表头要求填写。

2. 分部工程

对所含分部工程逐项检查。首先由施工单位的项目经理组织有关人员逐个分部(子分部)进行检查评定。所含分部(子分部)工程检查合格后,由项目经理提交验收。经验收组成员验收后,由施工单位填写"验收记录"栏。注明共验收几个分部,经验收符合标准及设计要求的几个分部。审查验收的分部工程全部符合要求,由监理单位在验收结论栏内,写上"同意验收"的结论。

3. 质量控制资料核查

这项内容先由施工单位检查合格,再提交监理单位验收。其全部内容在分部(子分部)工程中已经审查。通常单位(子单位)工程质量控制资料核查,也是按分部(子分部)工程逐项检查和审查,每个子分部、分部工程检查审查后,也不必再整理分部工程的质量控制资料,只将其依次装订起来,前边的封面写上分部工程的名称,并将所含子分部工程的名称依次填写在下边就行了。然后将各子分部工程审查的资料逐项进行统计,填入验收记录栏内。

通常共有多少项资料,经审查也都应符合要求。如果出现有核定的项目的,应查明情况,只要是协商验收的内容,填在验收结论栏内,通常严禁验收的事件,不会留在单位工程来处理。这项也是先施工单位自行检查评定合格后,提交验收,由总监理工程师或建设单位项目负责人组织审查符合要求后,在验收记录栏内填写项数。在验收结论栏内,写上"同意验收"的意见。同时要在表2-10单位(子单位)工程质量竣工验收记录表中的序号2栏内的验收结论栏内填"同意验收"。

4. 安全和主要使用功能核查及抽查结果

这个项目包括两个方面的内容。一是在分部(子分部)工程进行了安全和功能检测的项目,要核查其检测报告结论是否符合设计要求。二是在单位工程进行的安全和功能抽测项目,要核查其项目是否与设计内容一致,抽测的程序、方法是否符合有关规定,抽测报告的结论是否达到设计要求及规范规定。这个项目也是由施工单位检查评定合格,再提交验收,由总监理工程师或建设单位项目负责人组织审查,程序内容基本是一致的。按项目逐个进行核查验收。然后统计核查的项数和抽查的项数,填入验收记录栏,并分别统计符合要求的项数,同时也分别填入验收记录栏相应的空档内。通常两个项数是一致的,如果个别项目的抽测结果达不到设计要求,则可以进行返工处理达到符合要求。然后由总监理工程师或建设单位项目负责人在验收结论栏内填写"同意验收"的结论。

如果返工处理后仍达不到设计要求，就要按不合格处理程序进行处理。

5. 观感质量验收

观感质量检查的方法同分部（子分部）工程，单位工程观感质量检查验收不同的是项目比较多，是一个综合性验收。实际是复查一下各分部（子分部）工程验收后，到单位工程竣工的质量变化，成品保护以及分部（子分部）工程验收时，还没有形成部分的观感质量等。

这个项目也是先由施工单位检查评定合格，提交验收。由总监理工程师或建设单位项目负责人组织审查，程序和内容基本是一致的。按核查的项目数及符合要求的项目数填写在验收记录栏内，如果没有影响结构安全和使用功能的项目，由总监理工程师或建设单位项目负责人为主导意见，评价好、一般、差。不论评价为好、一般、差的项目，都可作为符合要求的项目。由总监理工程师或建设单位项目负责人在验收结论栏内填写"同意验收"的结论。如果有不符合要求的项目，就要按不合格处理程序进行处理。

6. 综合验收结论

施工单位应在工程完工后，由项目经理组织有关人员对验收内容逐项进行查对，并将表格中应填写的内容进行填写，自检评定符合要求后，在验收记录栏内填写各有关项数，交建设单位组织验收。综合验收是指在前五项内容均验收符合要求后进行的验收，即按表2-10 单位（子单位）工程质量竣工验收记录表进行验收。验收时，在建设单位组织下，由建设单位相关专业人员及监理单位专业监理工程师和设计单位、施工单位相关人员分别核查验收有关项目，并由总监理工程师组织进行现场观感质量检查。经各项目审查符合要求时，由监理单位或建设单位在"验收结论"栏内填写"同意验收"的意见。各栏均同意验收且经各参加检验方共同商定后，由建设单位填写"综合验收结论"，可填写为"通过验收"。

7. 参加验收单位签名

勘察单位、设计单位、施工单位、监理单位、建设单位都同意验收时，其各单位的单位项目负责人要亲自签字，以示对工程质量的负责，并加盖单位公章，注明签字验收的年月日。

第2部分　建筑工程资料管理实训

本部分提要

本部分主要内容包括：建筑工程技术资料，地基与基础分部工程资料，主体结构分部工程资料，建筑屋面分部工程资料，建筑装饰装修分部工程资料，单位工程安全和功能检验资料，观感质量检查资料的收集、填写、整理、组卷。

为方便对资料管理实训的实际操作，在此以××市公安局办公大楼施工图作为实例，按照施工程序划分为施工技术管理资料、地基与基础分部工程资料、主体结构分部工程资料、建筑屋面分部工程资料、建筑装饰装修分部工程资料、安全和功能检验资料、观感质量检查资料等7个训练项目，每个训练项目均按照分部工程的组卷要求将建筑工程质量控制资料按11类收集填写并进行整理、组卷。为减少篇幅组卷时有些同类的表项做省略处理，有些资料的份数应根据现场实际发生数量确定，在本书内均以"数份"表示。安全和功能检验资料、观感资料也仅以建筑与结构部分为例以一个单位工程组卷，在实际工程中安全和功能检验资料还是以分部工程组卷。在本书中，所有质量检验批记录表格中，"规范规定"栏中所指的规范条目均指相对应的专业验收规范。如"模板拆除工程检验批验收记录"中"规范规定"栏中"第4.3.2条"指的是混凝土结构工程施工质量验收规范（GB50204—2002）中的第4.3.2条。

××市公安局办公大楼施工资料

建筑概况：

1. 项目概况

（1）本工程为××市公安局办公大楼工程，建设地点位于××大街北侧，建设单位为××市公安局。总建筑面积21365m²，每层为一个防火分区，无地下室。建筑层数为9层，建筑高度28.05m；

（2）建筑结构形式为框架结构，建筑结构的类别为3类，合理使用年限为50

年，抗震设防烈度为6度；

(3) 设计标高：本工程±0.000相当于绝对标高为235.85m。

2. 墙体工程

(1) 墙体的基础部分采用柱下独立基础并用基础梁连接；

(2) 非承重的外围护墙构造为400mm厚陶粒混凝土，砂浆强度为M5与柱子拉结；

(3) 建筑物的内隔墙为MU5陶粒混凝土砌块，用M5砂浆砌筑，厚度为200mm；

(4) 建筑物的管井墙为MU5陶粒混凝土砌块用M5砂浆砌筑，厚度为100mm；

(5) 墙身防潮层：由于底层框架为结构混凝土梁，故水平防潮层不做，±0.000以下苯板外侧做20mm厚防水砂浆竖直防潮层；

(6) 有配电箱、消火栓、水平通风管等隔墙上的留洞详见各相关设备专业图纸，待管道设备安装完毕后，用C20混凝土填实。

3. 屋面工程

(1) 本工程的屋面防水等级为二级，防水层合理使用年限为15年；

(2) 屋面做法为不上人屋面；

(3) 不上人屋面构造（由上至下）：

保护层：保护涂料（由卷材生产厂配套提供或提出材料要求）。

防水层：1.5mmSTF150双面高分子复合防水卷材（300g/m^2）。

粘结层：水泥与2%专用胶粉。

找平层：20mm厚1:3水泥砂浆。

找坡层：1:6炉渣混凝土（最薄处30mm），坡度1%~2%见屋面排水图。

保温层：100mm厚苯板（密度20kg/m^3）

隔气层：1.5mmSTF150双面高分于复合防水卷材（300g/m^2）。

找平层：20mm厚1:3水泥砂浆找平层。

结构层：钢筋混凝土屋面板。

4. 门窗工程

(1) 建筑外门窗抗风压性能分级为4级，气密性能分极为四级，水密性能分级为五级，保温性能分级为八级，隔声性能分极为三级；

(2) 公共走廊上疏散用的平开防火门应设闭门器，双扇防火门安装闭门器和顺序器，常开防火门须安装信号控制关闭和反馈装置；

(3) 防火卷帘安装在结构主梁下，位置见各层平面图。

5. 幕墙工程

幕墙工程应满足防火墙两侧、窗间墙、窗坎墙的防火要求，同时应满足外围护结构的各项物理、力学性能要求。

6. 外装修工程

(1) 外墙面装修材料以灰色真实漆喷涂为主，一二层粘贴花岗岩石板，具体分隔见立面图；

(2) 喷真实漆墙面：喷外墙涂料；6mm 厚 1:2.5 水泥砂浆找平；12mm 厚 1:3 水泥砂浆打底扫毛或划出纹道；

(3) 粘贴花岗石板：稀水泥擦缝；贴 20~25mm 厚花岗石板（在背面上涂抹专用粘结剂，然后粘结）；6mm 厚 1:2.5 砂浆找平；10mm 厚 1:3 水泥砂浆打底扫毛；刷一道加气混凝土界面处理剂；用砌块原浆填补灰缝、缺角和局部凹槽；

(4) 设有外墙外保温的建筑构造，凡外露梁、板、柱及门斗楼板下均贴 100mm 厚聚苯板（聚苯乙烯泡沫塑料板，密度 20kg/m³）保温，做法如下：

找平层：20mm 厚 1:3 水泥砂浆；粘接层：聚合物砂浆约 3mm 厚；聚苯板；固定件：工程塑料膨胀钉加自攻螺钉；保护层：聚合物砂浆夹耐碱玻纤网格布约 4mm 厚。

7. 内装修工程

凡设有地漏房间就应设防水层（车库除外），图中未注明整个房间找坡者，均在地漏周围 1m 范围内向地漏找 1%~2% 坡度坡。

8. 油漆涂料工程

(1) 室内木门窗油漆选用木本色聚氨脂清漆，做法：磨光打蜡，刷聚氨脂清漆二度，刷油色，刷清漆底油一度；

(2) 室内楼梯栏杆选用木扶手金属栏杆，平台、护窗钢栏杆选用不锈钢栏杆；

(3) 室内外露明金属件（不锈钢除外）的油漆为刷防锈漆两道后再做同室内外部位相同颜色的磁漆。

9. 室外工程

(1) 外挑檐雨篷、室外台阶、坡道、散水等工程做法详见墙身详图；

(2) 室外道路地面构造如下：

C20 现浇钢筋混凝土板 150mm 厚按间距 6000mm×6000mm 留缝，缝宽 10~15mm 用沥青砂填实或涂沥青松木条板嵌缝；200mm 厚三灰碎石（水泥:石灰:粉煤灰:碎石 1.5:8.5:20:70）；200mm 厚二灰土（石灰:粉煤灰:土 10:20:70）；200mm 厚 10% 窑灰土，碾压密实；原土回填。

10. 其他事项

(1) 两种材料的墙体交接处，应根据饰面材质在做饰面前加钉金属网，或在施工中加贴玻璃丝网格布，防止裂缝；

(2) 预埋木砖及贴邻墙体的木质面均做防腐处理，露明铁件均做防锈处理；

(3) 楼板留洞待设备管线安装完毕后，用 C20 细石混凝土封堵密实。

11. 室内装饰做法

(1) 楼梯间地面做法

8~10mm 厚玻化砖，干水泥擦缝；撒素水泥浆一道（洒适量清水）；20mm 厚 1:4 干硬性水泥砂浆结合层；刷素水泥浆一道；60mm 厚 C15 混凝土；100mm 厚碎石垫层灌 M2.5 砂浆；素土夯实。

(2) 办公室地面

8~12mm 厚复合木地板楼面（浮铺）；铺一层 2~3mm 厚配套软质衬垫（带防潮薄膜）；20mm 厚 1:2.5 水泥砂浆找平层压实赶光；60mm 厚 C15 混凝土；

100mm厚碎石垫层灌M2.5砂浆；素土夯实。

（3）卫生间地面

8～10mm厚防滑地蜡，干水泥擦缝，撒素水泥浆一道（洒适量清水）；20mm厚1:4干硬性水泥砂浆结合层；素水泥浆一道；60mm厚C20细石混凝土随打随抹（内掺TH2000防水剂）；STF150卷材防水层（沿墙上卷150mm）；20mm厚1:3水泥砂浆找平层；100mm厚碎石或碎砖灌M2.5混合砂浆；现浇钢筋混凝土楼板。

（4）其他房间地面（设备用房）

20mm厚1:2水泥砂浆找平层压实赶光；刷素水泥浆结合层一道；60mm厚C15混凝土；100mm厚碎石垫层灌M2.5砂浆；素土夯实。

（5）楼梯间踢脚

稀水泥浆擦缝；安装10～20mm厚花岗岩板；20mm厚1:2水泥砂浆灌贴；刷界面处理剂一道。

（6）办公室踢脚

80～100mm高硬质塑料踢脚板（成品），金属踢脚卡（成品），用木螺丝固定在预埋木砖上（木砖中距<500mm），或用射钉固定在混凝土墙上。

（7）其他房间（设备用房）踢脚

8～10mm厚地砖，稀水泥擦缝；5mm厚1:1水泥细砂浆结合层；12mm厚1:3水泥细砂浆打底层；刷界面处理剂一道（砖墙时取消）。

（8）楼梯间内墙面

刷（喷）白色乳胶漆；5mm厚1:2.5水泥砂浆抹面压实抹光；5mm厚1:1:6水泥石膏砂浆抹平扫毛；6mm厚1:0.5:4水泥石膏砂浆打底；刷界面处理剂一道（陶粒混凝土墙）。

（9）卫生间内墙面

白水泥擦缝；贴5mm厚釉面砖（在釉面砖粘贴面上随贴随刷一道专用粘结剂然后粘贴）；8mm厚1:0.1:2.5水泥石灰膏砂浆粘结层；8mm厚1:0.5:4水泥石灰膏砂浆打底；扫毛划出纹道；刷界面处理剂一道（砖墙时取消）。

（10）其他房间内墙面

刷白色乳胶漆；5mm厚1:2.5水泥砂浆抹面压实抹光；5mm厚1:1:6水泥石膏砂浆抹平扫毛；6mm厚1:0.5:4水泥石膏砂浆打底扫毛；刷界面处理剂一道（砖墙时取消）。

（11）楼梯间顶棚

刷白色乳胶漆；5mm厚1:0.3:2.5水泥石灰膏砂浆抹面；5mm厚1:0.3:3水泥石灰膏砂浆打底扫毛；刷素水泥浆（内掺建筑胶）界面处理剂一道。

（12）卫生间顶棚

0.5～0.8mm厚铝合金条板面层；中龙骨U50×19×0.5中距<1200mm；大龙骨U60×130×1.5（吊点附吊挂）中距<1200mm；ϕ8螺栓吊杆，双向吊点（中距900～1200mm/个）；钢筋混凝土板内预留ϕ6铁环，双向中距900～1200mm；铝合金彩色条形板吊顶（做坡）。

（13）其他房间顶棚：刷白色乳胶漆；5mm厚1:0.3:2.5水泥石灰膏砂浆抹

面；5mm 厚 1:0.3:3 水泥石灰膏砂浆打底扫毛；刷素水泥浆一道内掺建筑胶。

（14）楼梯间楼面

8~10mm 厚玻化砖，干水泥擦缝；撒素水泥浆一道（洒适量清水）；20mm 厚 1:4 干硬性水泥砂浆结合层；20mm 厚 1:3 水泥砂浆找平层；现浇钢筋混凝土楼板。

（15）办公室楼面

8~12mm 厚复合木地板楼面（浮铺）；铺一层 2~3mm 厚配套软质衬垫（带防潮薄膜）；20mm 厚 1:2.5 水泥砂浆找平层压实赶光；现浇钢筋混凝土楼板。

（16）卫生间楼面

8~10mm 厚防滑地砖，干水泥擦缝；撒素水泥面（洒适量清水）；20mm 厚 1:4 干硬性水泥砂浆结合层（内掺 TH2000 防水剂）；STF150 卷材防水层（沿墙上卷 150）；20mm 厚 1:3 水泥砂浆找平层；现浇钢筋混凝土楼板。

（17）其他房间楼面

20mm 厚 1:2 水泥砂浆找平层压实赶光；刷素水泥浆结合层一道；现浇钢筋混凝土楼板。

结构概况：

1. 地基基础

本工程基础采用柱下钢筋混凝土独立基础；回填土夯实压实系数不小于 0.97。

2. 主要结构材料

（1）钢材选用 HPB235、HRB335、HRB400。

（2）混凝土：基础垫层混凝土强度等级为 C15，100mm 厚；基础强度等级为 C30；竖向构件（墙、柱）混凝土强度等级除特殊注明外，基础顶至三层顶采用 C40 混凝土，其他构件均采用 C30 混凝土；水平构件（梁、板）混凝土强度等级 C25，加强带混凝土强度等级梁和板均采用 C30；其他构件均采用 C30 混凝土。

（3）填充墙砌体：均采用陶粒混凝土砌块（砌体容重小于 $8kN/m^3$），M5 混合砂浆砌筑。

3. 钢筋混凝土结构构造

本工程混凝土结构抗震等级：框架四级。

本工程采用《混凝土结构施工平面图整体表示方法制图规则和构造详图 03G101—1》的表示方法。图中未注明的构造要求应按 03G101—1 的有关要求执行。

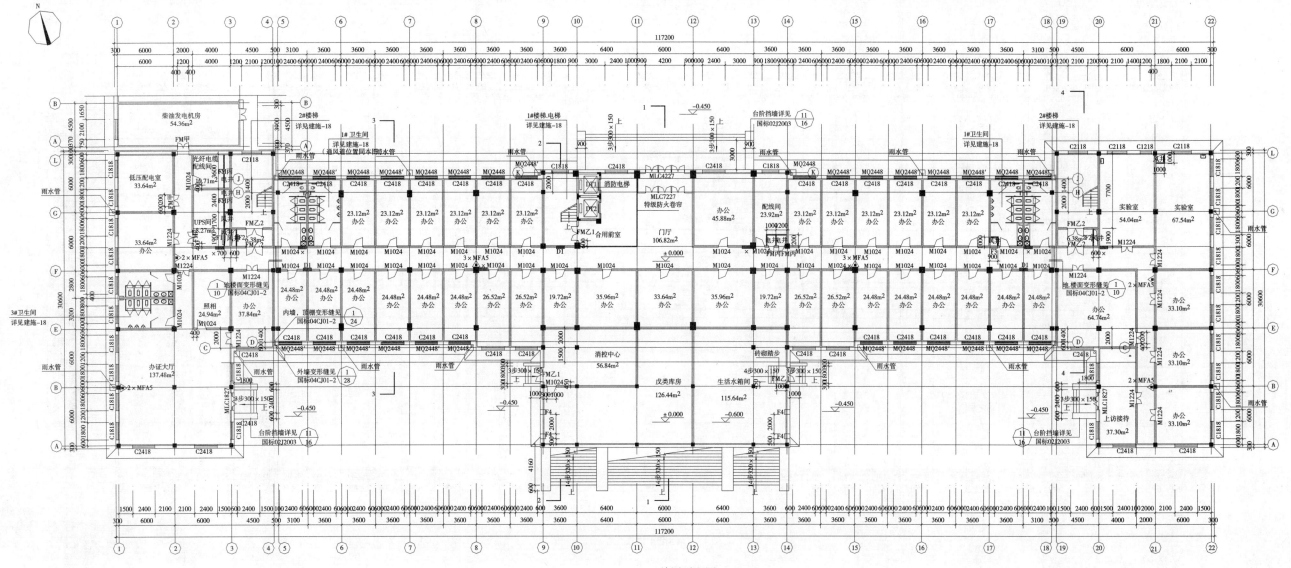

首层平面图

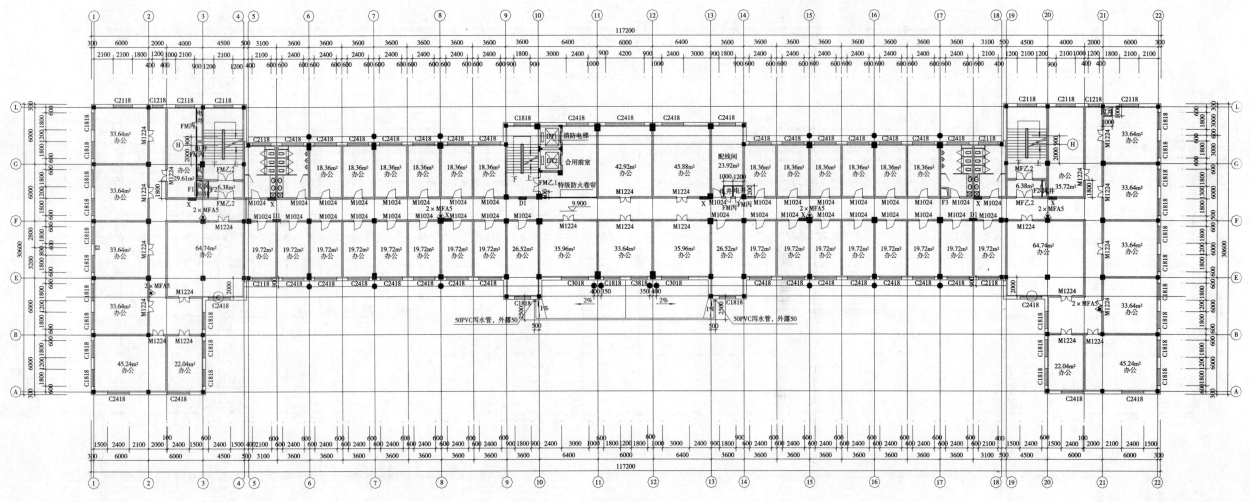

标准平面图

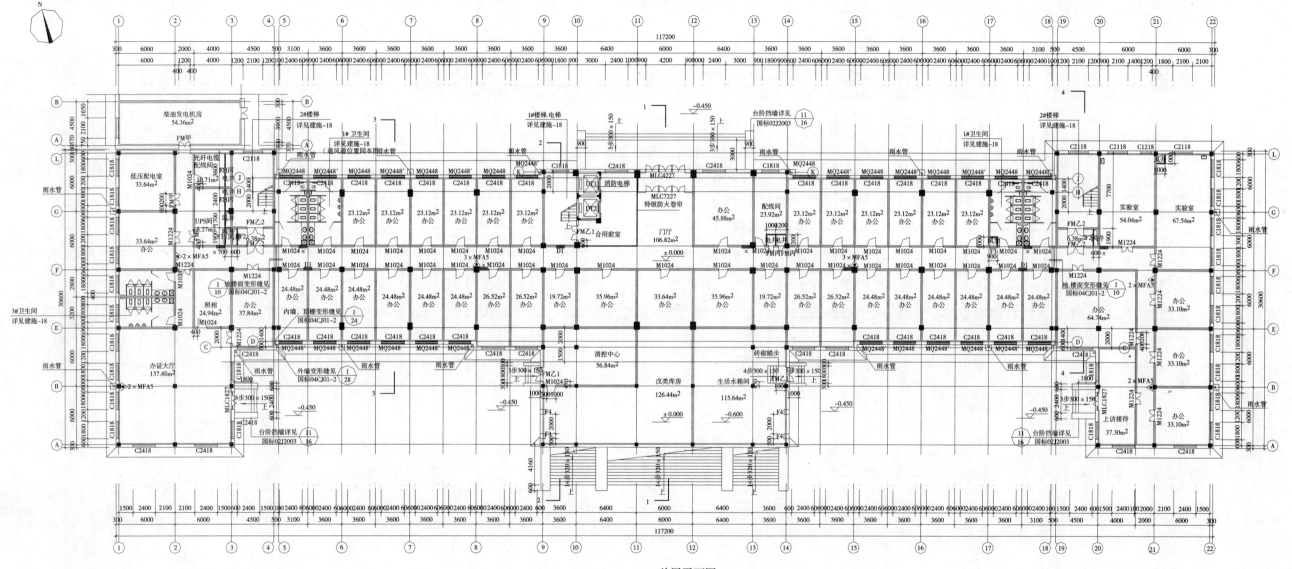

首层平面图

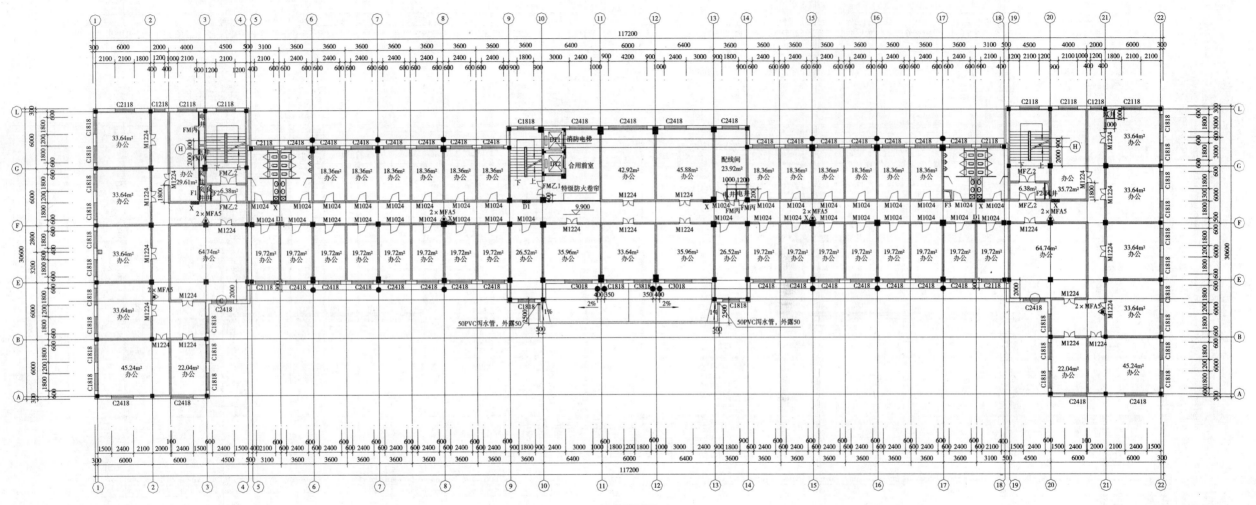

标准平面图

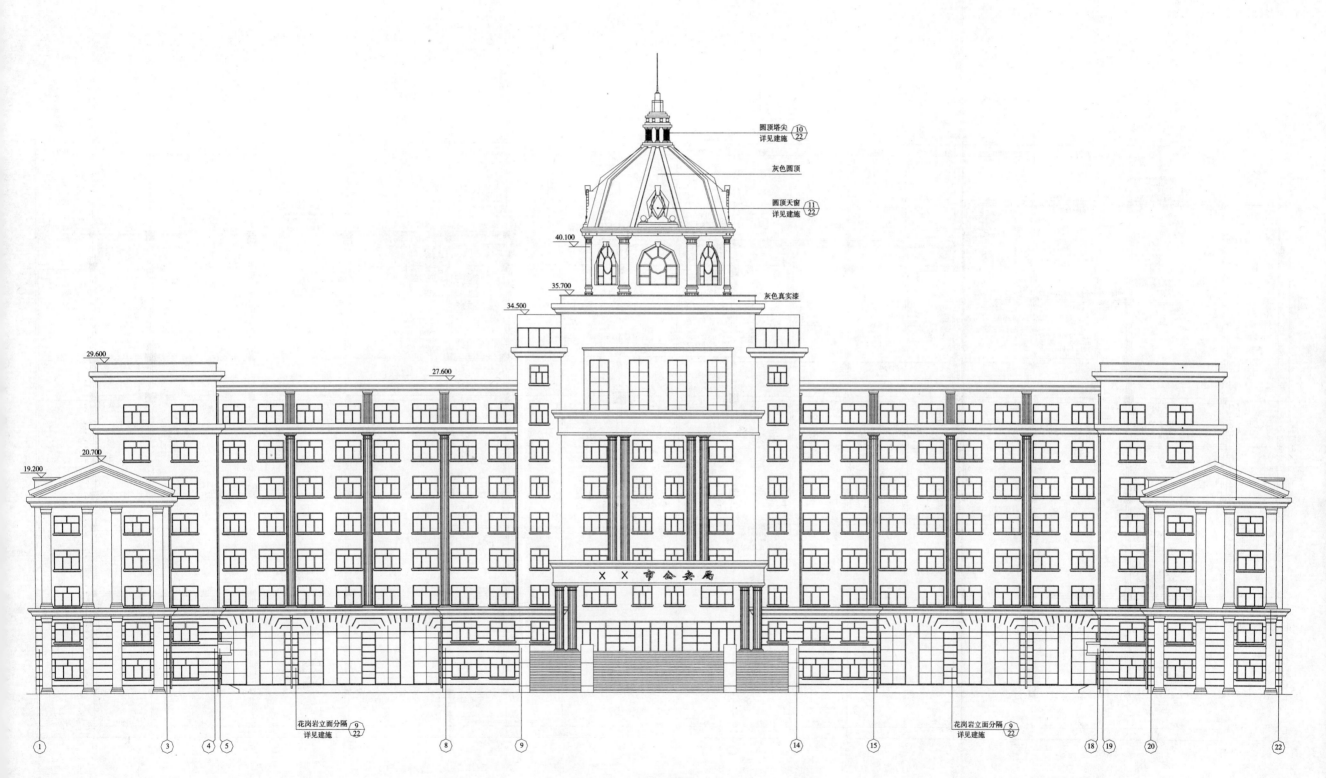

1-22轴立面图

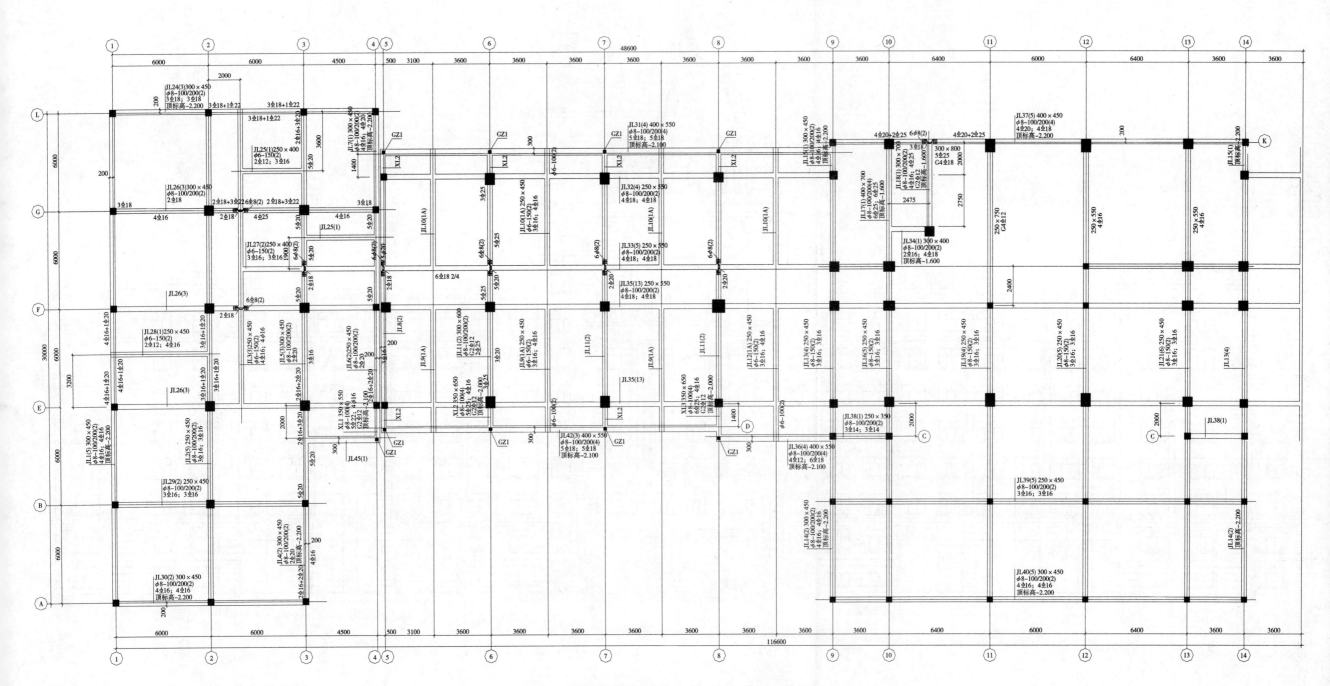

±0.00层平面结构布置图（1-14轴、14-22轴与1-9轴对称）

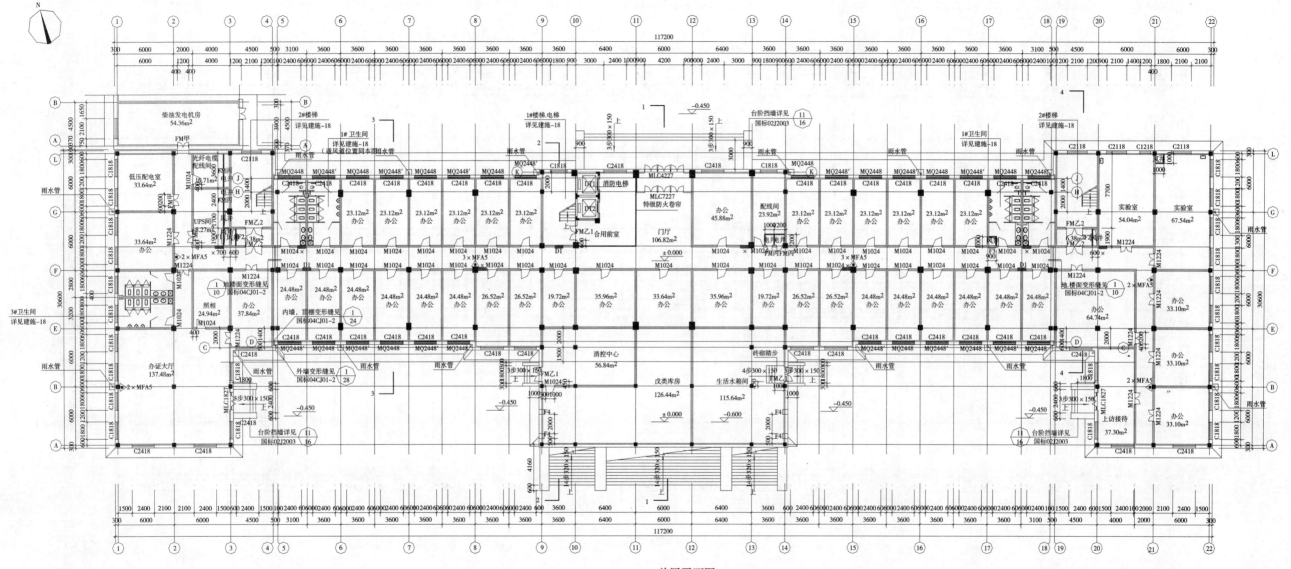

首层平面图

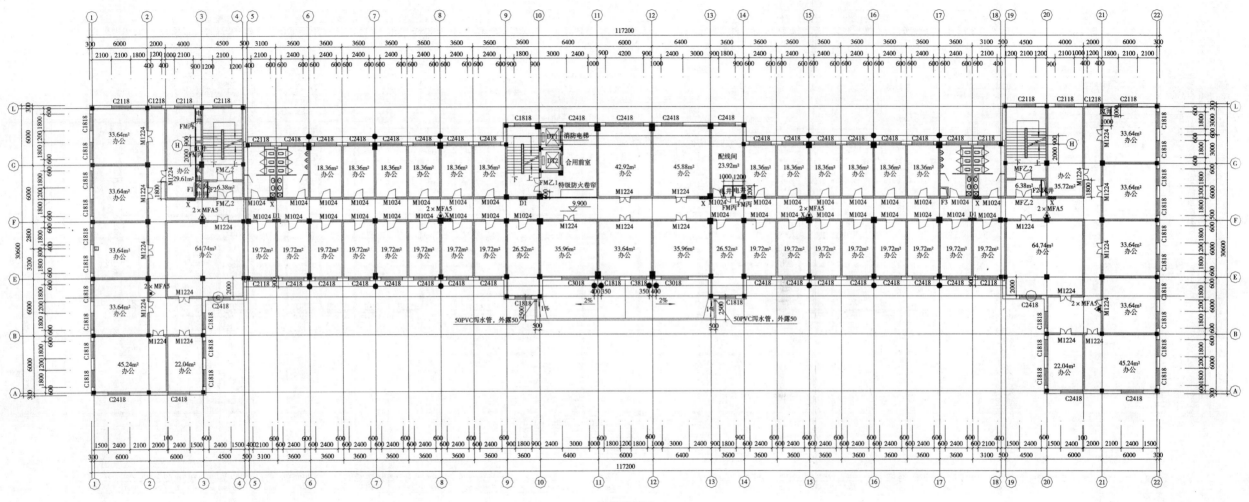

标准平面图

项目1　施工技术管理资料

[训练目的与要求] 能完成撰写、收集、整理施工技术管理资料的工作。按施工图（选用施工图例），参照下列实例的编制程序，确定资料的类型、数量、填写方法，要求用正式表格或采用资料管理软件上机操作完成。编制完成某施工图施工技术管理资料。

训练1　施工技术管理资料分类及组卷

施工技术管理资料主要包括施工组织设计（项目管理规划）、施工现场质量管理检查记录、技术交底记录、施工日志、工程施工总结、工程质量保修书、工程质量事故报告等方面的资料，多由施工单位填写，各相关单位保存。

1.1　施工组织设计

施工组织设计是指导拟建工程施工全过程各项活动的技术、经济和组织以及安全生产管理的综合性文件。由主持该项目的承建单位技术管理部门编制，总监理工程师审定。

施工组织设计资料要求：内容齐全，编制及时，必须在工程开工前编制并报审完成；参与编制人员应在"会签表"上签字，交项目经理审核确认并在会签表上签字，经报审同意后执行并进行下发交底。

本工程施工组织设计一份。

1.2　施工现场质量管理检查记录

施工现场质量管理检查记录是对健全质量管理体系的具体要求，是实施施工质量验收规范的保证。工程开工前，由施工单位现场技术负责人填写，监理单位的总监理工程师或建设单位项目技术负责人签字验收。施工过程中，要进行抽查。

施工现场质量管理检查记录资料要求：表列项目、内容必须填写完整；施工许可证已经办理完毕，应填写施工许可证号。

本工程施工现场质量管理检查记录一份。

1.3　技术交底记录

施工技术交底是使参与施工技术人员熟悉和了解所担负的工程项目的特点、设计意图、技术要求、施工工艺、材料要求和应注意的问题、质量标准、成品保护以及质量检验、管理的要求，是依据国家标准、规范、规程、现行行业标准、上级技术指导性文件和企业标准制定的可操作性的技术支持性文件，是施工企业技术负责人把设计要求、施工措施贯彻到基层以至工人的一项技术管理方法。

技术交底资料要求：符合设计图纸和工程质量验收规范的要求；结合本工程的实际情况和特点，提出切实可行的新工艺、新技术、新方法，交底清楚明确；签章齐全，责任明确，内容完整。

本工程按主要分项工程技术交底，具体为土方工程、砌体工程、模板工程、钢筋工程、混凝土工程、屋面工程、防水工程、外墙保温工程、抹灰工程、饰面砖工程、门窗工程、地面工程各一份。

1.4 施工日志

施工日志是施工的真实记录，是竣工总结的依据，也是工程施工质量原因分析的依据。施工日志一般由专业工长记录，连续完整地记录从开工之日起至工程竣工之日止的有关技术管理和质量管理活动及其效果。

施工日志记录要求：对整个施工阶段全面记录，如实反映工程进展情况，及时记录，事实准确，内容完整。

本工程施工日志按专业进行记录，建筑与结构施工日志有地基基础工程、主体工程、屋面工程、装饰装修工程日志各一份。

1.5 工程施工总结

工程施工总结是施工单位在工程竣工验收前，根据工程特点、性质进行全面施工组织和管理作出的总结。总结内容主要包括：一是根据工程难点与特点，以项目的现场安全文明施工管理、质量管理、工期控制、合同管理、成本控制等方面的总结；二是本工程采用的主要技术措施的应用；三是工程施工过程中的各种经验教训。

本工程工程竣工施工总结1份。

1.6 工程质量保修书

《建设工程质量管理条例》规定，建设工程实行质量保修制度，既建设工程承包单位在向建设单位提交工程竣工验收报告时，应当向建设单位出具质量保修书。质量保修书中应当明确建设工程的保修范围、保修期限和保修责任，同时施工单位签署质量保修书也是建设工程竣工验收的必备条件。

本工程有施工单位签署的质量保修书一份。

1.7 工程质量事故报告

工程质量事故报告是指在工程建设过程中或在交付使用后，因勘察、设计、施工等过失造成工程质量不符合有关技术标准、设计文件以及施工合同规定的要求，需加固补强、返工、报废及造成人身伤亡或重大经济损失工程质量事故的发生情况及处理的档案记录。

工程质量事故报告主要记录事故的性质、事故发生日期、事故等级、责任单位、责任人、事故的经过和原因分析、事故处理意见等相关内容。

施工技术管理资料主要包括上述七大类。

实训练习：参照上述内容和组卷实例，根据选择的某一施工图例对其施工技术管理资料进行编制、组卷。

训练2　施工技术管理资料编制组卷实例

施工技术管理资料

工程名称：××市公安局办公大楼

施工单位：××建筑工程公司

施工技术管理资料归档文件目录

序号	施工文件	份数	备注
一	施工组织设计	1	本书略
二	施工现场质量管理检查记录	1	
三	技术交底记录		
1	建筑与结构		
(1)	土方工程	1	本书略
(2)	砌体工程	1	本书略
(3)	模板工程	1	本书略
(4)	钢筋工程	1	本书略
(5)	混凝土工程	1	本书略
(6)	屋面工程	1	
(7)	防水工程	1	本书略
(8)	外墙保温工程	1	本书略
(9)	抹灰工程	1	本书略
(10)	饰面砖工程	1	本书略
(11)	门窗工程	1	本书略
(12)	地面工程	1	本书略
(13)			
四	施工日志		
1	建筑与结构—地基与基础分部	1	本书略
2	建筑与结构—主体分部	1	
3	建筑与结构—屋面工程	1	本书略
4	建筑与结构—装饰装修工程	1	本书略
五	工程施工总结	1	本书略
六	工程质量保修书	1	
七	工程质量事故报告	/	

注:"/"表示此项没有发生,下同。

施工现场质量管理检查记录

工程名称	××市公安局办公大楼		施工许可证	施02006-×××
建设单位	××市公安局		项目负责人	×××
设计单位	×××设计研究院		项目负责人	×××
监理单位	××监理公司		总监理工程师	×××
施工单位	××建筑工程公司	项目经理	×××	项目技术负责人	×××

序号	项目	内容
1	现场质量管理制度	有图纸会审技术交底制、材料进厂检验制、样板引路制、过程三检制、成品保护制、质量例会制、质量事故报告调查制
2	质量责任制	有企业各级人员岗位责任制：经理、总工工程师、质量技术管理部门、项目经理、项目技术负责人、专业工长、施工班组长、操作者、专职质量检查员
3	主要专业工种操作上岗证书	有项目经理、项目技术负责人、专业管理人员（八大员）、试验、测量放线、资料管理人员、特殊专业工种资格证及岗位证
4	分包方资质与对分包单位的管理制度	/
5	施工图审查情况	施工图审查批准书：（××××）设06009
6	地质勘察资料	有《××市公安局办公大楼工程地质勘察报告》
7	施工组织设计、施工方案及审批	施工组织设计、编制、审核、批准手续齐全
8	施工技术标准（QBJ00X—2002）	施工技术标准采用（QBJ00X—2002）其标准不低于国家质量验收规范的操作规程
9	工程质量检验制度	有原材料、设备进厂检验制度、施工过程检验制度、抽查项目的检测计划
10	搅拌站及计量设置	有管理制度和计量设施精确度及控制措施
11	现场材料、设备存放与管理	有材料设备的管理制度
12		

检查结论：

　　现场质量管理制度基本完整，符合要求。

总监理工程师　×××
（建设单位项目负责人）　×年×月×日

注：QBJ00X—2002为企业标准，全书同。

技术交底记录

工程名称	××市公安局办公大楼	交底日期	×年×月×日
施工单位	××建筑工程公司	分项工程名称	屋面找平层
交底提要	屋面找平层施工		

交底内容：
屋面找平层施工
1 范围
本工艺标准适用于工业与民用建筑铺贴卷材屋面基层找平层施工。
2 施工准备
2.1 材料及要求
2.1.1 选用材料的质量、技术性能
必须符合设计要求和屋面工程质量验收规范的规定。
2.1.2 水泥砂浆
(1) 水泥：不低于32.5普通硅酸盐水泥。
(2) 砂：宜用中砂，含泥量不大于3%，不含有机杂质，级配要良好。
2.2 主要机具
(1) 机械：砂浆搅拌机或混凝土搅拌机。
(2) 工具：运料手推车、铁锹、铁抹子、水平刮杠、水平尺、压滚、喷灯。
2.3 作业条件
(1) 找平层施工前，屋面保温层应进行检查验收，并办理验收手续。
(2) 各种穿过屋面的预埋管件、烟囱、女儿墙、暖沟墙、伸缩缝等根部，应按设计施工图及规范要求处理好。
(3) 根据设计要求的标高、坡度，找好规矩并弹线（包括天沟、檐沟的坡度）。
(4) 施工找平层时应将原表面清理干净，进行处理，有利于基层与找平层的结合，如浇水湿润、喷涂基层处理剂等。
3 操作工艺
3.1 工艺流程
基层清理 → 管根封堵 → 标高坡度弹线 → 洒水湿润 → 施工找平层（水泥砂浆及沥青砂浆找平层）→ 养护 → 验收
3.2 基层清理
将结构层、保温层上表面的松散杂物清扫干净，清除凸出基层表面的灰渣等。粘结杂物要铲平，不得影响找平层的有效厚度。
3.3 管根封堵
大面积做找平层前，应先将出屋面的管根、变形缝、屋面暖沟墙根部处理好。
3.4 抹水泥砂浆找平层
(1) 洒水湿润：抹找平层水泥砂浆前，应适当洒水湿润基层表面，主要是利于基层与找平层的结合，但不可洒水过量，以免影响找平层表面的干燥，防水层施工后窝住水气，使防水层产生空鼓。所以洒水达到基层和找平层能牢固结合为度。
(2) 贴点标高、冲筋：根据坡度要求，拉线找坡，一般按1~2m贴点标高（贴灰饼），铺抹找平砂浆时，先按流水方向以间距1~2m冲筋，并设置找平层分格缝，宽度一般为20mm，并且将缝与保温层连通，分格缝最大间距为6m。

审核人	×××	交底人	×××	受交底人	×××

续表

工程名称	××市公安局办公大楼	交底日期	×年×月×日
施工单位	××建筑工程公司	分项工程名称	屋面找平层
交底提要	屋面找平层施工		

交底内容：

(3) 铺装水泥砂浆：按分格块装灰、铺平，用刮扛靠冲筋条刮平，找坡后用木抹子搓平，铁抹子压光。待浮水沉失后，人踏上去有脚印但不下陷为度，再用铁抹子压第二遍即可交活。找平层水泥砂浆一般配合比为1:3；拌合稠度控制在7cm。

(4) 养护：找平层抹平、压实以后24h可浇水养护，一般养护期为7d，干燥后铺设防水层。

4 质量标准

(1) 找平层的排水坡度应符合设计要求。平屋面采用结构找坡不应小于3%，采用材料找坡宜为2%；天沟、檐沟纵向找坡不应小于1%，沟底水落差不得超过200mm。

(2) 基层与突出屋面结构（女儿墙、山墙、天窗壁、变形缝、烟囱等）的交接处和基层的转角处，找平层均应做成圆弧形，圆弧半径应符合屋面工程质量验收规范表4.1.5的要求。内部排水的水落口周围，找平层应做成略低的凹坑。

(3) 找平层宜设分格缝，并嵌填密封材料。分格缝应留设在板端缝处，其纵横缝的最大间距：水泥砂浆或细石混凝土找平层，不宜大于6m；沥青砂浆找平层，不宜大于4m。

(4) 主控项目：

1) 找平层的材料质量及配合比，必须符合设计要求。

检验方法：检查出厂合格证、质量检验报告和计量措施。

2) 屋面（含天沟、檐沟）找平层的排水坡度，必须符合设计要求。

检验方法：用水平仪（水平尺）、拉线和尺量检查。

(5) 一般项目

1) 基层与突出屋面结构的交接处和基层的转角处，均应做成圆弧形，且整齐平顺。

检验方法：观察和尺量检查。

2) 水泥砂浆、细石混凝土找平层应平整、压光，不得有酥松、起砂、起皮现象；沥青砂浆找平层不得有拌合不匀、蜂窝现象。

检验方法：观察检查。

3) 找平层分缝的位置和间距应符合设计要求。检验方法：观察和尺量检查。

4) 找平层表面平整度的允许偏差为5mm。

检验方法：用2m靠尺和楔形塞尺检查。

5 成品保护

(1) 抹好的找平层上，推小车运输时，应先铺脚手板车道，以防止破坏找平层表面。

(2) 找平层施工完毕，未达到一定强度时不得上人踩踏。

(3) 雨水口、内排雨口施工过程中，应采取临时措施封口，防止杂物进入堵塞。

6 应注意的质量问题

(1) 找平层起砂：水泥砂浆找平层施工后养护不好，使找平层早期脱水；砂浆拌合加水过多，影响成品强度；抹压时机不对，过晚破坏了水泥硬化，过早踩踏破坏了表面养生硬度。施工中注意配合比，控制加水量，掌握抹压时间，成品不能过早上人。

(2) 找平层空鼓、开裂：基层表面清理不干净，水泥砂浆找平层施工前未用水湿润好，造成空鼓；应重视基层清理，认真施工结合层工序，注意压实。由于砂子过细、水泥砂浆级配不好、找平层厚薄不均、养护不够，均可造成找平层开裂；注意使用符合要求的砂料，保温层平整度应严格控制，保证找平层的厚度基本一致，加强成品养护，防止表面开裂。

审核人	×××	交底人	×××	受交底人	×××

续表

工程名称	××市公安局办公大楼	交底日期	×年×月×日
施工单位	××建筑工程公司	分项工程名称	屋面找平层
交底提要		屋面找平层施工	

交底内容：

（3）倒泛水：保温层施工时须保证找坡泛水，抹找平层前应检查保温层坡度泛水是否符合要求，铺抹找平层应掌握坡向及厚度。

7　质量记录

本工艺标准应具备以下质量记录：

（1）材质及试验资料。

（2）质量控制资料。

审核人	×××	交底人	×××	受交底人	×××

施 工 日 志

工程名称	×市公安局办公大楼	天气状况		风　力	最高/最低气温
施工单位	××建筑工程公司	白天	晴转多云	2～3级	22℃/12℃
施工部位	主体四层	夜间	多云	2级	14℃/8℃

施工内容：

　　（写明当日施工的部位，施工内容，施工进度，作业动态，隐蔽工程验收，材料进出场情况，取样情况，设计变更，技术经济签证情况，交底情况，质量、安全施工情况，材料检验，试验情况，上级或政府有无来现场检查施工生产情况，劳动力安排情况等）。

　　1. 今天施工部位为主体施工第4（可写明标高）层④—⑧轴线①—⑨轴线，柱子钢筋与模板。

　　2. 今天购进××牌42.5R普通水泥150t，由现场监理人员按规范进行了见证取样，并立即送到了实验室进行检测。下午进场支模钢管20t。

　　3. 今天由现场总监理工程师转发了"关于地下室部分填充墙体设计变更"的通知。变更通知号为×年×月×日第×号。具体内容详见该设计变更。目前该部位墙体未施工。

　　4. 上午由现场钢筋工长和模板工长分别对钢筋班和模板班进行了质量、安全技术交底。主要就前期出现的一些影响质量的因素进行了分析并提出了具体控制措施。

　　5. 下午在试验室取回了5层混凝土试压报告6份，经查混凝土强度等级均达到了设计要求，已将报告送达监理部。

　　6. 公司质量安全处对工地进行了全面检查，主要针对目前现场材料堆放、主体混凝土质量提出了具体要求。详细内容见会议纪要。

　　7. 劳动力安排情况：

　　　　34名钢筋工安装柱和剪力墙钢筋；

　　　　53名模板工搭设满堂架；

　　　　10名钢筋车间人员加工12层板钢筋；

　　　　15名普工转运材料，5名普工清扫楼层

填写人	×××	填写日期	×年×月×日

本表由施工单位填写并保存。

工程质量事故报告

工程名称	××市公安局办公大楼	建 设 地 点	××市××区××路××号
施工单位	××建筑工程公司	设 计 单 位	××建筑设计研究院
施工部位	主体四层	建筑面积（m²）	××××
结构类型	框架	事故发生时间	××年××月××日
上报时间	××年××月××日	经济损失（万元）	1

事情经过、后果与原因分析：

　　×年×月×日施工单位质检员×××在1~4层框架施工过程中例行检查，发现2层柱子表面出现严重的蜂窝和空洞。造成局部受力钢筋外露，严重影响框架的质量与使用安全。

　　原因分析：模板拼缝不严，板缝处漏浆；模板表面未处理干净或模板隔离剂涂刷不均匀；混凝土配合比现场剂量有误；施工时振捣不密实、漏振；混凝土入模时自由倾落高度较大，未用串桶或溜槽，产生离析。

事故发生后采取的措施：

　　对出现质量问题的柱子请××检测中心进行检测鉴定，同时对施工过程进行严格管理，采取有效防治措施。

事故责任单位、责任人及处理意见：

　　经查明此其质量事故主要责任方为施工单位，在施工过程中没有严格按照技术要求进行质量控制，导致事故发生。

事故处理意见是：

　　责成施工单位××建筑工程公司××项目部尽快提交质量事故处理意见，由××监理公司审核批准后××建筑工程公司××项目部尽快对事故进行处理。

负责人	×××	报告人	×××	填写日期	×年×月×日

本表由报告人填写，各有关单位均保存一份。

房屋建筑工程质量保修书

国家工商行政管理总局
　　　　　　　　　　制定
中华人民共和国建设部

　　年　　月

房屋建筑工程质量保修书

(示范文本)

发包人（全称）：××市公安局

承包人（全称）：××建筑工程公司

发包人、承包人根据《中华人民共和国建筑法》、《建设工程质量管理条例》和《房屋建筑工程质量保修办法》，经协商一致，对××市公安局办公大楼签定工程质量保修书。

一、工程质量保修范围和内容

承包人在质量保修期内，按照有关法律、法规、规章的管理规定和双方约定，承担本工程质量保修责任。

质量保修范围包括地基基础工程、主体结构工程、屋面防水工程、有防水要求的卫生间、房间和外墙面的防渗漏、供热与供冷系统、电气管线、给排水管道、设备安装和装修工程，以及双方约定的其他项目。

二、质量保修期

双方根据《建设工程质量管理条例》及有关规定，约定本工程的质量保修期如下：

1. 地基基础工程和主体结构工程为设计文件规定的该工程合理使用年限；
2. 屋面防水工程、有防水要求卫生间、房间和外墙面的防渗漏为__5__年；
3. 装修工程为__2__年；
4. 电气管线、给排水管道、设备安装工程为__2__年；
5. 供热与供冷系统为__2__个采暖期、供冷期；
6. 住宅小区内的给排水设施、道路等配套工程为__2__年；
7. 其他项目保修期限约定如下：__/__。

质量保修期自工程竣工验收合格之日起计算。

三、质量保修责任

1. 属于保修范围、内容的项目，承包人应当在接到保修通知之日起7天内派人保修。承包人不在约定期限内派人保修的，发包人可以委托他人修理。
2. 发生紧急抢修事故的，承包人在接到事故通知后，应当立即到达事故现场抢修。
3. 对于涉及结构安全的质量问题，应当按照《房屋建筑工程质量保修办法》的规定，立即向当地建设行政主管部门报告，采取安全防范措施；由原设计单位或者具有相应资质等级的设计单位提出保修方案，承包人实施保修。
4. 质量保修完成后，由发包人组织验收。

四、保修费用

保修费用由造成质量缺陷的责任方承担。

五、其他

双方约定的其他工程质量保修事项：___/___。

本工程质量保修书，由施工合同发包人、承包人双方在竣工验收前共同签署，作为施工合同附件，其有效期限至保修期满。

发包人（公章）：　　　　　　　承包人（公章）：

法定代表人（签字）：　　　　　法定代表人（签字）：
　×××　　　　　　　　　　　　×××
××年××月××日　　　　　　××年××月××日

项目2　建筑与结构—地基与基础分部工程资料

[训练目的与要求] 能完成撰写、收集、整理施工图的建筑与结构—地基与基础分部工程质量控制管理资料工作。按施工图（选用施工图例），参照下列实例的编制程序，确定资料的类型、数量、填写方法，要求用正式表格或采用资料管理软件上机操作完成。编制完成某施工图地基基础分部工程的子分部、分项检验批的划分与数量。填写汇总地基基础分部工程的实际发生的质量控制资料。

训练1　地基与基础工程的子分部、分项检验批的划分与数量

按照《建筑工程施工质量验收统一标准》（GB50300—2001），本工程划分为地基基础、主体结构、装饰装修、屋面、给水排水及采暖、电气六个分部工程。分部工程中各分项工程划分成若干数量检验批进行验收，考虑到检验批的划分应有助于及时纠正施工中存在的质量问题，确保工程质量，降低检验成本，因此根据本工程质量控制点、施工工艺和工程量大小的特点及专业需要，遵照上述原则划分检验批，并得到监理单位的认可。本工程质量验收在施工前，按照单位工程、分部工程、分项工程和检验批预先划分，使验收工作更加合理和规范。

必须强调的是，单位工程检验批数量的划分不具有惟一性，它往往与施工单位的人员、技术装备、施工方法、合同要求等有关。检验批的划分要囊括分项工程。不论如何划分分项工程检验批，都要有利于质量控制，能取得较完整的技术数据，而且要防止造成分项工程检验批大小过于悬殊，影响质量验收结果的可比性。

±0.000以下结构及防水工程部分均属地基基础分部。本工程地基基础分部由无支护土方、地下防水、混凝土基础、砌体基础4个子分部组成，含9个分项工程。为便于施工质量，按1～11轴、12～22轴划分两个施工段，共计划分35个检验批，见表2-1。

1. 无支护土方子分部

本子分部含土方开挖及土方回填2个分项工程，划分为4个检验批。
（1）土方开挖分项工程：1～11轴、11～22轴各为1个检验批。
（2）土方回填分项工程：1～11轴、11～22轴各为1个检验批。

因主体分部及部分外装饰工程施工完毕后，才能施工室外台阶，所以A轴室外台阶工程未纳入地基基础分部。

2. 混凝土基础

含 5 个分项工程，划分为 27 个检验批。

(1) 模板分项工程：划分为独立柱基模板安装、拆除，地基梁模板安装、拆除 4 个检验批，因本工程设 2 个施工段，故模板分项划分为 8 个检验批。

(2) 钢筋分项工程：划分为钢筋原材料、钢筋加工、钢筋连接和安装检验批，由于构件部位不同，将钢筋连接和安装按独立柱基与地基梁各为 1 个检验批，即一个施工段为 2 个检验批，钢筋原材料和加工为 1 个检验批，钢筋分项为 5 个检验批。

注：JL-1、JL-2、JL-3 可与独立柱基同为 1 个检验批，其他部位的基础梁为 1 个检验批。钢筋原材料和加工按钢筋厂集中加工为 1 个检验批。

(3) 混凝土分项工程：采用预拌混凝土。混凝土强度等级为 C15、C30，抗渗等级 S6。划分为柱基混凝土垫层、柱身、地基梁施工，每施工段 3 个检验批，2 个施工段 6 个检验批。JL-1、JL-2、JL-3 可与柱身同时施工，故归入柱身检验批。

(4) 现浇结构分项工程：按施工顺序每个施工段划分为垫层、柱身、地基梁 3 个检验批，两个施工段划分 6 个检验批。

(5) 装配式结构分项工程：其工程内容是地沟预制盖板安装，按施工段划分检验批，划分为 2 个检验批。

3. 砌体基础子分部

砌体基础仅含砖砌体分项（红砖 MU10，砂浆 M5 水泥砂浆），按施工段划分为 2 个检验批。

4. 地下防水子分部

按设计文件要求墙身埋入地下部分需抹 20mm 厚 1:2 防水砂浆（高度为墙底标高至 -0.500m），按施工段划分为 2 个检验批。

地基基础分部工程分项工程检验批划分汇总表　　　　表 2-1

序号	子分部工程名称	分项工程名称		检验批数量
1	无支护土方	土方开挖		2
		土方回填		2
2	混凝土基础	模板	安装	4
			拆除	4
		钢筋	原材料、加工	1
			连接、安装	4
		混凝土施工	垫层	2
			柱身	2
			地基梁	2
		现浇结构		6
		装配式结构		2

续表

序号	子分部工程名称	分项工程名称	检验批数量
3	砌体基础	砖砌体	2
4	地下防水	砂浆防水层	2
合计：分项工程9个，检验批35个			

实训练习：参照上述内容，根据选用的某一施工图例对其地基与基础工程的子分部、分项检验批的划分并确定其数量。

训练2 工程质量控制资料——建筑与结构—地基与基础工程

2.1 填表说明

2.1.1 工程质量控制资料文件目录表

在该表中只列举了建筑与结构—地基与基础工程中发生的部分资料项目。在单位工程质量控制资料核查记录中，建筑与结构质量控制核查资料有11项，在本工程施工过程中地基与基础分部工程发生了9项，其中事故调查处理资料及新材料、新工艺施工记录没有发生。

2.1.2 图纸会审、设计变更、洽商记录

1. 图纸会审

图纸会审是由监理、各专业施工单位将各自提出的图纸问题及意见，按专业整理，汇总后报建设单位，由建设单位提交设计单位作交底准备。图纸会审会议由建设单位组织设计、监理、施工单位技术负责人及有关人员参加，设计单位对各专业问题进行口头或书面交底，施工单位负责将设计交底内容按专业汇总、整理，形成图纸会审记录。

图纸会审记录是在建设、监理、设计和施工单位有关项目负责人和专业负责人签认下，形成的正式图纸会审记录。任何人不得擅自在会审记录上涂改或变更内容。四方签字方可生效。若图纸会审后，发生的一系列问题可用设计变更或工程洽商等方式解决。

本工程建筑结构专业图纸会审记录一份。

2. 设计变更

设计变更是由设计方对原设计图纸的某个部位局部修改或全部修改的一种记录。设计单位应对重要修改的图纸及时下达设计变更通知单，其内容要详实，涉及图纸修改的必须注明修改图纸的图号，必要时要附施工图。设计变更等同于施工图，是工程施工和结算的依据。建设、监理、设计、施工单位各保存一份。设计变更通知单由建设（监理）单位和施工单位的有关负责人及设计专业负责人签认方可生效。当委托监理时必须经总监签发。同一区域相同工程如需用同一个设

计变更时，可用复印件或抄件，须注明原件存放处。

本工程未发生设计变更。

3. 洽商记录

洽商是建筑工程施工过程中一种协调业主和施工方、施工方和设计方的记录。

洽商分为技术洽商和经济洽商两种，一般由施工方提出。它是工程施工、验收及改建、扩建和维修的重要资料，也是做竣工图的重要依据。

技术洽商：技术洽商是对原设计图纸中与施工过程中发生矛盾处的变更，也可以说是在满足设计的前提下，为方便施工对原设计做的变更。技术洽商一旦被建设单位、施工单位、设计单位和监理单位签字认可后，即可作为工程施工和结算的依据，保存在施工资料里。技术洽商的内容，必须明确具体，对于原设计变更处，均应详细标明相关图纸的页号、轴线位置和修改内容。

经济洽商：经济洽商是施工单位与建设单位在工程建设过程中纯粹的经济协商条款。仅需建设单位、施工单位签字即可。经济洽商的内容，必须明确具体，每款每条都要描述清楚。

2.1.3 工程定位测量、放线记录

1. 工程定位测量记录

工程定位测量是施工单位依据建设单位提供的建筑物控制网等有关资料，测定建筑物位置，主控轴线、建筑物 ±0.000 标高。本工程依据指定的建筑物红线图和设计单位指定的建筑标高水准点，进行定位测量放线。应强调两点：①定位严格按规划部门的规划许可证进行，并接受规划部门复验，监督检查；②提供水准点是发包人的责任和义务。

本工程定位测量记录一份。

2. 基槽放线记录

基槽放线是施工测量单位根据工程定位测量点、主控轴线及尺寸、基槽平面图放线，基槽验线是对基槽放线进行复验的一项工作。复验单位主要检查建筑物基底轮廓线，集水坑、电梯井坑、基槽标高及断面尺寸等；检查内容为基槽的四边轮廓线、主轴线、断面尺寸、基底标高、基底轴线位置和尺寸。

本工程基槽放线记录一份。

2.1.4 原材料出厂合格证及进场检（试）验报告

建筑与结构工程所用的主要材料进场应有产品质量证明文件。材料进场后，应对所使用的材料进行检查验收，填写材料、配件、设备进场检验记录。检验工作以施工单位为主，监理单位确认。主要检查内容包括材料出厂质量证明文件及出厂检验报告，材料的品种、规格、外观、数量满足设计和工程建设需要。按照专业标准要求规定，对主要材料的主要性能还应进行复试。需进行抽检的材料按规定比例进行抽检，并进行记录。经检查合格后，由施工单位向监理（建设）报请验收。对涉及结构安全的有关材料应按规定进行见证取样检测。未经监理（建设）签字，建筑材料不得在工程上使用，施工单位不得进行下道工序的施工。

本工程所用的主要材料出厂合格证书及进场检（试）验报告，分为五类收集整理。

（1）钢筋合格证、试验报告汇总表；
（2）水泥出厂合格证、试验报告汇总表；
（3）红砖、陶料砌块出厂合格证、试验报告汇总表；
（4）粗（细）骨料试验报告汇总表；
（5）外加剂（掺加剂）合格证及试验报告汇总表。

合格证、试验报告汇总表是指核查用于工程的各种材料的品种、规格、数量，通过汇总达到便于检查的目的。合格证、试验报告汇总表资料填写要求：施工单位和监理单位应约定涉及结构安全、使用功能、建筑外观、环保的主要材料进场报验范围和要求。涉及结构安全的有关材料，应按规定范围和数量进行见证取样检测。

建筑与结构产品合格证收集整理按下述原则：
（1）材料、配件合格证应按不同厂家、不同规格和型号，按施工文件归档和合同需求的份数收集；
（2）产品出厂检验报告与所提供的材料、配件型号和规格相对应；
（3）质量证明文件的抄件（复印件）应与原件内容一致，加盖公章原件存放单位，注明原件存放处，并有经办人签字。

本工程所用的主要材料出厂合格证书及出厂检（试）验报告，均由生产厂家提供，不再举例，仅对材料进场检验记录附实例一份和部分现场抽查复试报告、见证记录，详见建筑与结构原材料出厂合格证书及进场复检（试）报告。

2.1.5 施工试验报告及见证检测报告

施工试验报告是为保证建筑工程质量，对用于工程的无特定表示的材料，进行有关指标测试，由试验单位出具的试验证明文件。

常见的施工试验报告有：施工试验报告（通用表），钢筋连接试验报告，土工试验报告，混凝土配合比通知单，混凝土试件抗压强度检验报告，混凝土试块抗压强度统计评定表，砂浆配比通知单，砂浆试件抗压强度统计评定表，结构实体混凝土强度检验报告，钢筋保护层厚度检验报告。

此类表格主要由试验单位填写，现场资料管理人员仅需按规定要求收录即可。施工试验报告资料要求：

（1）试验结论要明确，责任人签字要齐全，不得漏签或代签。
（2）委托单上的工程名称、部位、品种、强度等级等与试验报告单上应对应一致。
（3）试验的代表批量和使用数量的代表批量应相一致。
（4）必须实行见证取样时，实验室应在见证取样任命单上加盖公章和经手人签字。
（5）使用材料与规范及设计要求不符为不符合要求。
（6）试验结论与使用品种、强度等级不符为不符合要求。

各专业规范对施工过程中的试验和检测项目、范围和数量都作了具体规定，施工技术人员在长期施工过程中，积累了不少经验。需要强调的是《统一标准》强制性条文规定，涉及结构安全的试块、试件以及有关材料，应按规定进行见证取样和送检。建设部（2000）211号《房屋建筑工程和市政基础设施工程实施见证取样和送检的规定》对见证取样的范围和数量作了要求。

见证取样和送检范围具体规定如下：
(1) 用于承重结构的混凝土试块；
(2) 用于承重墙体的砌筑砂浆试块；
(3) 用于承重结构的钢筋及连接接头试件；
(4) 用于承重墙的砖和混凝土小型砌块；
(5) 用于拌制混凝土和砌筑砂浆的水泥；
(6) 用于承重结构的混凝土中使用的掺加剂；
(7) 地下、屋面、厕浴间使用的防水材料；
(8) 国家规定必须实行见证取样和送检的其他试块、试件和材料。

见证取样和送检的数量不得低于有关技术标准中规定检验数量的30%。具体落实措施包括：

(1) 按《房屋建筑工程和市政基础设施工程实施见证取样和送检的规定》确定该工程的材料种类和所需见证取样和送检的报告后应附见证取样记录的项目及数量。注意项目不应超出规定范围，数量也要按规定不低于取样数量的30%。

(2) 按规定确定见证人员，见证人员应为监理（建设）单位具备建筑施工试验知识并经过培训持证的专业技术人员担任。

(3) 见证人员应在试件或包装上做好标识、封志，标明工程名称、取样日期、样品名称、数量及见证人签名。

(4) 见证及取样人员应对见证试样的代表性和真实性负责。见证人员应作见证记录并归入施工技术档案。

(5) 检测单位应按委托单，检查试样上的标识和封套，确认无误后，再进行检测。检测应符合有关规定和技术标准，检测报告应科学、真实、准确，除按正常报告签章外，还应填写见证取样记录中的相关内容，加盖见证取样检测的专用章。

(6) 定期检查其结果，并与施工单位质量控制试块评定结果比较，及时发现问题及时纠正。

本工程试验检测资料统计如下：
(1) 见证取样和送检见证人备案书；
(2) 地基土密度试验报告：
1) 土工（击实）试验报告一份；
2) 基础回填土试验记录一份；
(3) 钢筋连接试验报告：
1) 钢筋套筒机械连接报告数份，见证记录数份仅列举了一份；
2) 钢筋焊接报告数份，见证记录数份仅列举了一份；
(4) 混凝土试块强度统计评定及混凝土强度试块报告：
基础混凝土强度统计评定资料一份，基础混凝土标养试块强度报告6份，见证记录两份。

(5) 砂浆试块强度统计评定及砂浆强度试块报告：

基础砌筑砂浆强度统计评定资料一份，基础砂浆标养试块强度报告6份，见证记录两份。

2.1.6 隐蔽工程验收记录

隐蔽工程验收记录是指为下道工序所隐蔽的工程项目，关系到结构性能和使用功能的重要部位或项目的隐蔽检查记录。凡本工序操作完毕，将被下道工序所掩盖、包裹而再无从检查的工程项目，在隐蔽前必须进行隐蔽工程验收。在施工组织设计中应明确隐蔽部位以及待检点和停检点。

隐检即对隐蔽工程进行检查。通过文字或图形等形式，将工程隐检项目的隐检内容、质量情况、检查意见、复查意见等记录下来，作为以后建筑工程的维护、改造、扩建等重要的技术资料。隐检合格后方可进行下道工序施工。

隐蔽工程施工完毕后，由专业工长填写隐检记录，及时通知监理（建设）单位，会同有关单位参加验收，施工单位项目技术负责人、专业工长、专业质量检查员共同参加。验收后由监理（建设）单位签署验收结论，形成隐蔽工程验收记录，进行下道工序施工。

隐蔽工程验收记录上签字、盖章要齐全，参加验收人员须本人签字，并加盖监理（建设）单位项目部公章和施工单位项目部公章。

隐蔽工程检查记录填表要求：

(1) "工程名称"与施工图纸中图签一致。

(2) "隐检项目"具体写明（子）分部工程名称和施工工序主要检查内容，比如桩基工程钢筋笼安装。

(3) "隐蔽验收部位"按隐检项目的检查部位或检验批所在部位填写。

(4) "隐检时间"按预计验收时间填写。

(5) "隐检内容"应将隐检验收项目的具体内容描述清楚。

(6) "施工单位自查情况与结论"应根据检查内容详细填写，记录应齐全。包括主要原材料及复试报告单的编号，主要连接件的复试报告单的编号，主要施工方法等。如：钢筋绑扎隐检就要对钢筋搭接倍数有定量的说明，接头错开位置有具体尺寸。若文字不能表达清楚，可用示意简图进行说明等。

(7) "监理（建设）单位验收意见与结论"由监理（建设）单位填写，验收意见应针对验收内容是否符合要求要有明确结论。针对第一次验收未通过的要注明质量问题，并提出复查要求。在复查中仍出现不合格项，按不合格品处理。

(8) 本表由施工单位填报。其中监理（建设）单位验收意见与结论由监理（建设）单位填写。

隐蔽工程验收内容：《建筑工程施工质量验收强制性条文应用技术要点》对建筑与结构工程主要隐蔽验收项目（部位）做了如下要求：

分部工程	隐蔽验收内容
地基基础	定位抄平放线记录
	土方工程（基槽开挖、土质情况、地基处理）
	地基处理
	桩基施工
	基础钢筋、混凝土、砖石砌筑

本项目地基与基础工程隐蔽工程验收记录共12份。其中土方开挖工程记录两份，基础钢筋工程记录4份，地沟砌体工程记录两份，基础外墙防水工程记录两份，地沟盖板工程记录两份。

2.1.7 施工记录

施工过程形成的记录通称施工记录，内容应含有关工程施工时的环境、程序、技术措施、质量控制过程等内容，施工记录的内容应达到能满足检验批验收的需要。

1. 地基验槽记录

地基验槽依据为施工图纸、设计变更、工程洽商及相关的施工质量验收规范。验槽内容由施工单位进行填写，要注明基槽标高、断面尺寸、土质情况，必要时可附断面简图示意。检查意见要明确，验槽内容是否符合要求要描述清楚，检查验收结论由勘察单位、监理单位填写。本工程地基验槽记录一份。

2. 专业工程施工记录

各专业工程施工记录是对一项工程施工的过程记录。对本工程所用的材料、施工过程、质量控制进行简要明确的描述。对施工过程中发生质量问题及处理结果进行说明，施工记录的内容应达到能满足检验批验收的需要。本工程混凝土专业工程施工记录22份，砌体专业工程施工记录20份。

3. 混凝土设计配合比及施工配合比

本工程混凝土采用预拌混凝土施工。外围护墙陶粒混凝土设计配合比一份。

4. 混凝土开盘鉴定

本工程混凝土采用预拌混凝土施工，仅需收集资料。

5. 砂浆配合比

砂浆配合比应根据砂浆设计强度等级选用适当品种、强度等级的水泥、外加剂或掺合料、砂子，通过试配确定配合比。施工中要严格按配合比计量，不得随意变更。

本工程砂浆配合比2份。

2.1.8 预制构件、预拌混凝土合格证

本工程混凝土采用预拌混凝土应有合格证数份，陶粒混凝土为现场搅拌。

2.1.9 地基基础、主体结构检验及抽验检测资料

涉及地基基础、主体结构抽验检验及抽验检测资料较多，比如地基验槽记录，

混凝土标养试块强度检验评定资料等等。本章仅对工程结构实体检验资料进行说明。

1. 结构实体检验用同条件养护试件的留置方式和取样数量

（1）同条件养护试件所对应结构构件或结构部位，应由监理（建设）和施工等各方共同选定；

（2）对混凝土结构工程中的各混凝土强度等级，均应留置同条件养护试件；

（3）同一强度等级的同条件养护试件，其留置的数量应根据混凝土工程量和重要性确定，不宜少于10组，且不应少于3组；

（4）同条件养护试件拆模后，应放置在靠近相应结构构件或结构部位的适当位置，并应采取相同的养护方法。等效养护龄期可取按日平均温度逐日累计达到600℃·d时所对应的龄期，0℃及以下的龄期不计入；等效养护龄期不应小于14d，也不宜大于60d。

2. 地基基础

（1）混凝土同条件养护试块抗压强度

按照结构实体检验用同条件养护试件的留置方式和取样数量要求，地基与基础混凝土设计强度等级为C30，取样3组，并进行见证。本工程按照《混凝土强度检验评定标准》（GBJ107—87）的规定，地基基础结构实体混凝土强度检验评定资料1份，混凝土强度留置同条件试块3组，见证记录3份。

（2）钢筋保护层厚度检验记录

钢筋保护层厚度检验的结构部分，应由监理（建设）、施工等各方根据结构构件的重要性共同选定；对梁类、板类构件，应各抽取构件数量的2%且不少于5个构件进行检验。检验可采用非破损或局部破损的方法，也可采用非破损方法并用局部破损方法进行校准。全部钢筋保护层厚度检验的合格点率为90%及以上时，钢筋保护层厚度的检验结果为合格，每次抽样检验结果中不合格点的最大偏差均不应大于允许偏差的1.5倍。当全部钢筋保护层厚度检验的合格点率小于90%但不小于80%，可再抽取相同数量的构件进行检验；当按两次抽样总和计算的合格点率为90%及以上时，钢筋保护层厚度的检验结果仍应判为合格。

本工程的钢筋保护层检验采用非破损检验，有检验记录一份。

2.1.10 分项、分部工程质量验收记录

本工程按照规范和工程实际情况共划分9个分项工程，35个检验批。具体划分详见项目1。

2.1.11 工程质量事故及事故调查处理资料

工程质量事故及事故调查处理资料，主要是指工程质量调查处理记录。当发生工程质量事故后，工程负责人应立即组织填写事故报告和事故处理意见记录，事故记录主要填写事故发生的部位、事故简况、事故处理经过、事故处理结果。事故处理报告应由施工单位技术负责人、施工项目经理、专业技术负责人共同签字，并加盖施工单位公章。工程质量事故处理记录应由施工项目经理、专业技术负责人、质检员、施工工长签字。

本工程无工程质量事故，故无报告。

2.1.12 新材料、新工艺施工记录

凡属新材料、新工艺的施工均必须由施工单位或专项施工单位按新材料、新工艺提供的专项施工图或施工资料进行施工,并填报新材料、新工艺施工记录。新材料、新工艺应有建设、监理和施工单位根据相关资料予以确认。

本工程暂无新材料、新工艺。

实训练习:参照上述内容和组卷实例,根据某一施工图例对其地基基础工程的工程质量控制资料进行编制、组卷。

2.2 地基基础质量控制资料编制组卷实例

建筑与结构—地基与基础工程

工程名称：××市公安局办公大楼

施工单位：××建筑工程公司

建筑与结构—地基基础分部工程文件目录

序号	施工文件	份数	备注
一	图纸会审、设计变更、洽商记录		
1	图纸会审	1	
2	洽商记录	数份	本书略
二	工程定位测量、放线记录		
1	工程定位测量记录	1	
2	基槽放线记录	1	
三	原材料出厂合格证及进场检（试）验报告		
1	材料、配件、设备进场检验记录	数份	
2	钢筋合格证、试验报告	数份	
3	水泥出厂合格证、试验报告	数份	
4	红砖、陶粒砌块合格证、试验报告	数份	
5	粗（细）骨料试验报告	数份	
6	外加剂（掺加剂）合格证、试验报告	数份	本书略
四	施工试验报告及见证检测报告		
1	见证取样和送检见证人备案书	数份	
2	地基土密度试验报告	数份	
3	钢筋焊接试验报告	数份	本书略
4	混凝土试块强度统计评定及混凝土强度试验报告	9	
5	砂浆试块强度统计评定及砂浆强度试块报告	9	
五	隐蔽工程验收记录		
1	土方开挖工程	2	
2	地下室防水工程	2	
3	地沟盖板隐蔽工程	2	本书略
4	基础钢筋工程	4	本书略
5	地沟砌体工程	2	本书略
六	施工记录		
1	地基验槽记录	1	
2	混凝土专业施工记录	22	本书略
3	砌体专业施工记录	20	本书略
4	混凝土配合比设计及施工配合比	1	
5	砂浆配合比	2	本书略

续表

序号	施工文件	份数	备注
七	预制构件、预拌混凝土合格证	数份	本书略
八	地基基础、主体结构检验及抽样检测资料		
1	混凝土同条件试块强度统计评定及混凝土同条件试块强度报告	4	
2	钢筋保护层厚度检验记录	1	本书略
九	分项、分部工程质量验收记录		
1	地基与基础分部工程		
(1)	土方开挖	2	
(2)	土方回填	2	
(3)	模板	8	
(4)	钢筋	5	
(5)	混凝土	6	
(6)	现浇结构	6	
(7)	砖砌体	2	
(8)	装配式结构	2	
(9)	砂浆防水层	2	
十	工程质量事故及事故调查处理资料	/	
十一	新材料、新工艺施工记录	/	

建筑与结构—地基与基础工程

图纸会审、
设计变更、洽商记录

图 纸 会 审 记 录

工 程 名 称		××公安局办公大楼	会 审 时 间	××××年××月××日
专 业 名 称		建筑与结构	会 审 地 点	××会议室
参加人员会签栏	建设单位	×××　　×××		
	设计单位	×××　　×××		
	施工单位	×××　　×××		
	监理单位	×××　　×××		

会审内容：

  1. 设计总说明回填土压实系数≥0.97；基础平面图说明要求≥0.94。

  答：施工采用回填土压实系数≥0.97。

  2. 外围护墙系400mm厚素陶粒混凝土，强度等级未注明。

  答：陶粒混凝土强度为CL7.5

  3. 柱及梁的钢筋连接方式

  答：梁、柱钢筋直径≥20mm采用机械连接，$\phi20>$ 钢筋直径≥$\phi16$的钢筋采用焊接，钢筋直径<$\phi16$的采用绑扎连接。

建筑单位盖章：	设计单位盖章：	监理单位盖章：	施工单位盖章：
××××年××月××日	××××年××月××日	××××年××月××日	××××年××月××日

第2部分 建筑工程资料管理实训

建筑与结构——地基与基础工程

工程定位
测量、放线记录

工程定位测量记录

工 程 名 称	××市公安局办公大楼	施工图名称及编号	总平面图
施 工 单 位	××建筑工程公司	测量日期	××××年××月××日
高 程 依 据	设计指定水准点 $BM_1 \pm 0.000$	仪器设备名称及编号	$TDJ_2 30824$，50m卷尺
平面坐标依据	纵距：A、D桩距道路1路沿石35m，横距：D、C桩距道路2路沿石距离20m		

定位测量示意图：

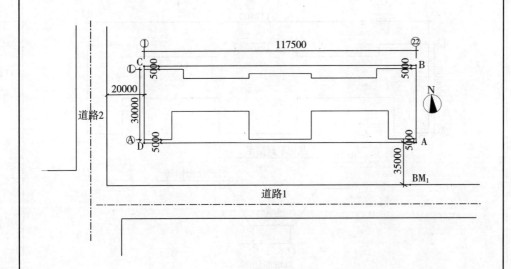

桩号	距离	横距（m）	纵距（m）
A		35	137.5
B	40	75	137.5
C	117.5	75	20
D	40	35	20
A	117.5		

施工单位检查结果	符合要求。 ××××年××月××日			
	专业技术负责人	×××	测量负责人	×××
	复测人	×××	施测人	×××
监理（建设）单位结论	同意进行下道工序施工。 监理工程师：××× （建设单位项目专业技术负责人） ××××年××月××日			

基槽放线记录

工程名称	××市公安局办公大楼	放线部位	基槽
施工单位	××建筑工程公司	放线日期	××××年××月××日
依据标准	设计指定水准点 BM_1，基础平面图，定位控制桩		

基槽简图：

基坑平面简图

基坑断面图
自然地面标高
−4.600m

边： 1 轴 L~A　　　　0　　　　角：L/22　　　　0
　　 L 轴 1~22　　　−1mm　　　　　A/22　　　−10″
　　 22 轴 A~L　　　−1mm　　　　　D/1　　　 −10″
　　 A 轴 1~22　　　+1mm　　　　　A/1　　　　0

施工单位检查结果	符合要求。　　　　　　　　　　　　　　　　　　　　××××年××月××日				
	专业技术负责人	×××	专业质量检查员	×××	施测人　　×××
监理（建设）单位结论	同意进行下道工序施工。 　　　　　　　　　　　　　　　　监理工程师： 　　　　　　　　　　　　　　（建设单位项目专业技术负责人）　××× 　　　　　　　　　　　　　　　　××××年××月××日				

建筑与结构—地基与基础工程

原材料出厂合格证书
及进场检（试）验报告

钢材合格证、检（试）验报告汇总表

工程名称		××市公安局办公大楼					
序号	名称	规格品种	数量	进场时间	出厂合格证检验报告编号	试验报告编号	见证取样
1	低碳钢热轧圆盘条	HPB235 φ6	×××	×××	××	××	
2	低碳钢热轧圆盘条	HPB235 φ8	×××	×××	××	××	
3	低碳钢热轧圆盘条	HPB235 φ10	×××	×××	××	××	
4	热轧光圆钢筋	HPB235 φ12	×××	×××	××	××	
5	热轧光圆钢筋	HPB235 φ14	×××	×××	××	××	
6	热轧带肋钢筋	HRB335 Φ16	×××	×××	××	××	
7	热轧带肋钢筋	HRB335 Φ18	×××	×××	××	××	
8	热轧带肋钢筋	HRB335 Φ20	×××	×××	××	××	
9	热轧带肋钢筋	HRB335 Φ22	×××	×××	××	××	
10	热轧带肋钢筋	HRB335 Φ25	×××	×××	××	××	
填表人		×××					

材料、配件、设备进场检验记录

工程名称	××市公安局办公大楼		检验日期	×××年××月××日	
序号	名称规格品种	进场数量	检查项目		检验结果
1	HPB235 φ6	××t	1. 1份产品合格证书（质量保证书） 2. 外观检查：钢筋平直、无损伤，表面无裂纹、油污、颗粒状或片状老锈		符合要求
2	HPB235 φ8	××t	1. 1份产品合格证书（质量保证书） 2. 外观检查：钢筋平直、无损伤，表面无裂纹、油污、颗粒状或片状老锈		符合要求
3	HPB235 φ10	××t	1. 1份产品合格证书（质量保证书） 2. 外观检查：钢筋平直、无损伤，表面无裂纹、油污、颗粒状或片状老锈		符合要求
4	HPB235 φ12	××t	1. 1份产品合格证书（质量保证书） 2. 外观检查：钢筋平直、无损伤，表面无裂纹、油污、颗粒状或片状老锈		符合要求
施工单位检查结果	按照GB50204—2002规范5.3检验，钢筋质量符合规定。 项目专业质量检查员：××× 　　　　　　　　　　　　　　　　　　×××年××月××日				
	项目专业技术负责人	×××	专业工长（施工员）		×××
监理（建设）单位结论	产品质量符合设计要求和现行标准规定。 　　　　　　　　　　　监理工程师： 　　　　　（建设单位项目专业技术负责人）××× 　　　　　　　　　　　　　×××年××月××日				

钢材力学（焊接）检验报告

工程名称	××市公安局办公大楼	报告编号	×××
工程部位	基础	试验编号	×××
产品名称	低碳钢热轧圆盘条	产　地	×省×市
委托单位	××建筑工程公司	委托人	×××
见证单位	—	见证人	—
钢筋牌号	Q235A	等级	—
委托项目	力学、工艺性能	样品数量	二组
检验依据	低碳钢热轧圆盘条（GB/T701—1997）	代表批量	G01：××t，G02：××t
委托日期	×××	焊接方法	—
样品外观状态	无影响测试缺陷	焊接操作人	—	施焊证号	—

试件编号	公称直径(mm)	面积(mm²)	力学性能 质量标准 屈服强度(MPa)≥	抗拉强度(MPa)≥	伸长率δ(10)(%)≥	力学性能 实测值 屈服强度(MPa)	抗拉强度(MPa)	伸长率δ(10)(%)	断口位置及判定距焊缝(mm)	冷弯试验 弯心直径	角度(°)	弯曲结果
G01	6	28.27	235	410	23	275	435	25	—	0.5a	180	合格
G01	6	28.27	—							0.5a	180	合格
G02	8	50.27	235	410	23	310	495	25		0.5a	180	合格
G02	8	50.27								0.5a	180	合格

检验结论	该样品经委托检验，力学性能及工艺性能符合《低碳钢热轧圆盘条》GB/T701—1997标准中Q235A的技术要求。 （检验专用章） 签发日期：××××年××月××日
备注	

批准	×××	审核	×××	主检	×××

见 证 记 录

编号：×××××

工程名称：××市公安局办公大楼

取样部位：基础

样品名称：钢筋 φ6、φ8　　取样基数：×t、×t　　取样数量：一组三根

取样地点：现场抽样　　　　　　　　　　　　取样日期：2003．4．2

见证记录：1. 厂家：×××钢铁厂

　　　　　2. 品种规格数量：钢筋 φ6，××t；φ8，××t

　　　　　3. 试样现场随机取样，方法正确

　　　　　4. 取样封存、标识、送检

```
┌─────────────────┐
│   ××A—001      │
│  见证取样和送检章 │
└─────────────────┘
```

见证取样和送检印章：_____

取 样 人 签 字：×××

见 证 人 签 字：×××

记录日期：××××年××月××日

钢材力学（焊接）检验报告

工程名称	××市公安局办公大楼				报告编号			×××			
工程部位	基础				试验编号			×××			
产品名称	钢筋混凝土用热轧带肋钢筋				产　地			×××			
委托单位	××建筑工程公司				委托人			×××			
见证单位	××监理公司				见证人			×××			
钢筋牌号	HRB335				等级			一			
委托项目	力学、弯曲性能				样品数量			一组			
检验依据	钢筋混凝土用热轧带肋钢筋（GB1499—1998）				代表批量			G06：××t			
委托日期	××××.××.××				焊接方法			—			
样品外观状态	无影响测试缺陷				焊接操作人	—		施焊证号	—		
力学性能										冷弯试验		
		质量标准			实测值							
试件编号	公称直径（mm）	面积（mm²）	屈服强度（MPa）≥	抗拉强度（MPa）≥	伸长率δ（5）（%）≥	屈服强度（MPa）	抗拉强度（MPa）	伸长率δ（5）（%）	断口位置及判定距焊缝（mm）	弯心直径	角度（°）	弯曲结果
G06	20	314.2	335	490	16	385	530	22	—	3a	180	合格
G06	20	314.2	335	490	16	375	535	20	—	3a	180	合格

检验结论	该样品经委托检验，力学性能及弯曲性能符合《钢筋混凝土用热轧带肋钢筋》GB1499—1998 标准中HRB335 的技术要求。 （检验专用章） 签发日期：××××年××月××日
备注	

批准	×××	审核	×××	主检	×××

见 证 记 录

编号：×××

工程名称：××市公安局办公大楼

取样部位：基础

样品名称：钢筋 HRB335Φ20　　取样基数：××t　　取样数量：一组四根

取样地点：现场抽样　　　　　　取样日期：××××.××.××

见证记录：1. 厂家：×××钢铁厂

　　　　　2. 品种规格数量：钢筋Φ20，××t

　　　　　3. 试样现场随机取样，方法正确

　　　　　4. 取样封存、标识、送检

××A—001
见证取样和送检章

见证取样和送检印章：＿＿＿＿＿＿＿＿＿＿＿＿＿＿＿＿＿＿

取 样 人 签 字：×××

见 证 人 签 字：×××

记录日期：××××年××月××日

水泥合格证、检（试）验报告汇总表

工程名称	××市公安局办公大楼						
序号	名称	规格品种	数量	进场时间	出厂合格证检验报告编号	试验报告编号	见证取样
1	水泥	普通硅酸盐32.5	200t	2003.4.3	××	×××	
填表人	×××						

共1页第1页

水泥检验报告

工程名称	××市公安局办公大楼			报告编号		××	
工程部位	基础			试验编号		×××	
水泥品种	普通硅酸盐水泥			强度等级		32.5	
委托单位	××建筑工程公司			送样人		×××	
见证单位	××监理公司			见证人		×××	
生产单位	××			出厂检验编号		××	
委托项目	细度、凝结时间、安定性、强度			委托日期		××	
样品数量	12kg	样品外观状态	无影响测试缺陷	代表批量		200t	
检验依据	硅酸盐水泥、普通硅酸盐水泥（GB175—1999）			检验日期		××××.××.××	

序号	检验项目		计量单位	质量指标	检验结果			单项判定
1	细度	80μm方孔筛筛余	%	≤10.0	2.4			达标
		比表面积	m²/kg	>	—			—
2	凝结时间	初凝时间	min	≥45	90			达标
		终凝时间	h:min	≤10.0	06:05			达标
3	安定性	试饼法	—	合格	合格			达标
		雷氏夹法	mm	≤	—			—
	水泥胶砂强度		—	—	单块值		平均值	单项判定
4	抗折强度	3d	MPa	≥2.5	5.4　5.4　5.5		5.5	达标
		28d	MPa	≥5.5	7.0　7.2　6.8		7.0	达标
	抗压强度	3d	MPa	≥11.0	27.9　30.9　30.9 28.6　28.5　29.7		29.4	达标
		28d	MPa	≥32.5	41.8　44.1　41.2 43.8　42.2　41.6		42.4	达标
5	标准稠度用水量		%		28.6			

检验结论	该产品经委托检验，所检项目符合《硅酸盐水泥、普通硅酸盐水泥》GB175—1999标准的技术要求。 （检验专用章） 签发日期：××××年××月××日
备注	

批准	×××	审核	×××	主检	×××

见 证 记 录

编号：_××_

工程名称：_××市公安局办公大楼_

取样部位：_基础_

样品名称：_普通硅酸盐水泥32.5_ 取样基数：_200t_ 取样数量：_12kg_

取样地点：_现场抽样_ 取样日期：_××××.××.××_

见证记录：1. 厂家：××

           2. 品种规格数量：普通硅酸盐水泥32.5，200t

           3. 试样现场随机取样，方法正确

           4. 取样封存、标识、送检

> ××A—001
> 见证取样和送检章

见证取样和送检印章：_____

取 样 人 签 字：_×××_

见 证 人 签 字：_×××_

记录日期：××××年××月××日

砂、石、陶粒合格证、检（试）验报告汇总表

工程名称	××市公安局办公大楼					
序号	名称	规格品种	数 量	进场时间	出厂合格证 检验报告 编号	试验报告编号	见证取样
1	砌筑用砂	—	××	××××.××.××	××	××	
2	页岩陶粒	（5~20）mm	××	××××.××.××	××	××	
填表人	×××					共1页 第1页

砂 检 验 报 告

产品名称	建筑用砂			报告编号	×××	
工程名称	××市公安局办公大楼			试验编号	×××	
工程部位	基础砖砌体			委托日期	××××.××.××	
委托单位	××建筑工程公司			送样人	×××	
见证单位	—			见证人	—	
检验依据	普通混凝土用砂质量标准及检验方法（JGJ52—92）			代表批量	××m³	
产 地	××砂场			规 格	—	
项 目	质量指标	检验结果	项 目	质量指标	检验结果	
表观密度（kg/m³）	—	2670	含泥量（%）	≤1.0	0.4	
堆积密度（kg/m³）	—	1640	泥块含量（%）	≤2.0	1.2	
紧密密度（kg/m³）	—	—	含水率（%）			
轻物质含量（%）	≤1.0	0.8	吸水率（%）			
云母含量（%）	≤2.0	未检出	坚固性（%）	≤10	8	
细度模数	3.7~3.1	3.3	硫化物及硫酸盐含量（折算成 SO_3，按重量计）（%）	≤1.0	0.7	
氯离子含量	—	—				
有机物含量	浅于标准色	浅于标准色	碱活性	—	—	
颗粒级配						
筛孔尺寸（mm）	10.0	5.00	2.5	1.25	0.630	0.315	0.160
标准要求累计筛余（%） Ⅰ区	0	10~0	35~5	65~35	85~71	95~800	100~90
Ⅱ区	0	10~0	25~0	50~10	70~41	92~70	100~90
Ⅲ区	0	10~0	15~0	25~0	40~16	85~55	100~90
实际累计筛余（%）	0	8	29	58	72	89	100
检验结论	该样品经委托检验，除表观密度、堆积密度外，其他所检项目符合《普通混凝土用砂质量标准及检验方法》JGJ52—92 标准规定的技术要求。颗粒级配为Ⅰ区粗砂。 （检验专用章） 签发日期：××××年××月××日					
备注	表观密度、堆积密度仅供参考。					
批准	×××		审核	×××	主检	×××

建筑与结构—地基与基础工程

施工试验报告
及见证检测报告

见证取样和送检见证人备案书

___×× ___质量监督站：

___×× ___实验室：

我单位决定，由___×× ___同志担任 ××市公安局办公大楼 工程见证取样和送检见证人。有关的印章和签字如下，请查收备案。

见证取样和送检印章	见证人签字
××A—001 见证取样和送检章	××

建设单位名称（盖章）：   ××××年××月××日

监理单位名称（盖章）：   ××××年××月××日

项目经理签字：×××   ××××年××月××日

土工（击实）试验报告

工程名称	××市公安局办公大楼	报告编号	×××
工程部位	房心回填、室外回填	试验编号	×××
土样名称	戈壁土	委托日期	××××.××.××
取样地点	回填现场	样品数量	100kg
委托单位	××建筑工程公司	委托人	×××
见证单位	—	见证人	—
检验标准	土工试验方法标准（GB/T50123—1999）	检验方法	重型击实

检测项目	技术要求	计量单位	检验结果	单项判定
最大干密度	—	g/cm^3	2.26	—
最优含水率	—	%	3.5	—

备注	（检验专用章） 签发日期：××××年××月××日

批准	×××	审核	×××	主检	×××

回填土密度检验记录

工程名称	××市公安局办公大楼		报告编号	×××
工程部位	室外回填		试验编号	×××
试样描述	砂砾土		取样地点	详见示意图
取样单位	××建筑工程公司		试验人	×××
见证单位	—		见证人	—
执行标准	土工试验方法标准（GB/T50123—1999）		检测日期	2003.3.12
技术要求	技术要求≥最大干密度 $2.26g/cm^3$ ×压实系数 $0.9 = 2.03g/cm^3$		试验层高	30cm
点编号	湿土重（g）	含水率（%）	湿密度（g/cm^3）	干密度（g/cm^3）	示意图
1-1	4805	4.0	2.20	2.12	
1-2	5000	3.9	2.20	2.11	
1-3	4995	3.5	2.19	2.12	
1-4	5215	3.6	2.16	2.09	
1-5	4990	3.7	2.19	2.11	
1-6	5105	3.8	2.16	2.08	
1-7	5085	4.1	2.16	2.08	
1-8	5185	4.0	2.20	2.12	（略）
施工单位检验结果	经检验压实密度符合要求。 项目专业质量检查员：××× ××××年××月××日				
	项目专业技术负责人	×××	试验员	×××	
监理（建设）单位结论	检验结果符合要求，可进行下一道工序。 监理工程师： （建设单位项目专业技术负责人）　××× ××××年××月××日				

混凝土试块强度统计、评定记录

工程名称	××市公安局办公大楼			强度等级		C30	
施工单位	××建筑工程公司			养护方法		标养	
统计期				结构部位		独立柱基、基梁	
试块组 n	强度标准值 $f_{cu,k}$ (MPa)	平均值 $m_{f_{cu}}$ (MPa)	标准差 $s_{f_{cu}}$ (MPa)	最小值 $f_{cu,min}$ (MPa)		合格判定系数	
						λ_1	λ_2
8	30	34.9	—	33.5		—	—
每组强度值 (MPa)	35.5　36.4　34.2　35.5　33.5　34.2　33.8　36.2						
评定界限	统计方法			非统计方法			
	$0.9f_{cu,k}$	$m_{f_{cu}} - \lambda_1 \times s_{f_{cu}}$	$\lambda_2 \times f_{cu,k}$	$1.15f_{cu,k}$		$0.95f_{cu,k}$	
	—	—	—	34.5		28.5	
判定公式	$m_{f_{cu}} - \lambda_1 \times s_{f_{cu}} \geq 0.9f_{cu,k}$	$f_{cu,min} \geq \lambda_2 \times f_{cu,k}$		$m_{f_{cu}} \geq 1.15f_{cu,k}$		$f_{cu,min} \geq 0.95f_{cu,k}$	
结果	—	—		34.9>34.5		33.5>28.5	
施工单位检验评定结果	试块强度符合《混凝土强度检验评定标准》GBJ107 的规定。 ××××年××月××日						
	项目专业技术负责人	×××		项目专业质量检查员	×××	试验员	×××

混凝土立方体抗压强度检验报告

工程名称	××公安局办公大楼			报告编号	×××	
工程部位	1-11轴独立柱基			试验编号	×××	
委托单位	××建筑工程公司			委托人	×××	
见证单位	××监理公司			见证人	×××	
检验依据	普通混凝土力学性能试验方法（GB/T50081—2002）			设计强度等级	C30	
水泥品种强度等级	普硅32.5	厂名	××水泥厂	报告编号	×××	
砂子产地及品种	××砂场水洗砂	含泥量（%）	2.4	报告编号	×××	
石子产地及品种	××砂场石子	含泥量（%）	0.4 0.4	报告编号	小石子：××× 大石子：×××	
掺合料名称及产地	—	报告编号	—	占水泥用量（%）	—	
外加剂名称及产地	AWR早强减水剂	报告编号	×××	占水泥用量（%）	3	
混凝土配合比例	×××			报告编号	×××	
混凝土成型日期	×××	样品外观状态	无缺棱掉角	要求龄期（d）	28	
要求检验日期	×××	试块收到日期	×××	试块养护条件	标养	

试件编号	检验日期	实际龄期(d)	立方体试件尺寸(mm×mm×mm)	试件承压面积(mm²)	单块破坏荷载(kN)	抗压强度（MPa）		折合150mm立方体抗压强度(MPa)	达到设计强度（%）
						单块	平均值（中间值）		
H001	×××	28	150×150×150	22500	780	34.7	35.6	—	119
					825	36.7			
					794	35.3			

备注	（检验专用章） 签发日期：××××年××月××日				
批准	×××	审核	×××	主检	×××

见 证 记 录

编号：×××

工程名称：××公安局办公大楼

取样部位：1-11轴独立柱基

样品名称：混凝土试块　　取样基数：98m³　取样数量：一组（三块）

取样地点：浇筑地点　　　　　　　　　　　取样日期：×××

见证记录：1. 水泥：××水泥厂

2. 砂、石：××砂场

3. 早强减水剂：××外加剂厂

4. 试样现场随机取样制作，方法正确

5. 取样封存、标识、送检

```
××A—001
见证取样和送检章
```

见证取样和送检印章：_____

取　样　人　签　字：×××

见　证　人　签　字：×××

记录日期：××××年××月××日

建筑与结构—地基与基础工程

隐蔽工程验收记录

隐蔽工程验收记录

工程名称	××市公安局办公大楼	建设单位	××市公安局
施工单位	××建筑工程公司	监理单位	××监理公司
验收部位	1轴—13轴、A轴—D轴土方开挖	验收日期 ×××年××月××日	图号 建施-×

隐蔽检查内容	根据施工图纸要求,基底开挖标高为-3.000m,基底土质为:卵石层。 基底土未被破坏并将浮土清理干净。附基坑开挖简图。 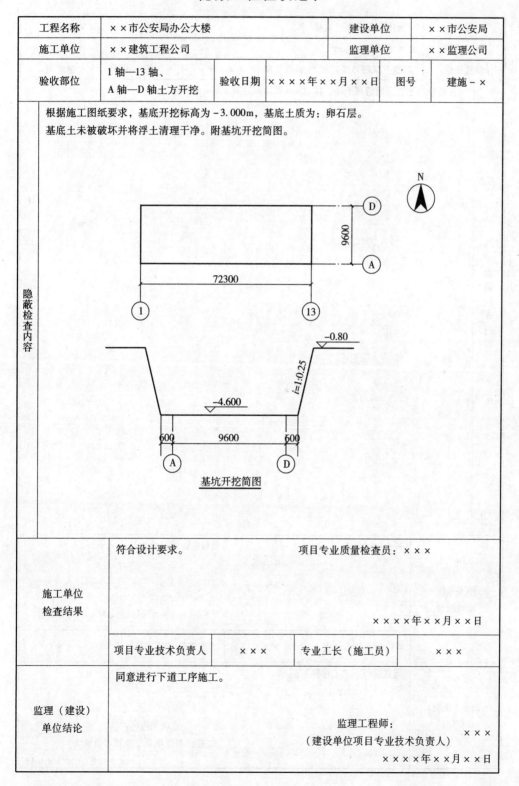 基坑开挖简图
施工单位 检查结果	符合设计要求。　　　　　　项目专业质量检查员:××× 　　　　　　　　　　　　　　　　　　　　　××××年××月××日
	项目专业技术负责人　×××　专业工长(施工员)　×××
监理(建设) 单位结论	同意进行下道工序施工。 　　　　　　　　　　　监理工程师: 　　　　　　　　　(建设单位项目专业技术负责人)　××× 　　　　　　　　　　　　　　　　　　××××年××月××日

隐蔽工程验收记录

工程名称	××市公安局办公大楼		建设单位	××市公安局
施工单位	××建筑工程公司		监理单位	××监理公司
验收部位	混凝土基础外墙防水	验收日期 ××××年××月××日	图号	建施-×
隐蔽检查内容	先将外墙基层表面清理干净，抹20mm厚防水砂浆。			
施工单位检查结果	符合设计要求。 项目专业质量检查员：××× ××××年××月××日			
	项目专业技术负责人	×××	专业工长（施工员）	×××
监理（建设）单位结论	同意进行下道工序施工。 监理工程师：××× （建设单位项目专业技术负责人） ××××年××月××日			

建筑与结构—地基与基础工程

施 工 记 录

地 基 验 槽 记 录

工 程 名 称	××市公安局办公大楼	验 槽 部 位	基底1轴~22轴、A~L轴
施 工 单 位	××建筑工程公司	验 槽 日 期	××××年××月××日
检查记录	基槽开挖至设计标高 -4.600，土质情况为卵石层，几何尺寸满足建筑物和施工要求，基槽清理基本到位，无浮土松土、坑穴及其他障碍物。		
验收结论	基槽挖至设计要求的卵石层，地基承载力特征值满足350kPa，满足设计要求，可以进行后续施工。		

参加验收单位	监理（建设）单位	勘察单位	设计单位	施工单位
	（公章）	（公章）	（公章）	（公章）
	监理工程师 ××× ×年×月×日	单位（项目）负责人 ××× ×年×月×日	单位（项目）负责人 ××× ×年×月×日	单位（项目）负责人 ××× ×年×月×日

建筑与结构—地基与基础工程

地基基础
检验及抽样检测资料

混凝土试块强度统计、评定记录

工程名称	××市公安局办公大楼			强度等级		C30	
施工单位	××建筑工程公司			养护方法		同条件	
统计期	××××年××月××日至 ××××年××月××日			结构部位		独立柱基、基础梁	
试块组 n	强度标准值 $f_{cu,k}$（MPa）	平均值 m_{fcu}（MPa）	标准差 s_{fcu}（MPa）	最小值 $f_{cu,min}$（MPa）		合格判定系数	
						λ_1	λ_2
3	20	36.0	—	33.9		—	—
每组强度值（MPa）	38.6	35.6	33.9				
评定界限	统计方法			非统计方法			
	$0.90 f_{cu,k}$	$m_{fcu} - \lambda_1 \times s_{fcu}$	$\lambda_2 \times f_{cu,k}$	$1.15 f_{cu,k}$		$0.95 f_{cu,k}$	
	—	—	—	34.5		28.5	
判定公式	$m_{fcu} - \lambda_1 \times s_{fcu} \geq 0.9 f_{cu,k}$		$f_{cu,min} \geq \lambda_2 \times f_{cu,k}$	$m_{fcu} \geq 1.15 f_{cu,k}$		$f_{cu,min} \geq 0.95 f_{cu,k}$	
结果	—		—	36.0 > 34.5		33.9 > 28.5	
施工单位 检验评定结果	试块强度符合《混凝土强度检验评定标准》GBJ107 的规定。 ××××年××月××日						
	项目专业技术负责人	×××		项目专业质量检查员	×××	试验员	×××

混凝土立方体抗压强度检验报告

工程名称	××公安局办公大楼			报告编号		×××	
工程部位	1–11轴独立柱基			试验编号		×××	
委托单位	××建筑工程公司			委托人		×××	
见证单位	××监理公司			见证人		×××	
检验依据	普通混凝土力学性能试验方法（GB/T50081—2002）			设计强度等级		C30	
水泥品种强度等级	普硅32.5	厂名	××水泥厂	报告编号		×××	
砂子产地及品种	××砂场水洗砂	含泥量（%）	×	报告编号		×××	
石子产地及品种	××砂场石子	含泥量（%）	×	报告编号		小石子：×× 大石子：×××	
掺合料名称及产地	—	报告编号	—	占水泥用量（%）		—	
外加剂名称及产地	AWR早强减水剂	报告编号	×××	占水泥用量（%）		3	
混凝土配合比例	×××			报告编号		×××	
混凝土成型日期	×××	样品外观状态	无缺棱掉角	试块收到日期		×××	
等效养护龄期累计达到600℃所对应的龄期（d）	××	养护期日平均温度 ℃	×	要求检验日期		×××	
				养护条件		同条件	

试件编号	检验日期	等效龄期（d）	立方体试件尺寸（mm×mm×mm）	试件承压面积（mm²）	单块破坏荷载（kN）	抗压强度（MPa）		折合150mm立方体抗压强度（MPa）	强度折算系数	折算后强度（MPa）	达到设计强度（%）
						单块	平均值（中间值）				
H003	××	40	150×150×150	22500	790	35.1	35.1	—	1.10	38.6	129
					786	34.9					
					794	35.3					

备注	（检验专用章） 签发日期：××××年××月××日

批准	×××	审核	×××	主检	×××

见 证 记 录

编号：×××

工程名称：××公安局办公大楼

取样部位：1－11 轴独立柱基

样品名称：混凝土试块　　取样基数：12m³　　取样数量：一组（三块）

取样地点：在浇筑地点　　　　　　　　　　　取样日期：×××

见证记录：1. 水泥：××水泥厂

　　　　　2. 砂、石：××砂场

　　　　　3. 早强减水剂：××外加剂厂

　　　　　4. 试样现场随机取样制作，方法正确

　　　　　5. 取样封存、标识、送检

××A—001
见证取样和送检章

见证取样和送检印章：_____

取 样 人 签 字：×××

见 证 人 签 字：×××

记录日期：×××年××月××日

建筑与结构—地基与基础工程

分项、分部
工程质量验收记录

地基与基础分部（子分部）工程质量验收记录

工程名称	××市公安局办公大楼		结构类型	框架	层数	十层
施工单位	××建筑工程公司		技术部门负责人	×××	质量部门负责人	×××
分包单位	—		分包单位负责人	—	分包技术负责人	—
序号	分项工程名称	检验批数	施工单位检查评定	验收意见		
1	土方开挖	2	合格	同意验收		
2	土方回填	2	合格			
3	模板	8	合格			
4	钢筋	5	合格			
5	混凝土	6	合格			
6	现浇结构	6	合格			
7	装配式结构	2	合格			
8	砖砌体	2	合格			
9	砂浆防水层	2	合格			
10						
11						
12						
13						
14						
15						
16						
17						
18						
	质量控制资料		资料完整	同意验收		
	安全和功能检验（检测）报告		资料完整	同意验收		
	观感质量验收		综合评价好			
验收单位	分包单位	—	项目经理	—		年 月 日
	施工单位 ××建筑工程公司		项目经理	×××		××××年××月××日
	勘察单位 ××岩土勘察设计院		项目负责人	×××		××××年××月××日
	设计单位 ××设计研究院		项目负责人	×××		××××年××月××日
	监理（建设）单位 ××监理公司		总监理工程师（建设单位项目专业负责人）	×××		××××年××月××日

注：本表由总监理工程师（建设单位项目负责人）组织施工单位项目负责人和技术、质量负责人等进行验收；地基与基础、主体结构分部工程的勘察、设计单位工程项目负责人和施工单位技术、质量部门负责人也应参加相关分部工程验收。检查评定由施工单位填写，验收意见由监理单位填写，观感质量验收由验收各方共同商定，监理单位填写。

土方开挖分项工程质量验收记录

工程名称	××市公安局办公大楼	结构类型	框架	检验批数	2
施工单位	××建筑工程公司	项目经理	×××	项目技术负责人	×××
分包单位	—	分包单位负责人	—	分包项目经理	—
序号	检验批部位、区段		施工单位检查评定结果	监理（建设）单位验收结论	
1	1-11轴柱基		合格	符合要求	
2	11-22轴柱基		合格	符合要求	
3					
4					
5					
6					
7					
8					
9					
10					
11					
12					
13					
14					
15					
16					
17					
18					
检查结论	经检查，土方开挖分项工程的检验批质量验收记录完整，质量符合设计和规范要求，评定合格。 项目专业技术负责人：××× ×××年××月××日		验收结论	经检查，土方开挖分项工程资料完整，符合设计和规范要求，评定合格。同意验收。 监理工程师：××× （建设单位项目专业技术负责人） ×××年××月××日	

注：1. 本表由施工项目专业质量检查员填写，监理工程师（建设单位项目技术负责人）组织项目专业质量（技术）负责人等进行验收。

2. 记录中结论栏由本人签字。

土方开挖工程检验批质量验收记录

工程名称	××市公安局办公大楼											验收部位	1-11轴独立柱基
施工单位	××建筑工程公司											项目经理	×××
施工执行标准名称及编号	土方工程工艺标准（QBJ00X—2002）											专业工长	×××
分包单位	—										分包项目经理 —	施工班组长	×××

主控项目	规范规定（设计要求）					施工单位检查评定记录										监理（建设）单位验收记录
	柱基√基坑基槽	挖方场地平整		管沟√	地（路）面基层	1	2	3	4	5	6	7	8	9	10	
		人工	机械													
1	标高（mm）	-50	±30	±50	-50	-50	-40	-20	-20	-30	-10	-35	-30	-5	-25	-30	经查验主控项目合格
2	长度、宽度（由设计中心线向两边量）（mm）	+200 -50	+300 -100	+500 -150	+100	—	-30	+100	+150	-10	+180	+60	+80	-20	+70	-10	
3	边坡	设计要求或规范要求					经检查符合规范要求										

一般项目	规范规定（设计要求）					施工单位检查评定记录										监理（建设）单位验收记录
						1	2	3	4	5	6	7	8	9	10	
1	表面平整度（mm）	20	20	50	20	20	15	10	13	20	17	16	11	18	18	19	经查验一般项目符合要求
2	基底土性	设计要求					经查验符合设计要求										

施工单位检查评定结果	检查评定合格。 项目专业质量检查员：××× ××××年××月××日
监理（建设）单位验收结论	同意验收。 监理工程师： （建设单位项目专业技术负责人） ××× ××××年××月××日

注：1. 本表由施工项目专业质量检查员填写，监理工程师（建设单位项目技术负责人）组织项目专业质量（技术）负责人等进行验收。
2. 记录中定量项目填写数据，结果和结论栏由本人签字。
3. QBJ00X—2002为企业标准，以下同。

土方回填分项工程质量验收记录

工程名称	××市公安局办公大楼	结构类型	框架	检验批数	2
施工单位	××建筑工程公司	项目经理	×××	项目技术负责人	×××
分包单位	—	分包单位负责人	—	分包项目经理	—
序号	检验批部位、区段		施工单位检查评定结果	监理（建设）单位验收结论	
1	1-11轴柱基		合格	同意验收	
2	11-22轴柱基		合格	同意验收	
3					
4					
5					
6					
7					
8					
9					
10					
11					
12					
13					
14					
15					
16					
17					
18					
检查结论	合格。 项目专业技术负责人：××× ××××年××月××日		验收结论	同意验收。 监理工程师： ××× （建设单位项目专业技术负责人） ××××年××月××日	

注：1. 本表由施工项目专业质量检查员填写，监理工程师（建设单位项目技术负责人）组织项目专业质量（技术）负责人等进行验收。

2. 记录中结论栏由本人签字。

土方回填工程检验批质量验收记录

工程名称	××市公安局办公大楼													验收部位	1-11轴独立柱基
施工单位	××建筑工程公司													项目经理	×××
施工执行标准名称及编号	土方工程工艺标准（QBJ00X—2002）													专业工长	×××
分包单位	—					分包项目经理					—			施工班组长	×××

	主控项目	规范规定（设计要求）					施工单位检查评定记录									监理（建设）单位验收记录
		桩基√基坑基槽	场地平整		管沟√	地（路）面基础层	1	2	3	4	5	6	7	8	9	10	
			人工	机械													
1	标高（mm）	-50	±30	±50	-50	-50	-20	-30	-25	-35	-15	-30	-10	-5	-8	-12	经查验主控项目合格
2	分层压实系数	设计要求≥97%					合格见检测报告×										

	一般项目	规范规定（设计要求）					施工单位检查评定记录										监理（建设）单位验收记录
							1	2	3	4	5	6	7	8	9	10	
1	回填土料	设计要求原土回填					符合设计要求										经查验一般项目符合要求。计数检验项目合格点率80%以上。
2	分层厚度及含水量	设计要求 厚250mm 最优含水率					符合设计要求										
3	表面平整度（mm）	20√	20	30	20	20	18	16	10	14	8	6	5	9	20	16	

施工单位检查评定结果	检查评定合格。 项目专业质量检查员：××× ××××年××月××日
监理（建设）单位验收结论	同意验收。 监理工程师： （建设单位项目专业技术负责人）××× ××××年××月××日

注：1. 本表由施工项目专业质量检查员填写，监理工程师（建设单位项目技术负责人）组织项目专业质量（技术）负责人等进行验收。
2. 记录中定量项目填写数据，结果和结论栏由本人签字。

模板分项工程质量验收记录

工程名称	××市公安局办公大楼	结构类型	框架	检验批数	8
施工单位	××建筑工程公司	项目经理	×××	项目技术负责人	×××
分包单位	—	分包单位负责人	—	分包项目经理	—

序号	检验批部位、区段	施工单位检查评定结果	监理（建设）单位验收结论
1	1–11轴独立柱基模板安装	合格	同意验收
2	1–11轴独立柱基模板拆除	合格	同意验收
3	1–11轴地基梁模板安装	合格	同意验收
4	1–11轴地基梁模板拆除	合格	同意验收
5	11–22轴独立柱基模板安装	合格	同意验收
6	11–22轴独立柱基模板拆除	合格	同意验收
7	11–22轴地基梁模板安装	合格	同意验收
8	11–22轴地基梁模板拆除	合格	同意验收
9			
10			
11			
12			
13			
14			
15			
16			
17			
18			

检查结论	合格。 项目专业技术负责人：××× ××××年××月××日	验收结论	同意验收。 监理工程师： （建设单位项目专业技术负责人） ××× ××××年××月××日

注：1. 本表由施工项目专业质量检查员填写，监理工程师（建设单位项目技术负责人）组织项目专业质量（技术）负责人等进行验收。

2. 记录中结论栏由本人签字。

模板（现浇结构）工程检验批质量验收记录

工程名称	××市公安局办公大楼			验收部位	1-11轴独立柱基
施工单位	××建筑工程公司			项目经理	×××
施工执行标准名称及编号	模板工程工艺标准（QBJ00X—2002）			专业工长	×××
分包单位	—			分包项目经理	—	施工班组长	×××

	主控项目		规范规定	施工单位检查评定记录 1 2 3 4 5 6 7 8 9 10	监理（建设）单位验收记录
1	模板支撑、立柱位置和垫板		第4.2.1条	—	经查验主控项目合格
2	涂刷隔离剂		第4.2.2条	无污染钢筋和混凝土接槎处现象	
	一般项目		规范规定	施工单位检查评定记录 1 2 3 4 5 6 7 8 9 10	监理（建设）单位验收记录
1	模板安装		第4.2.3条	符合规范要求	
2	用作模板的地坪、胎模质量		第4.2.4条	—	
3	≥4m的混凝土梁、板起拱		第4.2.5条	—	
4 预埋件和预留孔洞(mm)	预埋钢板中心线位置		3	—	经查验一般项目合格，计数检查合格率达80%以上
	预埋管预留孔中心线位置		3	—	
	插筋	中心线位置	5	1 5 3 2 ⑥ 4	
		外露长度	+10,0	+4 -2 +3 +8 +4 -7	
	预埋螺栓	中心线位置	2		
		外露长度	+10,0		
	预留洞	中心线位置	10		
		尺寸	+10,0		
5 模板安装允许偏差项目(mm)	轴线位置		5	3 2 3 5 4 2	
	底模上表面标高		±5	—	
	截面内部尺寸	基础	±10		
		柱、墙、梁	+4,-5		
	层高垂直度	不大于5m	6		
		大于5m	8		
	相邻两板表面高低差		2	2 0 2 2 1 1	
	表面平整度		5		

施工单位检查评定结果	检验评定合格。 项目专业质量检查员：×××　　　　　　　　　　　　　　　　　×××年××月××日
监理（建设）单位验收结论	同意验收。 监理工程师： （建设单位项目专业技术负责人）××× ×××年××月××日

注：1. 本表由施工项目专业质量检查员填写，监理工程师（建设单位项目技术负责人）组织项目专业质量（技术）负责人等进行验收。

2. 记录中定量项目填写数据，结果和结论栏由本人签字。

3. QBJ00X—2002为企业标准，下同。

模板(拆除)工程检验批质量验收记录

工程名称	××市公安局办公大楼			验收部位	1-11轴独立柱基
施工单位	××建筑工程公司			项目经理	×××
施工执行标准名称及编号	模板工程工艺标准(QBJ00X—2002)			专业工长	×××
分包单位	—		分包项目经理	—	施工班组长 ×××

	主控项目		规范规定	施工单位检查评定记录 1 2 3 4 5 6 7 8 9 10	监理(建设)单位验收记录
1	底模及支架拆除时的混凝土强度设计要求	构件类型 / 构件跨度(m)	达到设计强度的百分比率	—	主控项目合格
		板 ≤2	≥50%	—	
		板 >2,≤8	≥75%	—	
		板 >8	≥100%	—	
		梁、拱、壳 ≤8	≥75%	—	
		梁、拱、壳 >8	≥100%	—	
		悬臂构件 —	≥100%	—	
2	后张法预应力混凝土构件侧模、底模拆除时间		第4.3.2条	—	
3	后浇带模板的拆除和支顶		第4.3.3条	—	

	一般项目	规范规定	施工单位检查评定记录 1 2 3 4 5 6 7 8 9 10	监理(建设)单位验收记录
1	侧模拆除的操作要求	第4.3.4条	符合规范要求	一般项目符合要求
2	模板的拆除、堆放及清运	第4.3.5条	符合规范要求	

施工单位检查评定结果	检验评定合格。 项目专业质量检查员:××× ××××年××月××日
监理(建设)单位验收结论	同意验收。 监理工程师: (建设单位项目专业技术负责人) ××× ××××年××月××日

注:1. 本表由施工项目专业质量检查员填写,监理工程师(建设单位项目技术负责人)组织项目专业质量(技术)负责人等进行验收。

2. 记录中定量项目填写数据,结果和结论栏由本人签字。

钢筋分项工程质量验收记录

工程名称	××市公安局办公大楼		结构类型	框架	检验批数	5
施工单位	××建筑工程公司		项目经理	×××	项目技术负责人	×××
分包单位	—		分包单位负责人	—	分包项目经理	—
序号	检验批部位、区段		施工单位检查评定结果		监理(建设)单位验收结论	
1	基础钢筋原材及加工		合格		符合要求	
2	1-11轴柱基钢筋连接、安装		合格		符合要求	
3	1-11轴地基梁钢筋连接、安装		合格		符合要求	
4	11-22轴柱基钢筋连接、安装		合格		符合要求	
5	11-22轴地基梁钢筋连接、安装		合格		符合要求	
6						
7						
8						
9						
10						
11						
12						
13						
14						
15						
16						
17						
18						
检查结论	合格。 项目专业技术负责人：××× ××××年××月××日			验收结论	同意验收。 监理工程师： (建设单位项目专业技术负责人) ××× ××××年××月××日	

注：1. 本表由施工项目专业质量检查员填写,监理工程师(建设单位项目技术负责人)组织项目专业质量(技术)负责人等进行验收。

2. 记录中结论栏由本人签字。

钢筋(原材料、加工)工程检验批质量验收记录

工程名称	××市公安局办公大楼											验收部位	1—11轴独立柱基础
施工单位	××建筑工程公司											项目经理	×××
施工执行标准名称及编号	钢筋工程工艺标准(QBJ00X—2002)											专业工长	×××
分包单位	—										分包项目经理 —	施工班组长	×××

	主控项目	规范规定	施工单位检查评定记录										监理(建设)单位验收记录
			1	2	3	4	5	6	7	8	9	10	
1	钢筋力学性能检验	第5.2.1条	合格见检验报告×										经查验主控项目合格
2	抗震用钢筋强度实测值	第5.2.2条	—										
3	化学成分或其他专项检验	第5.2.3条	未见异常情况,合格										
4	受力钢筋的弯钩和弯折	第5.3.1条	符合规范要求										
5	非焊接封闭环式箍筋弯钩	第5.3.2条	符合规范要求										

	一般项目		规范规定	施工单位检查评定记录										监理(建设)单位验收记录
				1	2	3	4	5	6	7	8	9	10	
1	钢筋外观质量		第5.2.4条	符合规范要求										经查验一般项目符合要求,计数检验项目合格点率80%以上。
2	钢筋的机械调直与冷拉		第5.3.3条	符合规范要求										
3	钢筋加工的形状、尺寸及偏差项目(mm)	受力钢筋顺长度方向全长的净尺寸	±10	+5	−5	−7	−5	+9	+6	+5	−8	+7		
		弯起钢筋的弯折位置	±20	—										
		箍筋内净尺寸	±5	−4	+5	−3	−4	+5	+3	+2	−1	+3		

施工单位检查评定结果	检验评定合格。 项目专业质量检查员:××× ××××年××月××日
监理(建设)单位验收结论	同意验收。 监理工程师: (建设单位项目专业技术负责人)××× ××××年××月××日

注:1. 本表由施工项目专业质量检查员填写,监理工程师(建设单位项目技术负责人)组织项目专业质量(技术)负责人等进行验收。

2. 记录中定量项目填写数据,结果和结论栏由本人签字。

3. QBJ00X—2002为企业标准,下同。

钢筋(连接、安装)工程检验批质量验收记录

工程名称	××市公安局办公大楼												验收部位	1-11轴独立柱基
施工单位	××建筑工程公司												项目经理	×××
施工执行标准名称及编号	钢筋工程工艺标准(QBJ00X—2002)												专业工长	×××
分包单位	—											分包项目经理	—	施工班组长 ×××

	主控项目			规范规定	施工单位检查评定记录										监理(建设)单位验收记录
					1	2	3	4	5	6	7	8	9	10	
1	纵向受力钢筋的连接方式			第5.4.1条	符合规范要求										经查验主控项目合格
2	机械连接、焊接接头试件的力学性能检验			第5.4.2条	合格见检验报告×										
3	受力钢筋的品种、级别、规格和数量			第5.5.1条	均符合设计要求										

	一般项目			规范规定	施工单位检查评定记录										监理(建设)单位验收记录
					1	2	3	4	5	6	7	8	9	10	
1	接头位置和数量			第5.4.3条	符合规范要求										经查验一般项目符合要求,计数检查项目合格点率在80%以上。
2	机械连接、焊接接头的外观质量			第5.4.4条	符合规范要求										
3	机械连接、焊接接头的面积百分率			第5.4.5条	符合规范要求										
4	绑扎搭接接头面积百分率和搭接长度			第5.4.6条	符合规范要求										
5	搭接长度范围内的箍筋			第5.4.7条	符合规范要求										
6	钢筋安装位置的偏差项目(mm)	绑扎钢筋网	长、宽	±10	—										
			网眼尺寸	±20	—										
		绑扎钢筋骨架	长	±10	+5	-6	+3	-5	+9	+8					
			宽、高	±5	-3	+5	+3	-4	+3	+4					
		受力钢筋	间距	±10	+8	+9	-6	-5	+9	+5					
			排距	±5	—										
			保护层厚度 基础	±10	-5	+5	+6	+9	-3	-5					
			柱、梁	±5											
			板、墙、壳	±3											
	绑扎箍筋、横向钢筋间距(mm)			±20	—										
	钢筋弯起点位置(mm)			20											
	预埋件	中心线位置(mm)		5											
		水平高差(mm)		+3,0	—										

施工单位检查评定结果	检验评定合格。 项目专业质量检查员:××× ××××年××月××日
监理(建设)单位验收结论	同意验收。 监理工程师: (建设单位项目专业技术负责人) ××× ××××年××月××日

注:1. 本表由施工项目专业质量检查员填写,监理工程师(建设单位项目技术负责人)组织项目专业质量(技术)负责人等进行验收。

2. 记录中定量项目填写数据,结果和结论栏由本人签字。

混凝土分项工程质量验收记录

工程名称	××市公安局办公大楼	结构类型	框架	检验批数	6
施工单位	××建筑工程公司	项目经理	×××	项目技术负责人	×××
分包单位	—	分包单位负责人	—	分包项目经理	—

序号	检验批部位、区段	施工单位检查评定结果	监理（建设）单位验收结论
1	1-11轴垫层混凝土施工	合格	符合要求
2	1-11轴独立柱基混凝土施工	合格	符合要求
3	1-11轴地基梁混凝土施工	合格	符合要求
4	11-22轴垫层混凝土施工	合格	符合要求
5	11-22轴独立柱基混凝土施工	合格	符合要求
6	11-22轴地基梁混凝土施工	合格	符合要求
7			
8			
9			
10			
11			
12			
13			
14			
15			
16			
17			
18			

检查结论	混凝土强度符合要求。合格。 项目专业技术负责人：××× ×××年××月××日	验收结论	同意验收。 监理工程师： （建设单位项目专业技术负责人） ××× ×××年××月××日

注：1. 本表由施工项目专业质量检查员填写，监理工程师（建设单位项目技术负责人）组织项目专业质量（技术）负责人等进行验收。

2. 记录中，结论栏由本人签字。

混凝土（施工）工程检验批质量验收记录

工程名称	××市公安局办公大楼		验收部位	1-11轴独立柱基
施工单位	××建筑工程公司		项目经理	×××
施工执行标准名称及编号	混凝土工程工艺标准（QBJ00X—2002）		专业工长	×××
分包单位	—	分包项目经理 —	施工班组长	×××

	主控项目		规范规定	施工单位检查评定记录 1 2 3 4 5 6 7 8 9 10	监理（建设）单位验收记录
1	结构混凝土强度等级及试件的取样和留置		第7.4.1条	标养2组，同条件2组，编号×	
2	混凝土结构的抗渗及试件的取样和留置		第7.4.2条		
3	混凝土原材料每盘称量的偏差项目	水泥、掺合料	±2%	—	经查验主控项目合格
		粗、细骨料	±3%		
		水、外加剂	±2%		
4	初凝时间控制、施工缝的处理		第7.4.4条	符合规范要求	

	一般项目	规范规定	施工单位检查评定记录 1 2 3 4 5 6 7 8 9 10	监理（建设）单位验收记录
1	施工缝的位置与处理	第7.4.5条	符合规范要求	
2	后浇带的留置位置和浇筑	第7.4.6条	—	经查验一般项目。符合要求
3	混凝土的养护措施	第7.4.7条	符合规范要求	

施工单位检查评定结果	检验评定合格。 项目专业质量检查员：××× ××××年××月××日
监理（建设）单位验收结论	同意验收。 监理工程师： （建设单位项目专业技术负责人）××× ××××年××月××日

注：1. 本表由施工项目专业质量检查员填写，监理工程师（建设单位项目技术负责人）组织项目专业质量（技术）负责人等进行验收。

2. 记录中定量项目填写数据，结果和结论栏由本人签字。

3. QBJ00X—2002，为企业标准。

现浇结构尺寸偏差与外观分项工程质量验收记录

工程名称	××市公安局办公大楼	结构类型	框架	检验批数	6
施工单位	××建筑工程公司	项目经理	×××	项目技术负责人	×××
分包单位	—	分包单位负责人	—	分包项目经理	—

序号	检验批部位、区段	施工单位检查评定结果	监理（建设）单位验收结论
1	1–11轴垫层	合格	符合要求
2	1–11轴独立柱基	合格	符合要求
3	1–11轴地基梁	合格	符合要求
4	11–22轴垫层	合格	符合要求
5	11–22轴独立柱基	合格	符合要求
6	11–22轴地基梁	合格	符合要求
7			
8			
9			
10			
11			
12			
13			
14			
15			
16			
17			
18			

检查结论	合格。 项目专业技术负责人：××× ××××年××月××日	验收结论	同意验收。 监理工程师： （建设单位项目专业技术负责人） ××× ××××年××月××日

注：1. 本表由施工项目专业质量检查员填写，监理工程师（建设单位项目技术负责人）组织项目专业质量（技术）负责人等进行验收。

2. 记录中结论栏由本人签字。

现浇结构（外观及尺寸偏差）工程检验批质量验收记录

工程名称	××市公安局办公大楼			验收部位	1-11轴独立柱基
施工单位	××建筑工程公司			项目经理	×××
施工执行标准名称及编号	混凝土工程工艺标准（QBJ00X—2002）			专业工长	×××
分包单位	—		分包项目经理 —	施工班组长	×××

	主控项目	规范规定	施工单位检查评定记录 1 2 3 4 5 6 7 8 9 10	监理（建设）单位验收记录
1	现浇结构外观质量或严重缺陷处理	第8.2.1条	经检查无严重缺陷，符合规范要求	经查验主控项目合格。
2	影响结构性能、使用功能和设备安装的尺寸偏差	第8.3.1条	经检查符合规范要求	

	一般项目		规范规定	施工单位检查评定记录 1 2 3 4 5 6 7 8 9 10	监理（建设）单位验收记录
1	现浇结构外观质量或一般缺陷处理		第8.2.2条	符合规范要求	
2	现浇结构尺寸允许偏差项目(mm)	轴线位置 基础	15	—	经查验一般项目符合要求，计数检查项目合格点率均在80%以上。
		轴线位置 独立基础	10	9 5 6 8 4 7	
		轴线位置 墙、柱、梁	8	—	
		轴线位置 剪力墙	5		
		垂直度 层高 ≤5m	8		
		垂直度 层高 >5m	10		
		垂直度 全高（H）	H/1000且≤30		
		标高 层高	±10	+5 +3 -7 +5 +8 -2	
		标高 全高	±30	—	
		截面尺寸	+8，-5	+6 -5 +7 +3 -4 +6	
		电梯井 井筒长、宽对定位中心线	+25，0		
		电梯井 井筒全高（H）垂直度	H/1000且≤30		
		表面平整度	8	7 5 8 6 1 ⑨	
		预埋设施中心线位置 预埋件	10		
		预埋设施中心线位置 预埋螺栓	5		
		预埋设施中心线位置 预埋管	5		
		预留洞中心线位置	15		

施工单位检查评定结果	检验评定合格。 项目专业质量检查员：××× ××××年××月××日
监理（建设）单位验收结论	同意验收。 监理工程师： （建设单位项目专业技术负责人）××× ××××年××月××日

注：1. 本表由施工项目专业质量检查员填写，监理工程师（建设单位项目技术负责人）组织项目专业质量（技术）负责人等进行验收。

2. 记录中定量项目填写数据，结果和结论栏由本人签字。

砖砌体分项工程质量验收记录

工程名称	××市公安局办公大楼	结构类型	框架	检验批数	2
施工单位	××建筑工程公司	项目经理	×××	项目技术负责人	×××
分包单位	—	分包单位负责人	—	分包项目经理	—

序号	检验批部位、区段	施工单位检查评定结果	监理（建设）单位验收结论
1	1-11轴管沟砌体	合格	符合要求
2	11-22轴管沟砌体	合格	符合要求
3			
4			
5			
6			
7			
8			
9			
10			
11			
12			
13			
14			
15			
16			
17			
18			

检查结论	砂浆强度符合要求。合格。 项目专业技术负责人：××× ××××年××月××日	验收结论	同意验收。 监理工程师： （建设单位项目专业技术负责人） ××× ××××年××月××日

注：1. 本表由施工项目专业质量检查员填写，监理工程师（建设单位项目技术负责人）组织项目专业质量（技术）负责人等进行验收。

2. 记录中"符合规范要求"用文字标注，结论栏由本人签字。

砖砌体工程检验批质量验收记录

工程名称	××市公安局办公大楼											验收部位	1-11轴管沟砌体
施工单位	××建筑工程公司											项目经理	×××
施工执行标准名称及编号	砌体工程工艺标准（QBJ00X—2002）											专业工长	×××
分包单位	—										分包项目经理 —	施工班组长	×××

	主控项目		规范规定	施工单位检查评定记录										监理（建设）单位验收记录
				1	2	3	4	5	6	7	8	9	10	
1	砖强度等级		设计要求 MU10	12.3MPa 见砖检验报告×										经查验主控项目合格
	砂浆强度等级		设计要求 M5	见试件编号×										
2	斜槎留置		第5.2.3条	—										
3	直槎拉结钢筋及接槎处理		第5.2.4条	—										
4	砂浆饱满度		≥80%	90	88	82	87	86						
5	位置及垂直度(mm)	轴线位移	10	7/3	8/3	5/8	3	4	6	5	2	1		
		垂直度 每层	5											
		垂直度 全高 ≤10m	10	—										
		垂直度 全高 >10m	20	—										

	一般项目		规范规定	施工单位检查评定记录										监理（建设）单位验收记录
				1	2	3	4	5	6	7	8	9	10	
1	组砌方法		第5.3.1条	经查验符合规范要求										
2	水平灰缝厚度		第5.3.2条	经查验符合规范要求										
3	砖砌体一般尺寸允许偏差项目	基础顶（楼）面标高（mm）	±15	+4/-4	+5/2	+2/0	0	-2	-1	+8	-5	-7	+5	经查验一般项目符合要求，计数检查项目合格点率在80%以上。
		表面平整度(mm) 清水	5											
		表面平整度(mm) 混水√	8	2/4	3/5	8/6	3	2	⑨	5	6	7	7	
		门窗洞口高、宽（mm）	±5											
		外墙上下窗口偏移（mm）	20	—										
		水平灰缝平直度(mm) 清水	7											
		水平灰缝平直度(mm) 混水√	10	7/4	5/6	38	2	1	3	8	8	4	5	
		清水墙游丁走缝（mm）	20											

施工单位检查评定结果	检验评定合格。 项目专业质量检查员：××× ××××年××月××日
监理（建设）单位验收结论	同意验收。 监理工程师： （建设单位项目专业技术负责人）××× ××××年××月××日

注：1. 本表由施工项目专业质量检查员填写，监理工程师（建设单位项目技术负责人）组织项目专业质量（技术）负责人等进行验收。

2. 记录中定量项目填写数据，结果和结论栏由本人签字。

3. QBJ00X—2002为企业标准，下同。

装配式结构（施工）分项工程质量验收记录

工程名称	××市公安局办公大楼	结构类型	框架	检验批数	2
施工单位	××建筑工程公司	项目经理	×××	项目技术负责人	×××
分包单位	—	分包单位负责人	—	分包项目经理	—
序号	检验批部位、区段		施工单位检查评定结果	监理（建设）单位验收结论	
1	1－11轴地沟盖板		合格	符合要求	
2	11－22轴地沟盖板		合格	符合要求	
3					
4					
5					
6					
7					
8					
9					
10					
11					
12					
13					
14					
15					
16					
17					
18					
检查结论	合格。 项目专业技术负责人：××× ××××年××月××日			验收结论	同意验收。 监理工程师： （建设单位项目专业技术负责人）××× ××××年××月××日

注：1. 本表由施工项目专业质量检查员填写，监理工程师（建设单位项目技术负责人）组织项目专业质量（技术）负责人等进行验收。

2. 记录中结论栏由本人签字。

装配式结构（施工）工程检验批质量验收记录

工程名称	××市公安局办公大楼		验收部位	1-11轴地沟盖板
施工单位	××建筑工程公司		项目经理	×××
施工执行标准名称及编号	装配式结构工程工艺标准（QBJ00X—2002）		专业工长	×××
分包单位	—		分包项目经理 —	施工班组长 ×××

	主控项目	规范规定	施工单位检查评定记录 1 2 3 4 5 6 7 8 9 10	监理（建设）单位验收记录
1	预制构件进场检查	第9.4.1条	经查验构建外观、尺寸、性能均符合设计要求	经查验主控项目合格
2	预制构件与结构之间的连接	第9.4.2条	符合设计要求	
3	构件承受内力的接头和拼缝强度	第9.4.3条	—	

	一般项目	规范规定	施工单位检查评定记录 1 2 3 4 5 6 7 8 9 10	监理（建设）单位验收记录
1	预制构件码放和运输时的支承位置和方法	第9.4.4条	符合设计要求	
2	构件控制尺寸标注及预埋件、连接钢筋校核	第9.4.5条	均符合规范要求	经查验一般项目符合要求
3	预制构件的吊装	第9.4.6条	符合设计要求	
4	预制构件安装就位、临时固定及校正	第9.4.7条	符合规范和设计要求	
5	接头和拼缝的质量要求	第9.4.8条	符合规范要求	

施工单位检查评定结果	检验评定合格。 项目专业质量检查员：××× ××××年××月××日
监理（建设）单位验收结论	同意验收。 监理工程师： （建设单位项目专业技术负责人）××× ××××年××月××日

注：1. 本表由施工项目专业质量检查员填写，监理工程师（建设单位项目技术负责人）组织项目专业质量（技术）负责人等进行验收。

2. 记录中定量项目填写数据，结果和结论栏由本人签字。

水泥砂浆防水层分项工程质量验收记录

工程名称	××市公安局办公大楼	结构类型	框架	检验批数	2
施工单位	××建筑工程公司	项目经理	×××	项目技术负责人	×××
分包单位	—	分包单位负责人	—	分包项目经理	—

序号	检验批部位、区段	施工单位检查评定结果	监理（建设）单位验收结论
1	1-11轴基础外墙	合格	符合要求
2	11-22轴基础外墙	合格	符合要求
3			
4			
5			
6			
7			
8			
9			
10			
11			
12			
13			
14			
15			
16			
17			
18			

检查结论	合格。 项目专业技术负责人：××× ××××年××月××日	验收结论	同意验收。 监理工程师： （建设单位项目专业技术负责人） ××× ××××年××月××日

注：1. 本表由施工项目专业质量检查员填写，监理工程师（建设单位项目技术负责人）组织项目专业质量（技术）负责人等进行验收。

2. 记录中结论栏由本人签字。

水泥砂浆防水层工程检验批质量验收记录

工程名称	××市公安局办公大楼		验收部位	1-11轴基础外墙
施工单位	××建筑工程公司		项目经理	×××
施工执行标准名称及编号	地下防水工程工艺标准（QBJ00X—2002）		专业工长	×××
分包单位	—	分包项目经理 —	施工班组长	×××

主控项目		规范规定	施工单位检查评定记录 1 2 3 4 5 6 7 8 9 10	监理（建设）单位验收记录
1	水泥砂浆防水层的原材料及配合比	第4.2.7条	合格见试验报告×	经查验主控项目合格
2	水泥砂浆防水层各层之间必须结合牢固、无空鼓现象	第4.2.8条	经锤击检查无空鼓现象合格	

一般项目		规范规定	施工单位检查评定记录 1 2 3 4 5 6 7 8 9 10	监理（建设）单位验收记录
1	防水层表面质量	第4.2.9条	密实平整无缺陷符合规范要求	经查验一般项目符合要求
2	防水层施工缝留槎、接槎位置	第4.2.10条	位置正确，接槎处搭接紧密符合规范要求。	
3	防水层平均厚度应符合设计要求、最小厚度≥85%设计厚度	第4.2.11条	符合规范要求	

施工单位检查评定结果	检验评定合格。 项目专业质量检查员：××× ××××年××月××日
监理（建设）单位验收结论	同意验收。 监理工程师： （建设单位项目专业技术负责人）××× ××××年××月××日

注：1. 本表由施工项目专业质量检查员填写，监理工程师（建设单位项目技术负责人）组织项目专业质量（技术）负责人等进行验收。

2. 记录中定量项目填写数据，结果和结论栏由本人签字。

项目3 建筑与结构—主体结构分部工程资料

[训练目的与要求] 能完成撰写、收集、整理施工图的建筑与结构—主体分部工程质量控制管理资料工作。按施工图（选用施工图例）参照下列实例的编制程序，确定资料收集、整理、填写组卷方法，要求用正式表格或采用资料管理软件上机操作完成。编制完成某施工图建筑主体分部工程的子分部、分项检验批的划分与数量。填写汇总建筑主体分部工程实际发生的质量控制资料。

训练1 主体结构工程的子分部、分项检验批的划分与数量

按照《建筑工程施工质量验收统一标准》（GB50300—2001），本工程划分为混凝土结构子分部工程和砌体结构子分部工程。

1.1 主体分部分项工程检验批划分

1.1.1 分项工程检验批划分

按《建筑工程施工质量验收统一标准》（GB50300—2001）将一至八层按1~11轴、11~22轴划分为2个施工段，其中1~11轴框架柱及梁、板为第一施工段，11~22轴框架柱及梁、板为第二施工段。九层以上不分施工段，各层均划一个检验批。二至十层的混凝土栏板划分为一个检验批。主体结构分部由混凝土结构和砌体结构两个子分部组成，含6个分项工程，303个检验批，见表3-1。

1. 混凝土结构子分部

混凝土结构子分部含4个分项工程，划分为267个检验批。

（1）模板分项工程划分为110个检验批

模板分项工程包括框架柱及框架梁、现浇板的模板安装与拆除，非承重外围护陶粒混凝土墙模板安装与拆除。一至八层分两个施工段，一至八层每层模板安装检验批6个，一至八层每层模板拆除检验批6个。九至十层，每层模板安装检验批3个，每层模板拆除检验批3个。

女儿墙（檐头板）的模板安装检验批1个，模板拆除检验批1个。所以模板分项划分为110个检验批。

（2）钢筋分项工程划分为47个检验批

钢筋原材料和加工按楼层划分检验批。原因是钢筋原材料和加工系在企业加工厂加工，可不考虑施工段因素，而按楼层检验。加工符合施工工艺，以便于质量控制，所以原材料和加工划分为10个检验批（须注意钢筋品种、规格）。钢筋连接、安装按楼层、施工段依框架柱（竖向构件）、框架梁及现浇楼板（水平构件）划分检验批。一至八层每层划分4个检验批，九至十层每层划分2个检验批，

女儿墙（檐头板）的钢筋安装、连接划分检验批1个，钢筋连接、安装共划分为37个检验批。

钢筋分项含钢筋原材料、加工及钢筋连接、安装四项内容，所以钢筋分项划分为47个检验批。

（3）混凝土分项划分为55个检验批

因采用预拌混凝土，所以混凝土分项只有混凝土施工。混凝土一至八层每层按施工段框架柱、框架梁及现浇板划分为4个检验批。九至十层按框架柱、框架梁及现浇板划分为2个检验批。女儿墙（檐头板）的混凝土施工划分检验批1个。

本工程外围护墙系400mm厚素陶粒混凝土，强度等级为CL15，故一至八层按施工段每层划2个检验批，九至十层每层1个检验批。所以混凝土分项划分为55个检验批。（注意：不同强度等级及抗渗等级要求，试件数量要求，层与层的要求不尽完全相同。）

（4）现浇结构分项划分为55个检验批

现浇结构分项工程涉及结构外观、尺寸偏差，按各层框架柱、框架梁及现浇板划分，所以一至八层每层两个施工段按框架柱、框架梁及现浇板划分4个检验批，非承重外围护陶粒混凝土墙划分2个检验批。九至十层每层框架柱、梁、板划分2个检验批，非承重外围护陶粒墙划分1个检验批，女儿墙（檐头板）划分检验批1个。现浇结构分项划分为4个检验批。

2. 砌体结构子分部

砌体结构子分部含2个分项工程，各划分18个检验批。

（1）填充墙砌体分项划分为18个检验批。

建筑内隔墙为MU5陶粒混凝土砌块，M5混合砂浆砌筑。一至八层每层按施工段划分2个检验批，九至十层每层划分1个检验批。填充墙分项划分为18个检验批。

（2）配筋砌体分项划分18个检验批。

一至八层每层按施工段划分2个检验批，九至十层每层划分1个检验批。填充墙分项划分为18个检验批。

按结构设计说明，各层外围护墙中部C、D、J轴与各轴线相交处均需设200mm×200mm（主筋4ϕ12，箍筋ϕ6@200）构造柱，混凝土强度等级为C20。一至八层按施工段每层划分2个检验批，九至十层每层划分1个检验批，配筋砌体分项划分18个检验批。

3. 说明

检验批划分中不包括室外台阶及顶层结构做法。

主体结构分部工程分项工程检验批工程划分汇总表　　表3-1

序号	子分部工程名称	分项工程名称		检验批数量
1	混凝土结构	模板	安装	55
			拆除	55

续表

序号	子分部工程名称	分项工程名称		检验批数量
1	混凝土结构	钢筋	原材料、加工	10
			连接、安装	37
		混凝土施工	框架柱	18
			框架梁、现浇板	18
			外围护墙	18
			女儿墙（檐头板）	1
		现浇结构	框架柱	18
			框架梁、现浇板	18
			外围护墙	18
			女儿墙（檐头板）	1
2	砌体结构	配筋砌体		18
		填充墙砌体		18

合计：分项工程6个，检验批303个

实训练习：参照上述内容，根据某一施工图例对其主体工程的子分部、分项进行检验批的划分并确定其数量。

训练2 工程质量控制资料——建筑与结构—主体结构工程

2.1 填表说明

2.1.1 工程质量控制资料文件目录表

在该表中只列举了建筑与结构—主体结构工程中发生的资料项目。在单位工程质量控制资料核查记录中，建筑与结构质量控制核查资料有11项，在本工程施工过程中主体分部工程发生了9项，其中事故调查处理资料及新材料、新工艺施工记录没有发生。

2.1.2 图纸会审、设计变更、洽商记录

1. 图纸会审

本工程建筑结构—主体结构工程专业图纸会审记录没有发生。

2. 设计变更

本工程未发生设计变更。

3. 洽商记录

本工程洽商记录7份。

2.1.3 工程定位测量、放线记录

主体工程仅有楼层放线记录，其内容包括楼层轴线竖向投测控制线、各层墙柱轴线、墙柱边线、门窗洞口平面位置线、楼层50cm水平控制线、门窗洞口标高

控制线等。检查内容应依据图纸和测量方案检查施工层墙体、柱轴线和边线，门窗洞口位置线和皮数杆，楼层水平线，轴线竖向投测控制线，50cm标高线。

本工程楼层放线记录18份。

2.1.4 原材料出厂合格证及进场检（试）验报告

本工程所用的主要材料出厂合格证书及进场检（试）验报告，分为五类收集整理：

（1）钢筋合格证、试验报告汇总表；

（2）水泥出厂合格证、试验报告汇总表；

（3）红砖、陶料砌块出厂合格证、试验报告汇总表；

（4）粗（细）骨料试验报告汇总表；

（5）外加剂（掺加剂）合格证及试验报告汇总表。

本工程所用的主要材料出厂合格证书及出厂检（试）验报告，均由生产厂家提供，不再举例。仅对材料进场检验记录附实例1份和部分现场抽查复试报告、见证记录，详见建筑与结构—地基基础工程原材料出厂合格证书及进场复检（试）报告。

2.1.5 施工试验报告及见证检测报告

本工程试验检测资料统计如下：

（1）见证取样和送检见证人备案书；

（2）钢筋连接试验报告：

1）钢筋套筒机械连接报告数份，见证记录数份，仅列举了一份；

2）钢筋焊接报告数份，见证记录数份，仅列举了一份；

（3）混凝土试块强度统计评定及混凝土强度试块报告：

主体混凝土强度统计评定资料3份，主体混凝土标养试块强度报告54份，见证记录17份（其中不包括外围护墙的混凝土试块报告单）。

（4）砂浆试块强度统计评定及砂浆强度试块报告

砌体砂浆强度统计评定资料1份，填充墙砌体砂浆标养试块强度报告18份，见证记录6份。

2.1.6 隐蔽工程验收记录

隐蔽工程验收内容：《建筑工程施工质量验收强制性条文应用技术要点》对建筑与结构工程主要隐蔽验收项目（部位）做了如下要求：

主体结构	砌体组砌方法、配筋砌体
	变形缝构造
	梁、板、柱钢筋（品种、规格、数量、位置、接头、锚固、保护层等）
	预埋件数量和位置、牢固情况
	焊接检查（强度、焊缝长度、厚度、外观）
	墙体拉结筋（数量、长度、位置）

主体结构工程隐蔽工程验收记录，共74份记录，如下：

18份柱钢筋工程记录，分层分段进行验收；

18份梁钢筋工程记录，分层分段进行验收；

18 份板钢筋工程记录，分层分段进行验收；
18 份配筋砌体工程记录，分层分段进行验收；
2 份檐头板工程记录。

2.1.7 施工记录

1. 专业工程施工记录

各专业工程施工记录是对一项工程施工的过程记录。对本工程所用的材料、施工过程、质量控制进行简要明确的描述，对施工过程中发生质量问题及处理结果进行说明，施工记录的内容应达到能满足检验批验收的需要。

本工程混凝土专业工程施工记录 22 份，砌体专业工程施工记录 20 份。

2. 混凝土设计配合比及施工配合比

本工程混凝土采用预拌混凝土施工。外围护墙陶粒混凝土设计配合比一份。

3. 混凝土开盘鉴定

本工程混凝土采用预拌混凝土施工，仅需收集资料。

4. 砂浆配合比

砂浆配合比应根据砂浆设计强度等级选用适当品种、强度等级的水泥、外加剂或掺合料、砂子，通过试配确定配合比。施工中要严格按配合比计量，不得随意变更。

本工程砂浆配合比 2 份。

2.1.8 预制构件、预拌混凝土合格证

本工程混凝土采用预拌混凝土施工，应有预拌混凝土合格证数份，陶粒混凝土为现场搅拌。

2.1.9 地基基础、主体结构检验及抽验检测资料

1. 混凝土同条件养护试块抗压强度

本工程 C30 混凝土强度统计评定 1 份，试块报告 30 份，见证记录 9 份；C40 混凝土强度统计评定 1 份，试块报告 6 份，见证记录 2 份。

2. 钢筋保护层厚度检验记录

钢筋保护层厚度检验的结构部分，应由监理（建设）、施工等各方根据结构构件的重要性共同选定。

本工程的钢筋保护层检验采用非破损检验，有检验记录 1 份。

2.1.10 分项、分部工程质量验收记录

本工程按照规范和工程实际情况共划分 6 个分项工程，303 个检验批。具体划分详见训练1。

2.1.11 工程质量事故及事故调查处理资料

本工程无工程质量事故，故无报告。

2.1.12 新材料、新工艺施工记录

本工程暂无新材料、新工艺。

实训练习：参照上述内容和训练2，根据某一施工图例对其主体工程的工程质量控制资料进行编制、组卷。

2.2 工程质量控制资料——建筑与结构—地基与基础工程组卷实例

建筑与结构—主体结构工程

工程名称：××市公安局办公大楼

施工单位：××建筑工程公司

建筑与结构—主体结构工程文件目录

序　号	施工文件	份　数	备　注
一	图纸会审、设计变更、洽商记录		
1	洽商记录	7	
二	工程定位测量、放线记录		
1	楼层放线记录	18	
三	原材料出厂合格证及进场检（试）验报告		
1	材料、配件、设备进场检验记录	数份	
2	钢筋合格证、试验报告	数份	
3	水泥合格证、试验报告	数份	
4	红砖、陶粒砌块合格证、试验报告	数份	
5	粗（细）骨料试验报告	数份	
6	外加剂（掺加剂）合格证、试验报告	数份	
四	施工试验报告及见证检测报告		
1	见证取样和送检备案书	数份	
2	钢筋焊接试验报告	数份	
3	混凝土试块强度统计评定及混凝土强度试验报告	74	
4	砂浆试块强度统计评定及砂浆强度试块报告	25	
五	隐蔽工程验收记录		
1	柱、梁、板、楼梯钢筋工程	54	
2	配筋砌体工程	18	
3	女儿墙（檐头板）钢筋工程	2	
六	施工记录		
1	混凝土专业施工记录	22	
2	砌体专业施工记录	20	
3	混凝土配合比设计及施工配合比	1	
4	砂浆配合比	2	
七	预制构件、预拌混凝土合格证	数份	
八	地基基础、主体结构检验及抽样检测资料		
1	混凝土同条件试块强度统计评定及混凝土同条件试块强度报告	49	
2	结构实体钢筋保护层厚度检验记录	1	
九	分项、分部工程质量验收记录		
1	模板	110	
2	钢筋	47	
3	混凝土	55	
4	现浇结构	55	
5	配筋砖砌体	18	
6	填充墙砌体	18	
十	工程质量事故及事故调查处理资料	/	
十一	新材料、新工艺施工记录	/	

建筑与结构—主体结构工程

工程定位
测量、放线记录

放 线 记 录

工程名称	××市公安局办公大楼	放线部位	一层平面位置线
施工单位	××建筑工程公司	放线日期	××××年××月××日
依据标准	设计指定水准点BM_1，首层平面图		

放线简图：

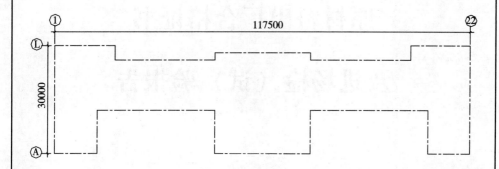

1. 由控制点引测，确定 A、L、1、22 轴线位置。
2. 由水准点 BM_1 从四个大角向上引测 +0.500m 水平控制点

复测其误差为：1 轴/A 轴为 0mm，1 轴/L 轴为 -1mm，22 轴/A 轴为 -1mm，22 轴/L 轴为 0mm

施工单位 检查结果	符合要求。 　　　　　　　　　　　　　　　　　　××××年××月××日					
	专业技术负责人	×××	专业质量检查员	×××	施测人	×××
监理（建设） 单位结论	同意进行下道工序施工。 　　　　　　　　　　　　　　　　监理工程师： 　　　　　　　　　　　（建设单位项目专业技术负责人）　××× 　　　　　　　　　　　　　　　　　　××××年××月××日					

建筑与结构—主体结构工程

原材料出厂合格证书及进场检（试）验报告

钢材合格证、检（试）验报告汇告表

工程名称	××市公安局办公大楼						
序号	名称	规格品种	数量	进场时间	出厂合格证检验报告编号	试验报告编号	见证取样
1	低碳钢热轧圆盘条	HPB235 φ6	×××	×××	××	××	
2	低碳钢热轧圆盘条	HPB235 φ8	×××	×××	××	××	
3	低碳钢热轧圆盘条	HPB235 φ10	×××	×××	××	××	
4	热轧光圆钢筋	HPB235 φ12	×××	×××	××	××	
5	热轧光圆钢筋	HPB235 φ14	×××	×××	××	××	
6	热轧带肋钢筋	HRB335 Φ16	×××	×××	××	××	
7	热轧带肋钢筋	HRB335 Φ18	×××	×××	××	××	
8	热轧带肋钢筋	HRB335 Φ20	×××	×××	××	××	
9	热轧带肋钢筋	HRB335 Φ22	×××	×××	××	××	
10	热轧带肋钢筋	HRB335 Φ25	×××	×××	××	××	
填表人		×××				共1页第1页	

材料、配件、设备进场检验记录

工程名称	××市公安局办公大楼		检验日期	××××年××月××日	
序号	名称规格品种	进场数量	检查项目		检验结果
1	HPB235 ϕ6	××t	1.1份产品合格证书（质量保证书） 2.外观检查：钢筋平直、无损伤，表面无裂纹、油污、颗粒状或片状老锈		符合要求
2	HPB235 ϕ8	××t	1.1份产品合格证书（质量保证书） 2.外观检查：钢筋平直、无损伤，表面无裂纹、油污、颗粒状或片状老锈		符合要求
3	HPB235 ϕ10	××t	1.1份产品合格证书（质量保证书） 2.外观检查：钢筋平直、无损伤，表面无裂纹、油污、颗粒状或片状老锈		符合要求
4	HPB235 ϕ12	××t	1.1份产品合格证书（质量保证书） 2.外观检查：钢筋平直、无损伤，表面无裂纹、油污、颗粒状或片状老锈		符合要求
施工单位 检查结果	按照GB50204—2002规范5.3检验，钢筋质量符合规定。 项目专业质量检查员：××× ××××年××月××日				
	项目专业技术负责人	×××	专业工长（施工员）		×××
监理（建设） 单位结论	产品质量符合设计要求和现行标准规定。 监理工程师： （建设单位项目专业技术负责人）××× ××××年××月××日				

见 证 记 录

编号：　2003—008　

工程名称：××市公安局办公大楼　　　　　　　　　　

取样部位：主体　　　　　　　　　　　　　　　　　

样品名称：普通硅酸盐水泥32.5　　取样基数：　200t　取样数量：　12kg　

取样地点：现场抽样　　　　　　　　　　　　　取样日期：　××　

见证记录：1. 厂家：××

2. 品种规格数量：普通硅酸盐水泥32.5，200t

3. 试样现场随机取样，方法正确

4. 取样封存、标识、送检

```
┌─────────────────┐
│   ××A—002      │
│                 │
│  见证取样和送检章  │
└─────────────────┘
```

见证取样和送检印章：　　　　　　　　　　　　　　　

取 样 人 签 字：　×××　　　　　　　　　　　

见 证 人 签 字：　×××　　　　　　　　　　　

记录日期：××××年××月××日

砂、石、陶粒合格证、检（试）验报告汇总表

工程名称	××市公安局办公大楼						
序号	名 称	规格品种	数 量	进场时间	出厂合格证检验报告编号	试验报告编号	见证取样
1	砌筑用砂	—	××	××	××	××	
2	页岩陶粒	5～20mm	××	××	××	××	
填 表 人	×××						

共1页第1页

黏土陶粒检验报告

产品名称	黏土陶粒			报告编号	×××	
工程名称	××市公安局办公大楼			试验编号	×××	
工程部位	外围护墙			委托日期	×××	
委托单位	××建筑工程公司			送样人	×××	
见证单位	—			见证人	—	
检验依据	轻集料及试验方法第1部分：轻集料（GB/T17431.1—1998）			代表批量	××m³	
产地	××厂			密度等级	600级	
项目	质量指标	检验结果	项目		质量指标	检验结果
堆积密度（kg/m³）	510~600	520	沸煮质量损失（%）		≤5	2
筒压强度（MPa）	≥2.0	2.5	烧失量（%）		≤5	2
吸水率（%）	≤10	6	含泥量（%）		≤3	1
软化系数	≥0.8	0.82	有机质含量（比色法）		不深于标准色	浅于标准色
粒型系数	≤1.6	1.2	放射性比活度		符合GB9169规定	—
			硫化物及硫酸盐含量（折算成SO_3，按重量计）（%）		≤1.0	0.2

颗粒级配							
筛孔尺寸（mm）	40.0	31.5	20.0	16.0	10.0	5.00	2.50
标准累计筛余（%）	—	0~5	0~10	—	40~80	90~100	95~100
实际累计筛余（%）	4	3	7	—	70	92	100

检验结论	该样品经委托检验，所检项目符合轻集料及试验方法第1部分：轻集料GB/T17431.1—1998标准规定的600级技术要求。 （检验专用章） 签发日期：××××年××月××日
备注	

批准	×××	审核	×××	主检	×××

建筑与结构—主体结构工程

施工试验报告

及见证检测报告

混凝土试块强度统计、评定记录

工程名称	××公安局办公大楼	强度等级	C30
施工单位	××建筑工程公司	养护方法	标养
统 计 期	×××	结构部位	4-10层柱

试块组 n	强度标准值 $f_{cu,k}$（MPa）	平均值 m_{fcu}（MPa）	标准差 s_{fcu}（MPa）	最小值 $f_{cu,min}$（MPa）	合格判定系数 λ_1	合格判定系数 λ_2
30	30.0	33.9	1.8	30.6	1.65	0.85

每组强度值（MPa）											
	32.5	33.6	37.2	34.2	31.5	30.6	36.2	33.5	33.7	32.5	32.8
	34.2	32.3	33.8	35.6	34.5	31.2	32.3	34.2	34.2	35.1	32.5
	35.2	36.3	35.0	38.1	32.5	33.6	34.5	33.5			

评定界限	统计方法			非统计方法	
	$0.90f_{cu,k}$	$m_{fcu}-\lambda_1\times s_{fcu}$	$\lambda_2\times f_{cu,k}$	$1.15f_{cu,k}$	$0.95f_{cu,k}$
	27.0	30.9	25.5	—	—

判定公式	$m_{fcu}-\lambda_1\times s_{fcu}\geqslant 0.9f_{cu,k}$	$f_{cu,min}\geqslant\lambda_2\times f_{cu,k}$	$m_{fcu}\geqslant 1.15f_{cu,k}$	$f_{cu,min}\geqslant 0.95f_{cu,k}$
结果	30.9≥27.0	30.6≥25.5	—	—

施工单位检查评定结果	试块强度符合《混凝土强度检验评定标准》GBJ107的规定。 ××××年××月××日					
	项目专业技术负责人	×××	项目专业质量检查员	×××	试验员	×××

混凝土试块强度统计、评定记录

工程名称	××公安局办公大楼			强度等级			C25		
施工单位	××建筑工程公司			养护方法			标养		
统 计 期	×××			结构部位			1–10 层板		
试块组 n	强度标准值 $f_{cu,k}$（MPa）		平均值 $m_{f_{cu}}$（MPa）		标准差 $s_{f_{cu}}$（MPa）		最小值 $f_{cu,min}$（MPa）	合格判定系数	
								λ_1	λ_2
18	25		28.6		1.89		25.2	1.65	0.85
每组强度值（MPa）	28.6	25.6	28.9	30.5	27.5	26.5	27.5	25.2	27.9	31.5	27.6
	28.4	28.9	29.7	32.2	30.4	29.8	27.8				

评定界限	统计方法			非统计方法	
	$0.90 f_{cu,k}$	$m_{f_{cu}} - \lambda_1 \times s_{f_{cu}}$	$\lambda_2 \times f_{cu,k}$	$1.15 f_{cu,k}$	$0.95 f_{cu,k}$
	22.5	25.5	21.3	—	—
判定公式	$m_{f_{cu}} - \lambda_1 \times s_{f_{cu}} \geq 0.9 f_{cu,k}$		$f_{cu,min} \geq \lambda_2 \times f_{cu,k}$	$m_{f_{cu}} \geq 1.15 f_{cu,k}$	$f_{cu,min} \geq 0.95 f_{cu,k}$
结果	25.5 ≥ 22.5		25.2 ≥ 21.3	—	—
施工单位检查评定结果	试块强度符合《混凝土强度检验评定标准》GBJ107 的规定。 ×××× 年 ×× 月 ×× 日				
	项目专业技术负责人 ×××		项目专业质量检查员 ×××	试验员	×××

混凝土试块强度统计、评定记录

工程名称	××公安局办公大楼		强度等级		C40	
施工单位	××建筑工程公司		养护方法		标养	
统 计 期	×××		结构部位		1－3层柱	
试块组 n	强度标准值 $f_{cu,k}$（MPa）	平均值 $m_{f_{cu}}$（MPa）	标准差 $s_{f_{cu}}$（MPa）	最小值 $f_{cu,min}$（MPa）	合格判定系数 λ_1	λ_2
6	40	48.0	—	46.6	—	—

每组强度值 (MPa)
46.7　48.6　47.5　49.9　46.6　48.5

评定界限	统计方法			非统计方法	
	$0.90 f_{cu,k}$	$m_{f_{cu}} - \lambda_1 \times s_{f_{cu}}$	$\lambda_2 \times f_{cu,k}$	$1.15 f_{cu,k}$	$0.95 f_{cu,k}$
	—	—	—	46.0	38.0
判定公式	$m_{f_{cu}} - \lambda_1 \times s_{f_{cu}} \geq 0.9 f_{cu,k}$		$f_{cu,min} \geq \lambda_2 \times f_{cu,k}$	$m_{f_{cu}} \geq 1.15 f_{cu,k}$	$f_{cu,min} \geq 0.95 f_{cu,k}$
结果	—		—	48.0≥46.0	46.6≥38.0

施工单位检查评定结果	试块强度符合《混凝土强度检验评定标准》GBJ107 的规定。 ××××年××月××日				
	项目专业技术负责人	×××	项目专业质量检查员 ×××	试验员	×××

混凝土立方体抗压强度检验报告

工程名称	××公安局办公大楼		报告编号	×××	
工程部位	一层1－11轴柱		试验编号	×××	
委托单位	××建筑工程公司		委托人	×××	
见证单位	××监理公司		见 证 人	×××	
检验依据	普通混凝土力学性能试验方法（GB/T50081—2002）		设计强度等级	C40	
水泥品种强度等级	普硅32.5	厂名	××水泥厂	报告编号	×××
砂子产地及品种	××砂场水洗砂	含泥量（%）	0.2	报告编号	×××
石子产地及品种	××砂场石子	含泥量（%）	0.1 0.1	报告编号	小石子：××× 大石子：×××
掺合料名称及产地	—	报告编号	—	占水泥用量（%）	—
外加剂名称及产地	AWR早强减水剂	报告编号	×××	占水泥用量（%）	3
混凝土配合比例	×××			报告编号	×××
混凝土成型日期	×××	样品外观状态	无缺棱掉角	要求龄期（d）	28
要求检验日期	×××	试块收到日期	×××	试块养护条件	标养

试件编号	检验日期	实际龄期（d）	立方体试件尺寸（mm×mm×mm）	试件承压面积（mm²）	单块破坏荷载（kN）	抗压强度（MPa）单块	抗压强度（MPa）平均值（中间值）	折合150mm立方体抗压强度（MPa）	达到设计强度（%）
H001	×××	28	150×150×150	22500	1058 1089 1068	47.0 45.6 47.5	46.7	—	117

备注	

（检验专用章）
签发日期：××××年××月××日

批 准	×××	审 核	×××	主 检	×××

见 证 记 录

编号：×××

工程名称：××公安局办公大楼

取样部位：一层 1－11 轴柱

样品名称：混凝土试块　　取样基数：12m³　　取样数量：一组（三块）

取样地点：浇筑地点　　　　　　　　　　取样日期：×××

见证记录：1. 水泥：××水泥厂

　　　　　2. 砂、石：××砂场

　　　　　3. 早强减水剂：××外加剂厂

　　　　　4. 试样现场随机取样制作，方法正确并送检

　　　　　5. 取样封存、标识

××A—001
见证取样和送检章

见证取样和送检印章：_____

取 样 人 签 字：　×××

见 证 人 签 字：　×××

记录日期：×××× 年 ×× 月 ×× 日

砂浆立方体抗压强度检验报告

工程名称	××公安局办公大楼			报告编号		×××
工程部位	1-11轴地沟砌体			试验编号		×××
委托单位	××建筑工程公司			委托人		×××
见证单位	××监理公司			见证人		×××
砂浆品种	水泥混合砂浆			设计强度等级		M5
水泥品种及强度等级	普硅32.5			报告编号		×××
水泥生产厂	××水泥厂			砂子产地		××砂场产砂子
掺合料名称及产地	粉煤灰 ××厂		报告编号 ×××	占水泥用量(%)		20
外加剂名称及产地	—		报告编号 —	占水泥用量(%)		—
砂浆成形日期	××		样品外观状态 无缺棱掉角	试块收到日期		××
要求龄期(d)	28			要求检验日期		××
检验依据	建筑砂浆基本性能试验方法(JGJ70—90)			试块养护条件		标养

试件编号	检验日期	实际龄期(d)	试件规格尺寸(mm×mm×mm)	受压面积(mm²)	单块荷载(kN)	抗压强度(MPa) 单块	抗压强度(MPa) 平均值	达到设计强度(%)
SJ001	××	28	70.7×70.7×70.7	5000	34.5	6.9	6.8	136
					32.3	6.5		
					33.5	6.7		
					33.5	6.7		
					34.6	6.9		
					35.5	7.1		

备注	(检验专用章) 签发日期:××××年××月××日

批准	×××	审核	×××	主检	×××

砌筑砂浆试块强度统计、评定记录

工程名称	××公安局办公大楼				强度等级		M5	
施工单位	××建筑工程公司				养护方法		标养	
统 计 期	×××				结构部位		地沟墙体	
试块组 n	强度标准值 f_2（MPa）				平均值 $f_{2,m}$（MPa）	最小值 $f_{2,\min}$（MPa）	$0.75f_2$（MPa）	
6	5.0				6.3	5.6	3.75	
每组强度值（MPa）	6.8	5.6	6.8	6.5	5.9	6.0		
判定公式	$f_{2,m} \geq f_2$					$f_{2,\min} \geq 0.75f_2$		
结果	6.3＞5.0					5.6＞3.75		
施工单位检查评定结果	试块强度符合《砌体工程施工质量验收规范》GB50203—2002的规定。 ××××年××月××日							
	项目专业技术负责人	×××		项目专业质量负责人		×××	试验员	×××

见 证 记 录

编号：＿×× ＿

工程名称：××公安局办公大楼

取样部位：地沟

样品名称：砂浆试块　　取样基数：65m³　取样数量：一组（六块）

取样地点：搅拌机出料口　　　　　　　　取样日期：××

见证记录：1. 水泥：××水泥厂

2. 砂：××砂场

3. 粉煤灰：××厂

4. 试样现场随机取样制作，方法正确

5. 取样封存、标识、送检

××A—001
见证取样和送检章

见证取样和送检印章：＿＿＿＿＿＿＿＿＿＿＿＿＿＿＿＿＿

取 样 人 签 字：＿×××＿

见 证 人 签 字：＿×××＿

记录日期：××××年××月××日

砌筑砂浆试块强度统计、评定记录

工程名称	××公安局办公大楼	强度等级	M5
施工单位	××建筑工程公司	养护方法	标养
统 计 期	××	结构部位	一至十层填充墙

试块组 n	强度标准值 f_2（MPa）	平均值 $f_{2,m}$（MPa）	最小值 $f_{2,\min}$（MPa）	$0.75f_2$（MPa）
36	5.0	6.3	5.6	3.75

每组强度值（MPa）									
5.6	6.3	6.4	7.2	5.8	6.9	5.7	5.5	6.8	5.7	7.3
5.6	6.9	6.2	6.4	5.8	7.8	6.8	6.9	5.8	6.2
5.8	5.4	5.6	6.3	6.2	7.1	7.5	6.3	6.4	5.9	5.8
6.3	6.1	6.5							

判定公式	$f_{2,m} \geq f_2$	$f_{2,\min} \geq 0.75f_2$
结果	6.3 > 5.0	5.6 > 3.75

施工单位检查评定结果	试块强度符合《砌体工程施工质量验收规范》GB50203—2002 的规定。 ××××年××月××日				
	项目专业技术负责人	×××	项目专业质量检查员	×××	试验员	×××

建筑与结构—主体结构工程

隐蔽工程验收记录

隐蔽工程验收记录

工程名称	××市公安局办公大楼		建设单位	××市公安局
施工单位	××建筑工程公司		监理单位	××监理公司
验收部位	一层1-11轴配筋砌体	验收日期 ×××年××月××日	图号	结施-×

隐蔽检查内容	配筋砌体钢筋均为HPB235级，构造柱主筋 ϕ14，采用绑扎搭接，搭接长度560mm（40d），柱箍筋为 ϕ6 间距200mm，距楼板上下500mm范围内间距为100mm，从柱脚开始先退后进，柱脚齿深60mm，每3皮砖一退一进。 砖墙与构造柱之间沿墙高每5皮砖（500mm）24墙设置2ϕ6、37墙设置3ϕ6水平钢筋连接，每边伸入墙内1000mm。

施工单位检查结果	符合设计要求。 　　　　　　　　　　　　　项目专业质量检查员：××× 　　　　　　　　　　　　　　　　　　　××××年××月××日
项目专业技术负责人	×××	专业工长（施工员）	×××

监理（建设）单位结论	同意进行下道工序施工。 　　　　　　　　　　　　　　监理工程师： 　　　　　　　　　　　（建设单位项目专业技术负责人）　××× 　　　　　　　　　　　　　　　　　　　××××年××月××日

隐蔽工程验收记录

工程名称	××市公安局办公大楼		建设单位	××市公安局	
施工单位	××建筑工程公司		监理单位	××监理公司	
验收部位	一层1－11轴顶板、梁、楼梯钢筋	验收日期	×××年××月××日	图号	结施－×

隐蔽检查内容	1. 纵向受力钢筋的品种、规格、数量和位置 钢筋为HRB335级Φ25、Φ22、Φ20、Φ18、Φ16，HPB235级ϕ14、ϕ12、ϕ10、ϕ8、ϕ6，间距、数量按设计图纸要求，梁保护层厚度25mm，板15mm，悬挑板钢筋位置正确。 2. 连接方式、接头位置、接头数量及接头面积百分率 HRB335级Φ20钢筋采用闪光对焊焊接，其余为绑扎搭接，搭接长度为35d。接头位置设置在板跨1/3处，接头面积百分率焊接<50%，搭接<25%。 3. 箍筋、横向钢筋的品种、规格、数量、间距 箍筋为HPB235级ϕ6，间距200mm，加密区间距100mm。 4. 预埋件的规格、数量、位置 楼梯板预埋件规格、尺寸、埋设位置和数量符合结施－×要求。 5. 按规定已做焊接试验，见试验报告××，焊工×××，证号×××。

施工单位 检查结果	符合设计要求。 　　　　　　　　　　　　　　　　项目专业质量检查员：××× 　　　　　　　　　　　　　　　　　　　　×××年××月××日
	项目专业技术负责人　×××　　专业工长（施工员）　×××

监理（建设） 单位结论	同意进行下道工序施工。 　　　　　　　　　　　　　　　　监理工程师： 　　　　　　　　　　　　　　　（建设单位项目专业技术负责人）　××× 　　　　　　　　　　　　　　　　×××年××月××日

建筑与结构—主体结构工程

施 工 记 录

混凝土施工记录

工程名称	××市公安局办公大楼	分项工程名称	混凝土
施工单位	××建筑工程公司	施工部位	一层

主要事项记录：

1. 混凝土材料

①普通硅酸盐水泥32.5，粗、细骨料经检验符合要求，采用饮用水拌制。

②计量设施经检查符合要求，按C20施工配合比拌制，每盘称量偏差符合混凝土结构工程施工质量验收规范第7.4.3规定。

2. 混凝土浇筑

①模板及其支架安装满足浇筑要求，浇筑中无位移、变形和漏浆现象。

②浇筑过程中钢筋未发生位移。

③板、梁浇筑连续施工，楼梯间施工缝留在板的1/3处。

④由××班组负责浇筑，自×日×时至×日×时浇筑完毕。

3. 试块留置

在浇筑地点按规范要求随机取样5组，其中2组试块标养，另3组试块同条件养护（2组用于结构实体检验，1组用于拆模检验）。

4. 养护

×月×日至×月×日浇水养护七天，表面覆盖草袋，始终能保持混凝土表面处于湿润状态。

5. 碱含量计算

混凝土碱含量计算（按各种原材料厂家提供碱含量数据计算）

水泥含碱量：$300 \times 0.75\% = 2.25 \text{kg/m}^3$

外加剂含碱量：$9 \times 2.55\% = 0.23 \text{kg/m}^3$

总碱含量：$2.25 + 0.23 = 2.48 \text{kg/m}^3$

混凝土的总碱含量应低于3.0kg/m^3，本配合比中混凝土的总碱含量评估值为$2.48 \text{kg/m}^3 < 3.0 \text{kg/m}^3$，符合要求。

××××年××月××日

项目专业技术负责人	×××	记录人	×××

建筑与结构—主体结构工程

主体结构

检验及抽样检测资料

混凝土试块强度统计、评定记录

工程名称	××公安局办公大楼		强度等级		C40	
施工单位	××建筑工程公司		养护方法		同条件	
统 计 期	×××		结构部位		1-3层柱	
试块组 n	强度标准值 $f_{cu,k}$（MPa）	平均值 m_{fcu}（MPa）	标准差 s_{fcu}（MPa）	最小值 $f_{cu,min}$（MPa）	合格判定系数 λ_1	λ_2
6	40	47.4	—	45.9	—	—
每组强度值（MPa）	45.9　48.5　47.6　46.8　47.5　48.2					
评定界限	统计方法			非统计方法		
	$0.90f_{cu,k}$	$m_{fcu} - \lambda_1 \times s_{fcu}$	$\lambda_2 \times f_{cu,k}$	$1.15f_{cu,k}$	$0.95f_{cu,k}$	
	—		—	46.0	38.0	
判定公式	$m_{fcu} - \lambda_1 \times s_{fcu} \geq 0.9 f_{cu,k}$		$f_{cu,min} \geq \lambda_2 \times f_{cu,k}$	$m_{fcu} \geq 1.15 f_{cu,k}$	$f_{cu,min} \geq 0.95 f_{cu,k}$	
结果	—		—	47.4≥46.0	45.9≥38.0	
施工单位检查评定结果	试块强度符合《混凝土强度检验评定标准》GBJ107 的规定。 ××××年××月××日					
	项目专业技术负责人	×××	项目专业质量检查员	×××	试验员	×××

混凝土试块强度统计、评定记录

工程名称	××公安局办公大楼				强度等级		C30		
施工单位	××建筑工程公司				养护方法		标养		
统 计 期	×××				结构部位		4-10层柱		

试块组 n	强度标准值 $f_{cu,k}$（MPa）	平均值 m_{fcu}（MPa）	标准差 s_{fcu}（MPa）	最小值 $f_{cu,min}$（MPa）	合格判定系数 λ_1	合格判定系数 λ_2
30	30.0	33.6	1.8	30.6	1.65	0.85

每组强度值（MPa）										
	32.5	33.6	37.2	34.2	31.5	30.6	36.2	33.5	33.7	32.5	32.8
	34.2	32.3	33.8	35.6	34.5	31.2	32.3	34.2	34.2	35.1	32.5

评定界限	统计方法			非统计方法	
	$0.90 f_{cu,k}$	$m_{fcu} - \lambda_1 \times s_{fcu}$	$\lambda_2 \times f_{cu,k}$	$1.15 f_{cu,k}$	$0.95 f_{cu,k}$
	27.0	30.6	25.5	—	—
判定公式	$m_{fcu} - \lambda_1 \times s_{fcu} \geq 0.9 f_{cu,k}$		$f_{cu,min} \geq \lambda_2 \times f_{cu,k}$	$m_{fcu} \geq 1.15 f_{cu,k}$	$f_{cu,min} \geq 0.95 f_{cu,k}$
结果	30.6≥27.0		30.6≥25.5	—	—

施工单位检查评定结果	试块强度符合《混凝土强度检验评定标准》GBJ107的规定。				
				×××年××月××日	
	项目专业技术负责人	×××	项目专业质量检查员	×××	试验员 ×××

建筑与结构—主体结构工程

分项、分部
工程质量验收记录

主体结构分部（子分部）工程质量验收记录

工程名称	××市公安局办公大楼		结构类型	框架	层数	十层
施工单位	××建筑工程公司		技术部门负责人	×××	质量部门负责人	×××
分包单位	—		分包单位负责人	—	分包技术负责人	—
序号	分项工程名称	检验批数	施工单位检查评定		验收意见	
1	模板	110	合格		该分部工程所含各分项工程质量验收记录完整，符合设计和规范要求，同意验收	
2	钢筋	47	合格			
3	混凝土	55	合格			
4	现浇结构	55	合格			
5	配筋砌体	18	合格			
6	填充墙	18	合格			
7						
8						
9						
10						
11						
12						
13						
14						
15						
16						
17						
18						
质量控制资料			资料完整		同意验收	
安全和功能检验（检测）报告			资料完整		同意验收	
观感质量验收			综合评价好			
验收单位	分包单位	—	项目经理	—	年 月 日	
	施工单位 ××建筑工程公司		项目经理	×××	×××年××月××日	
	勘察单位 ××岩土勘察设计院		项目负责人	×××	×××年××月××日	
	设计单位 ××设计研究院		项目负责人	×××	×××年××月××日	
	监理（建设）单位 ××监理公司		总监理工程师（建设单位项目专业负责人）	×××	×××年××月××日	

注：本表由总监理工程师（建设单位项目负责人）组织施工单位项目负责人和技术、质量负责人等进行验收；地基与基础、主体结构分部工程的勘察、设计单位工程项目负责人和施工单位技术、质量部门负责人也应参加相关分部工程验收。检查评定由施工单位填写，验收意见由监理单位填写，观感质量验收由验收各方共同商定，监理单位填写。"符合规范要求"的发生项目用文字标注。

模板分项工程质量验收记录

工程名称	××市公安局办公大楼	结构类型	框架	检验批数	110
施工单位	××建筑工程公司	项目经理	×××	项目技术负责人	×××
分包单位	—	分包单位负责人	—	分包项目经理	—

序号	检验批部位、区段	施工单位检查评定结果	监理（建设）单位验收结论
1	一层至八层1-11轴柱模板安装（8个检验批）	合格	符合要求
2	一层至八层1-11轴柱模板拆除（8个检验批）	合格	符合要求
3	一层至八层1-11轴梁、板模板安装（8个检验批）	合格	符合要求
4	一层至八层1-11轴梁、板模板拆除（8个检验批）	合格	符合要求
5	一层至八层11-22轴柱模板安装（8个检验批）	合格	符合要求
6	一层至八层11-22轴柱模板拆除（8个检验批）	合格	符合要求
7	一层至八层11-22轴梁、板模板安装（8个检验批）	合格	符合要求
8	一层至八层11-22轴柱模梁、板拆除（8个检验批）	合格	符合要求
9	九层柱模板安装	合格	符合要求
10	九层柱模板拆除	合格	符合要求
11	九层梁、板模板安装	合格	符合要求
12	九层梁、板模板拆除	合格	符合要求
13	十层柱模板安装	合格	符合要求
14	十层柱模板拆除	合格	符合要求
15	十层梁、板模板安装	合格	符合要求
16	十层梁、板模板拆除	合格	符合要求
17	一层至八层1-11轴外围护墙模板安装（8个检验批）	合格	符合要求
18	一层至八层1-11轴外围护墙模板拆除（8个检验批）	合格	符合要求
检查结论	合格。 项目专业技术负责人：××× ××××年××月××日	验收结论	同意验收。 监理工程师： （建设单位项目专业技术负责人）××× ××××年××月××日

注：1. 本表由施工项目专业质量检查员填写，监理工程师（建设单位项目技术负责人）组织项目专业质量（技术）负责人等进行验收。

2. 记录中结论栏由本人签字。

模板分项工程质量验收记录

工程名称	××市公安局办公大楼	结构类型	框架	检验批数	110
施工单位	××建筑工程公司	项目经理	×××	项目技术负责人	×××
分包单位	—	分包单位负责人	—	分包项目经理	—

序号	检验批部位、区段	施工单位检查评定结果	监理（建设）单位验收结论
1	一层至八层 11-22 轴外围护墙模板安装（8个检验批）	合格	符合要求
2	一层至八层 11-22 轴外围护墙模板拆除（8个检验批）	合格	符合要求
3	九层外围护墙模板安装	合格	符合要求
4	九层外围护墙模板拆除	合格	符合要求
5	十层外围护墙模板安装	合格	符合要求
6	十层外围护墙模板拆除	合格	符合要求
7	女儿墙（檐头板）模板安装	合格	符合要求
8	女儿墙（檐头板）模板拆除	合格	符合要求
9			
10			
11			
12			
13			
14			
15			
16			
17			
18			
检查结论	合格。 项目专业技术负责人：××× ×××年××月××日	验收结论	同意验收。 监理工程师： （建设单位项目专业技术负责人） ××× ×××年××月××日

注：1. 本表由施工项目专业质量检查员填写，监理工程师（建设单位项目技术负责人）组织项目专业质量（技术）负责人等进行验收。

2. 记录中结论栏由本人签字。

模板（安装）工程检验批质量验收记录

工程名称	××市公安局办公大楼										验收部位	三层1-11轴板、梁
施工单位	××建筑工程公司										项目经理	×××
施工执行标准名称及编号	模板工程工艺标准（QBJ00X—2002）										专业工长	×××
分包单位	—										分包项目经理 —	施工班组长 ×××

	主控项目	规范规定	施工单位检查评定记录 1 2 3 4 5 6 7 8 9 10	监理（建设）单位验收记录
1	模板支撑、立柱位置和垫板	第4.2.1条	符合承载能力要求和安装要求	经查验主控项目合格
2	涂刷隔离剂	第4.2.2条	无污染钢筋和混凝土接槎处现象	

	一般项目			规范规定	施工单位检查评定记录 1 2 3 4 5 6 7 8 9 10	监理（建设）单位验收记录
1	模板安装			第4.2.3条	符合规范要求	
2	用作模板的地坪、胎模质量			第4.2.4条	—	
3	≥4m的混凝土梁、板起拱			第4.2.5条	符合起拱要求	
4	预埋件和预留孔洞(mm)	预埋钢板中心线位置		3	—	经查验一般项目合格，计数检查合格率达80%以上
		预埋管预留孔中心线位置		3	—	
		插筋	中心线位置	5	—	
			外露长度	+10, 0	—	
		预埋螺栓	中心线位置	2	—	
			外露长度	+10, 0	—	
		预留洞	中心线位置	10	5 9 6	
			尺寸	+10, 0	+7 +4 +8	
5	模板安装允许偏差项目(mm)	轴线位置		5	5 2 3 3 4 2 5 3	
		底模上表面标高		±5	+4 -2 +4 -3 -4 +5 +1 -3	
		截面内部尺寸	基础	±10	—	
			柱、墙、梁	+4, -5	+4 -5 -3 -4 +1	
		层高垂直度	不大于5m	6	—	
			大于5m	8	—	
		相邻两板表面高低差		2	2 1 1 1 ③ 2 1 2	
		表面平整度		5	4 2 2 4 3 5 2 2	

施工单位检查评定结果	检验评定合格。 项目专业质量检查员：××× ××××年××月××日
监理（建设）单位验收结论	同意验收。 监理工程师： ××× （建设单位项目专业技术负责人） ××××年××月××日

注：1. 本表由施工项目专业质量检查员填写，监理工程师（建设单位项目技术负责人）组织项目专业质量（技术）负责人等进行验收。

2. 记录中定量项目填写数据，结果和结论栏由本人签字。

3. QBJ00X—2002为企业标准，下同。

模板（拆除）工程检验批质量验收记录

工程名称	××市公安局办公大楼			验收部位	三层1-11轴板、梁						
施工单位	××建筑工程公司			项目经理	×××						
施工执行标准名称及编号	模板工程工艺标准（QBJ00X—2002）			专业工长	×××						
分包单位	—			分包项目经理	—	施工班组长	×××				

	主控项目			规范规定	施工单位检查评定记录										监理（建设）单位验收记录
					1	2	3	4	5	6	7	8	9	10	
1	底模及支架拆除时的混凝土强度设计要求	构件类型	构件跨度（m）	达到设计强度的百分比率											经查验主控项目合格
		板√	≤2	≥50%	24.0MPa 见检测报告 ×										
			>2，≤8	≥75%√											
			>8	≥100%											
		梁√、拱、壳	≤8	≥75%	28.5MPa 见检测报告 ×										
			>8	≥100%											
		悬臂构件	—	≥100%	33.3MPa 见检测报告 ×										
2	后张法预应力混凝土构件侧模、底模拆除时间			第4.3.2条	—										
3	后浇带模板的拆除和支顶			第4.3.3条	—										

	一般项目	规范规定	施工单位检查评定记录										监理（建设）单位验收记录
			1	2	3	4	5	6	7	8	9	10	
1	侧模拆除的操作要求	第4.3.4条	经检查构件表面及棱角无损伤，符合规范要求。										经查验一般项目符合规范要求.
2	模板的拆除、堆放及清运	第4.3.5条	符合规范要求										

施工单位检查评定结果	检验评定合格。 项目专业质量检查员：××× ××××年××月××日
监理（建设）单位验收结论	同意验收。 监理工程师： （建设单位项目专业技术负责人）××× ××××年××月××日

注：1. 本表由施工项目专业质量检查员填写，监理工程师（建设单位项目技术负责人）组织项目专业质量（技术）负责人等进行验收。

2. 记录中定量项目填写数据，结果和结论栏由本人签字。

钢筋分项工程质量验收记录

工程名称	××市公安局办公大楼	结构类型	框架	检验批数	47
施工单位	××建筑工程公司	项目经理	×××	项目技术负责人	×××
分包单位	—	分包单位负责人	—	分包项目经理	—
序号	检验批部位、区段	施工单位检查评定结果		监理（建设）单位验收结论	
1	一层至十层钢筋原材料、加工（10个检验批）	合格		符合要求	
2	一至八层 1-11 轴柱钢筋连接、安装（8个检验批）	合格		符合要求	
3	一至八层 1-11 轴梁、板钢筋连接、安装（8个检验批）	合格		符合要求	
4	一至八层 11-22 轴柱钢筋连接、安装（8个检验批）	合格		符合要求	
5	一至八层 11-22 轴梁、板钢筋连接、安装（8个检验批）	合格		符合要求	
6	九层柱钢筋连接、安装	合格		符合要求	
7	九层梁、板钢筋连接、安装	合格		符合要求	
8	十层柱钢筋连接、安装	合格		符合要求	
9	十层梁、板钢筋连接、安装	合格		符合要求	
10	女儿墙（檐头板）钢筋连接、安装	合格		符合要求	
11					
12					
13					
14					
15					
16					
17					
18					
检查结论	合格。 项目专业技术负责人：××× ××××年××月××日		验收结论	同意验收。 监理工程师： （建设单位项目专业技术负责人） ××× ××××年××月××日	

注：1. 本表由施工项目专业质量检查员填写，监理工程师（建设单位项目技术负责人）组织项目专业质量（技术）负责人等进行验收。

2. 记录中结论栏由本人签字。

钢筋（原材料、加工）工程检验批质量验收记录

工程名称	××市公安局办公大楼		验收部位	三层
施工单位	××建筑工程公司		项目经理	×××
施工执行标准名称及编号	钢筋工程工艺标准（QBJ00X—2002）		专业工长	×××
分包单位	—	分包项目经理 —	施工班组长	×××

	主控项目	规范规定	施工单位检查评定记录 1　2　3　4　5　6　7　8　9　10	监理（建设）单位验收记录
1	钢筋力学性能检验	第5.2.1条	符合 GB13013—91、GB1499—1998 见检验报告×	经查验主控项目合格
2	抗震用钢筋强度实测值	第5.2.2条	—	
3	化学成分或其他专项检验	第5.2.3条	—	
4	受力钢筋的弯钩和弯折	第5.3.1条	符合规范规定的圆弧内径和平直长度要求	
5	非焊接封闭环式箍筋弯钩	第5.3.2条	弯折角度、平直长度均符合规范要求	

	一般项目		规范规定	施工单位检查评定记录 1　2　3　4　5　6　7　8　9　10	监理（建设）单位验收记录
1	钢筋外观质量		第5.2.4条	经检查表面基本平直、无伤、洁净，符合规范要求	经查验一般项目合格，计数检查合格率达80%以上
2	钢筋的机械调直与冷拉		第5.3.3条	冷拉率控制符合规范要求	
3	钢筋加工的形状、尺寸及偏差项目（mm）	受力钢筋顺长度方向全长的净尺寸	±10	+4 −7 +2 +3 +5 +2 −8 −7 +3	
		弯起钢筋的弯折位置	±20	—	
		箍筋内净尺寸	±5	+4 −2 +3 −5 +3 +3 −2 +1 −4	

施工单位检查评定结果	检验评定合格。 　　　　　　　　　　项目专业质量检查员：××× 　　　　　　　　　　　　　　　　××××年××月××日
监理（建设）单位验收结论	同意验收。 　　　　　　　　　　监理工程师： 　　　　　　　　　　（建设单位项目专业技术负责人）××× 　　　　　　　　　　　　　　　　××××年××月××日

注：1. 本表由施工项目专业质量检查员填写，监理工程师（建设单位项目技术负责人）组织项目专业质量（技术）负责人等进行验收。

2. 记录中定量项目填写数据，结果和结论栏由本人签字。

钢筋（连接、安装）工程检验批质量验收记录

工程名称	××住宅楼										验收部位	三层
施工单位	××建筑工程公司										项目经理	×××
施工执行标准名称及编号	钢筋工程工艺标准（QBJ00X—2002）										专业工长	×××
分包单位	—									分包项目经理	—	施工班组长	×××

主控项目			规范规定	施工单位检查评定记录										监理（建设）单位验收记录
				1	2	3	4	5	6	7	8	9	10	
1	纵向受力钢筋的连接方式		第5.4.1条	经查钢筋连接方式均符合规范要求										经检查主控项目均合格
2	机械连接、焊接接头试件的力学性能检验		第5.4.2条	合格见检验报告×										
3	受力钢筋的品种、级别、规格和数量		第5.5.1条	符合设计要求										

一般项目			规范规定	施工单位检查评定记录										监理（建设）单位验收记录
				1	2	3	4	5	6	7	8	9	10	
1	接头位置和数量		第5.4.3条	符合规范要求										
2	机械连接、焊接接头的外观质量		第5.4.4条	符合规范要求										
3	机械连接、焊接接头的面积百分率		第5.4.5条	符合规范要求										
4	绑扎搭接接头面积百分率和搭接长度		第5.4.6条	符合规范要求										
5	搭接长度范围内的箍筋		第5.4.7条	符合规范要求										
6	钢筋安装位置的偏差项目（mm）	绑扎钢筋网	长、宽	±10	+8	−6	+5								经检查一般项目符合规范要求，计数项目合格点率80%以上
			网眼尺寸	±20	−12	−6	−8								
		绑扎钢筋骨架	长	±10	+2	+8	+5	−3	−5						
			宽、高	±5	+4	+4	−3	−5	+2						
		受力钢筋	间距	±10	+7	+2	−5	+3	+5	−8	+5	−8			
			排距	±5	+5	+4	−2	+3	+4						
			保护层厚度	基础	±10										
				柱、梁	±5	+3	+5	−2	+1	−4					
				板、墙、壳	±3	−2	+3	+1							
		绑扎箍筋、横向钢筋间距（mm）		±20	+10	+14	+7	−10	+5						
		钢筋弯起点位置（mm）		20	—										
		预埋件	中心线位置（mm）	5	5	⑥	3								
			水平高差（mm）	+3，0	—										

施工单位检查评定结果	检验评定合格。 项目专业质量检查员：××× ××××年××月××日
监理（建设）单位验收结论	同意验收。 监理工程师： （建设单位项目专业技术负责人）××× ××××年××月××日

注：1. 本表由施工项目专业质量检查员填写，监理工程师（建设单位项目技术负责人）组织项目专业质量（技术）负责人等进行验收。

2. 记录中定量项目填写数据，结果和结论栏由本人签字。

混凝土分项工程质量验收记录

工程名称	××市公安局办公大楼	结构类型	框架	检验批数	55
施工单位	××建筑工程公司	项目经理	×××	项目技术负责人	×××
分包单位	—	分包单位负责人	—	分包项目经理	—

序号	检验批部位、区段	施工单位检查评定结果	监理（建设）单位验收结论
1	一至八层1-11轴柱混凝土施工（8个检验批）	合格	符合要求
2	一至八层1-11轴梁、板混凝土施工（8个检验批）	合格	符合要求
3	一至八层11-22轴柱混凝土施工（8个检验批）	合格	符合要求
4	一至八层11-22轴梁、板混凝土施工（8个检验批）	合格	符合要求
5	九层柱混凝土施工	合格	符合要求
6	九层梁、板混凝土施工	合格	符合要求
7	十层柱混凝土施工	合格	符合要求
8	十层梁、板混凝土施工	合格	符合要求
9	一至八层1-11轴外围护墙陶粒混凝土施工（8个检验批）	合格	符合要求
10	一至八层11-22轴外围护墙陶粒混凝土施工（8个检验批）	合格	符合要求
11	九层外围护墙陶粒混凝土施工		
12	十层外围护墙陶粒混凝土施工		
13	女儿墙（檐头板）混凝土施工		
14			
15			
16			
17			
18			

检查结论	混凝土强度符合要求。 合格。 项目专业技术负责人：××× ××××年××月××日	验收结论	同意验收。 监理工程师： （建设单位项目专业技术负责人）××× ××××年××月××日

注：1. 本表由施工项目专业质量检查员填写，监理工程师（建设单位项目技术负责人）组织项目专业质量（技术）负责人等进行验收。

2. 记录中结论栏由本人签字。

混凝土（施工）工程检验批质量验收记录

工程名称	××市公安局办公大楼			验收部位	三层1-11轴梁、板、楼梯
施工单位	××建筑工程公司			项目经理	×××
施工执行标准名称及编号	混凝土工程工艺标准（QBJ00X—2002）			专业工长	×××
分包单位	—			分包项目经理 —	施工班组长 ×××

	主控项目	规范规定	施工单位检查评定记录 1 2 3 4 5 6 7 8 9 10	监理（建设）单位验收记录
1	结构混凝土强度等级及试件的取样和留置	第7.4.1条	标养2组，同条件2组，编号×	经检查主控项目均合格
2	混凝土结构的抗渗及试件的取样和留置	第7.4.2条	—	
3	混凝土原材料每盘称量的偏差项目：水泥、掺合料	±2%	—	
	粗、细骨料	±3%	—	
	水、外加剂	±2%	—	
4	初凝时间控制、施工缝的处理	第7.4.4条	经检查混凝土施工均在初凝前完成。符合规范要求。	

	一般项目	规范规定	施工单位检查评定记录 1 2 3 4 5 6 7 8 9 10	监理（建设）单位验收记录
1	施工缝的位置与处理	第7.4.5条	均符合规范要求	经检查一般项目均符合要求
2	后浇带的留置位置和浇筑	第7.4.6条	均符合规范要求	
3	混凝土的养护措施	第7.4.7条	均符合规范要求	

施工单位检查评定结果	检验评定合格。 项目专业质量检查员：××× ××××年××月××日
监理（建设）单位验收结论	同意验收。 监理工程师： （建设单位项目专业技术负责人） ××× ××××年××月××日

注：1. 本表由施工项目专业质量检查员填写，监理工程师（建设单位项目技术负责人）组织项目专业质量（技术）负责人等进行验收。

2. 记录中定量项目填写数据，结果和结论栏由本人签字。

现浇结构尺寸偏差与外观分项工程质量验收记录

工程名称	××市公安局办公大楼	结构类型	砖混	检验批数	55
施工单位	××建筑工程公司	项目经理	×××	项目技术负责人	×××
分包单位	—	分包单位负责人	—	分包项目经理	—

序号	检验批部位、区段	施工单位检查评定结果	监理（建设）单位验收结论
1	一至八层 1-11 轴柱混凝土施工（8个检验批）	合格	符合要求
2	一至八层 1-11 轴梁、板混凝土施工（8个检验批）	合格	符合要求
3	一至八层 11-22 轴柱混凝土施工（8个检验批）	合格	符合要求
4	一至八层 11-22 轴梁、板混凝土施工（8个检验批）	合格	符合要求
5	九层柱混凝土施工	合格	符合要求
6	九层梁、板混凝土施工	合格	符合要求
7	十层柱混凝土施工	合格	符合要求
8	十层梁、板混凝土施工	合格	符合要求
9	一至八层 1-11 轴外围护墙陶粒混凝土施工（8个检验批）	合格	符合要求
10	一至八层 11-22 轴外围护墙陶粒混凝土施工（8个检验批）	合格	符合要求
11	九层外围护墙陶粒混凝土施工	合格	符合要求
12	十层外围护墙陶粒混凝土施工	合格	符合要求
13	女儿墙（檐头板）混凝土施工	合格	符合要求
14			
15			
16			
17			
18			
检查结论	合格。 项目专业技术负责人：××× ×××年××月××日	验收结论	同意验收。 监理工程师： （建设单位项目专业技术负责人） ××× ×××年××月××日

注：1. 本表由施工项目专业质量检查员填写，监理工程师（建设单位项目技术负责人）组织项目专业质量（技术）负责人等进行验收。

2. 记录中结论栏由本人签字。

现浇结构（外观及尺寸偏差）工程检验批质量验收记录

工程名称	××市公安局办公大楼			验收部位	三层1-11轴梁、板							
施工单位	××建筑工程公司			项目经理	×××							
施工执行标准名称及编号	混凝土工程工艺标准（QBJ00X—2002）			专业工长	×××							
分包单位	—			分包项目经理	—			施工班组长	×××			

	主控项目		规范规定	施工单位检查评定记录 1 2 3 4 5 6 7 8 9 10	监理（建设）单位验收记录
1	现浇结构外观质量或严重缺陷处理		第8.2.1条	经检查均未发现严重缺陷	经查验主控项目合格
2	影响结构性能、使用功能和设备安装的尺寸偏差		第8.3.1条	经检查尺寸偏差均符合规范要求	

	一般项目		规范规定	施工单位检查评定记录 1 2 3 4 5 6 7 8 9 10	监理（建设）单位验收记录
1	现浇结构外观质量或一般缺陷处理		第8.2.2条	经检查无一般缺陷现象	
2 现浇结构尺寸允许偏差项目(mm)	轴线位置	基础	15	—	经查验一般项目合格，计数检查合格率达80%以上
		独立基础	10	—	
		墙、柱、梁	8	7 5 6 2 5	
		剪力墙	5		
	垂直度	层高 ≤5m	8		
		层高 >5m	10		
		全高（H）	H/1000 且≤30		
	标高	层高	±10		
		全高	±30		
	截面尺寸		+8，-5	-3 -1 +5 +6 +7 +4 -4 -1	
	电梯井	井筒长、宽对定位中心线	±25，0	—	
		井筒全高（H）垂直度	H/1000 且≤30		
	表面平整度		8	5 6 8 5 3 4 5 6	
	预埋设施中心线位置	预埋件	10	5 2 3	
		预埋螺栓	5		
		预埋管	5		
	预留洞中心线位置		15	7 14 12	

施工单位检查评定结果	检验评定合格。 项目专业质量检查员：××× ××××年××月××日
监理（建设）单位验收结论	同意验收。 监理工程师： （建设单位项目专业技术负责人）××× ××××年××月××日

注：1. 本表由施工项目专业质量检查员填写，监理工程师（建设单位项目技术负责人）组织项目专业质量（技术）负责人等进行验收。

2. 记录中定量项目填写数据，结果和结论栏由本人签字。

配筋砌体分项工程质量验收记录

工程名称	××市公安局办公大楼		结构类型	框架	检验批数	18
施工单位	××建筑工程公司		项目经理	×××	项目技术负责人	×××
分包单位	—		分包单位负责人	—	分包项目经理	—

序号	检验批部位、区段	施工单位检查评定结果	监理(建设)单位验收结论
1	一至八层1-11轴砌体(8个检验批)	合格	符合要求
2	一至八层11-22轴砌体(8个检验批)	合格	符合要求
3	九层砌体	合格	符合要求
4	十层砌体	合格	符合要求
5			
6			
7			
8			
9			
10			
11			
12			
13			
14			
15			
16			
17			
18			
检查结论	合格。 项目专业技术负责人:××× ×××年××月××日	验收结论	同意验收。 监理工程师: ××× (建设单位项目专业技术负责人) ×××年××月××日

注:1. 本表由施工项目专业质量检查员填写,监理工程师(建设单位项目技术负责人)组织项目专业质量(技术)负责人等进行验收。

2. 记录中结论栏由本人签字。

配筋砌体工程检验批质量验收记录

工程名称	××市公安局办公大楼										验收部位	三层1-11轴
施工单位	××建筑工程公司										项目经理	×××
施工执行标准名称及编号	砌体工程工艺标准（QBJ00X—2002）										专业工长	×××
分包单位	—									分包项目经理	—	施工班组长	×××

	主控项目	规范规定	施工单位检查评定记录										监理（建设）单位验收记录
			1	2	3	4	5	6	7	8	9	10	
1	钢筋品种规格数量	设计要求 HPB235	合格见检验报告×××										经查验主控项目合格
2	混凝土或砂浆强度等级	设计要求 MU10	合格见试件报告编号×××										
3	马牙槎、拉结筋	第8.2.3条	均符合规范要求										
4	芯柱	贯通截面不削弱	—										
5	柱中心线位置（mm）	10	8	5	6	4	5						
6	柱层间错位（mm）	8	2	8	3	5	6						
7 柱垂直度	每层（mm）	10	8	6	2	8	3						
	全高≤10m（mm）	15	—										
	全高>10m（mm）	20											

	一般项目	规范规定	施工单位检查评定记录										监理（建设）单位验收记录
			1	2	3	4	5	6	7	8	9	10	
1	水平灰缝内钢筋	第8.3.1条	留置位置、砂浆厚度及保护层均符合规范要求										经查验一般项目均符合要求
2	钢筋防腐保护	第8.3.2条	—										
3	网状配筋及位置	第8.3.3条	—										
4	组合砌体拉结筋	第8.3.4条	—										
5	砌块砌体钢筋搭接	第8.3.5条	—										

施工单位检查评定结果	检验评定合格。 项目专业质量检查员：××× ××××年××月××日
监理（建设）单位验收结论	除砂浆强度外，主控项目和一般项目经抽查合格。同意验收。 监理工程师：××× （建设单位项目专业技术负责人） ××××年××月××日

注：1. 本表由施工项目专业质量检查员填写，监理工程师（建设单位项目技术负责人）组织项目专业质量（技术）负责人等进行验收。

2. 记录中定量项目填写数据，结果和结论栏由本人签字。

填充墙分项工程质量验收记录

工程名称	××市公安局办公大楼	结构类型	框架	检验批数	18
施工单位	××建筑工程公司	项目经理	×××	项目技术负责人	×××
分包单位	—	分包单位负责人	—	分包项目经理	—

序号	检验批部位、区段	施工单位检查评定结果	监理（建设）单位验收结论
1	一至八层 1–11 轴砌体（8个检验批）	合格	符合要求
2	一至八层 11–22 轴砌体（8个检验批）	合格	符合要求
3	九层砌体	合格	符合要求
4	十层砌体	合格	符合要求
5			
6			
7			
8			
9			
10			
11			
12			
13			
14			
15			
16			
17			
18			

检查结论	合格。 项目专业技术负责人：××× ××××年××月××日	验收结论	同意验收。 监理工程师： （建设单位项目专业技术负责人） ××× ××××年××月××日

注：1. 本表由施工项目专业质量检查员填写，监理工程师（建设单位项目技术负责人）组织项目专业质量（技术）负责人等进行验收。

2. 记录中结论栏由本人签字。

填充墙砌体工程检验批质量验收记录

工程名称	××市公安局办公大楼											验收部位	三层1-11轴
施工单位	××建筑工程公司											项目经理	×××
施工执行标准名称及编号	砌体工程工艺标准（QBJ00X—2002）											专业工长	×××
分包单位	—											分包项目经理 — 施工班组长	×××

	主控项目		规范规定	施工单位检查评定记录										监理（建设）单位验收记录
				1	2	3	4	5	6	7	8	9	10	
1	块材强度等级		设计要求 MU10	12.1MPa 见砖检验报告×										经查验主控项目合格
2	砂浆强度等级		设计要求 M10	合格见试验编号×										

	一般项目		规范规定	施工单位检查评定记录										监理（建设）单位验收记录
				1	2	3	4	5	6	7	8	9	10	
1	一般尺寸(mm)	轴线位移	10	7	5	5	8							经查验一般项目均符合要求，计数项目合格点率80%以上
		垂直度 ≤3m	5	3	3	5	⑥							
		垂直度 >3m	10	—										
		表面平整度	8	4	6	4	5	2						
		门窗洞口高、宽（后塞口）	±5	+3	+1	−4	−3	+2						
		上下窗口偏移	20	—										
2	无混砌现象		第9.3.2条	—										
3	砂浆饱满度		≥80%	87	90	91	85	82	93	91	86	89	84	
4	拉结钢筋或网片位置		第9.3.4条	符合设计要求										
5	错缝搭砌		第9.3.5条	符合规范要求										
6	灰缝厚度、宽度		第9.3.6条	符合规范要求										
7	梁底砌法		第9.3.7条	符合规范要求										

施工单位检查评定结果	检验评定合格。 项目专业质量检查员：××× ××××年××月××日
监理（建设）单位验收结论	同意验收。 监理工程师： （建设单位项目专业技术负责人） ××× ××××年××月××日

注：1. 本表由施工项目专业质量检查员填写，监理工程师（建设单位项目技术负责人）组织项目专业质量（技术）负责人等进行验收。

2. 记录中定量项目填写数据，结果和结论栏由本人签字。

项目4 建筑与结构—建筑屋面分部工程资料

[训练目的与要求] 能完成撰写、收集、整理该施工图的建筑与结构—建筑屋面分部工程质量控制管理资料工作。按施工图（选用施工图例），确定资料的类型、数量、填写方法，要求用正式表格或采用资料管理软件上机操作完成。列表完成建筑屋面分部工程的子分部、分项检验批的划分与数量。填写汇总建筑屋面分部工程实际发生的质量控制资料。

训练1 建筑屋面分部工程的子分部、分项检验批的划分与数量

按照《建筑工程施工质量验收统一标准》（GB50300—2001），屋面分部工程中的分项工程按不同楼层屋面可划分为不同的检验批。本项目建筑屋面工程可划分一个卷材防水屋面子分部，找平层、保温层、卷材防水层、细部构造四个分项。将五层、八层各划分2个施工段，九层屋面为一段，分项工程检验批划分如下（见表4-1）：

分部工程的子分部、分项检验批的划分与数量　　表4-1

分部工程	子分部工程	分项工程	检验批数量	备 注
建筑屋面	卷材防水屋面	找平层	5×2=10	
		保温层	5×2=10	
		卷材防水层	5	
		细部构造	5	

（1）找平层：五层屋面2个检验批、八层屋面2个检验批、九层屋面一个检验批。每层检验批又分结构层上找平层和找坡层上找平层，共计十个检验批。

（2）保温层：按屋面不同层高划分5个，每层检验批又分苯板和炉渣保温层两种。

（3）按屋面不同层高划分为5个检验批（该工程采用的是卷材防水层）。

（4）细部构造：按屋面不同层高可划分5个检验批。

实训练习：参照上述内容，根据某一施工图例对其建筑屋面分部工程的子分部、分项检验批的划分并确定其数量。

训练2　工程质量控制资料——建筑与结构—建筑屋面工程

2.1　填表说明

在该表中只列举了建筑与结构—建筑屋面工程中发生的资料项目，第二、七、八、十、十一项没有发生故没有列出。另质量控制资料与项目二类似的表格在此没有列出。

实训练习：参照训练1，根据某一施工图例对其屋面工程的工程质量控制资料进行编制、组卷。

2.2　工程质量控制资料——建筑与结构—建筑屋面工程组卷实例

建筑与结构—建筑屋面工程

工程名称：××市公安局办公大楼

施工单位：××建筑工程公司

建筑与结构—建筑屋面工程文件目录

序 号	施工文件	份 数	备 注
一	**图纸会审、设计变更、洽商记录**		
1	洽商记录	1	
二	**工程定位测量、放线记录**	/	
三	**原材料出厂合格证及进场检（试）验报告**		
1	材料、配件、设备进场检验记录	4	
2	水泥合格证、试验报告	1	
3	粗（细）骨料试验报告	1	
4	防水材料合格证、试验报告	1	
5	外加剂（掺加剂）合格证、试验报告	1	
6	其他材料合格证、试验报告	3	
四	**施工试验报告及见证检测报告**		
1	见证取样和送检备案书	4	
2	砂浆试块强度统计评定及砂浆强度试块报告	1	
五	**隐蔽工程验收记录**		
1	屋面保温层	2	
2	屋面找平层	2	
3	卷材防水屋面	1	
六	**施工记录**		
1	砂浆配合比	2	
七	**预制构件、预拌混凝土合格证**	/	
八	**地基基础、主体结构检验及抽样检测资料**	/	
九	**分项、分部工程质量验收记录**		
1	建筑屋面分部工程	1	
(1)	保温层	10	
(2)	找平层	10	
(3)	卷材防水	5	
(4)	细部构造	5	
十	**工程质量事故及事故调查处理资料**	/	
十一	**新材料、新工艺施工记录**	/	

建筑与结构—建筑屋面工程

图纸会审、
设计变更、洽商记录

工程名称：××市公安局办公大楼

施工单位：××建筑工程公司

洽 商 记 录

工程名称	××市公安局办公大楼	提出单位名称	××建筑工程公司
专业名称	建筑与结构—建筑屋面工程	洽商时间	××××年××月××日

参加人员会签栏	建设单位	××× ×××
	设计单位	××× ×××
	施工单位	××× ×××
	监理单位	××× ×××

洽商内容：

1. 在建施-2屋面工程中，保护层（由卷材生产厂配套提供或提出材料要求）均改为3mm（SBS）弹性体改性沥青防水卷材。

2. 在建施-2屋面工程中，防水层：1.5mmSTF150双面高分子复合防水卷材（300g/m²）均改为3mm（SBS）弹性体改性沥青防水卷材。

建筑单位盖章：	设计单位盖章：	监理单位盖章：	施工单位盖章：
××××年××月××日	××××年××月××日	××××年××月××日	××××年××月××日

建筑与结构—建筑屋面工程

原材料出厂合格证书
及进场检（试）验报告

工程名称：××市公安局办公大楼

施工单位：××建筑工程公司

防水材料合格证、检（试）验报告汇总表

工程名称	××市公安局办公大楼						
序号	名　称	规格品种	数　量	进场时间	出厂合格证编号检验报告	试验报告编号	见证取样
1	弹性体改性沥青防水卷材带岩层	A∶B=1∶2	1.0t	200×-××-××	×× ××	200×F001	√
2	弹性体改性沥青防水卷材	SBS IPY S3	960m²	200×-××-××	×× ××	200×F002	√
	填表人		×××				共1页第1页

检 验 报 告

（200×）×建质（委）字第 F002 号

产 品 名 称：<u>弹性体改性沥青防水卷材</u>

委 托 单 位：<u>××建筑工程公司</u>

检 验 类 别：<u>委 托 检 验</u>

××省（区）建筑材料、建筑构件产品质量监督站

二〇〇×年××月××日

注 意 事 项

1. 报告无"检验报告专用章"无效。

2. 复制报告未重新加盖"检验报告专用章"无效。

3. 报告无主检、审核、批准人签名无效。

4. 报告涂改无效。

5. 对检验鉴定报告若有异议,应于收到报告之日起十五日内向检验单位提出,逾期不予受理。

6. 委托检验对来样负责,抽样检验对抽样批量负责。

打字:×××	校对:×××
地址:×××市×××路4号	电话:(×××)4313487
邮政编码:830054	传真:×××—4326064

防水材料检验报告

×建质（委）字第 F002 号　　　　　　　　　　　　　　　　　　　　　　　　　共 1 页第 1 页

产品名称	弹性体改性沥青防水卷材	报告编号	2003F002
工程名称	××市公安局办公大楼	试验编号	×××
工程部位	屋面	委托日期	2003.5.31
委托单位	××建筑工程公司	送样人	×××
见证单位	××监理公司	见证人	×××
生产单位	××厂	样品等级	Ⅰ型
委托项目	可溶物含量、拉力、最大拉力时延伸率、耐热度、不透水性、低温柔性		
样品数量	1m²	规格、型号	SBS IPY S3
检验依据	弹性体改性沥青防水卷材（GB18242—2000）	商标	××
样品状态	未发现影响测试的缺陷	代表批量	2500m²

序号	检验项目	计量单位	质量指标（Ⅰ型）	检验结果	单项判定
1	可溶物含量	g/m²	≥2100	2480	达标
2	拉力	N/50mm	纵向：≥450	774	达标
			横向：≥450	668	
3	最大拉力时延伸率	%	纵向：≥30	33	达标
			横向：≥30	50	
4	耐热度（90℃）	—	无滑动、流淌、滴落	无滑动、流淌、滴落	达标
5	不透水性（0.3MPa,30min）	—	无渗漏	未出现渗漏	达标
6	低温柔度（-18℃）	—	无裂纹	未出现裂纹	达标

检验结论	该样品经委托检验，所检项目符合《弹性体改性沥青防水卷材》（GB18242—2000）标准规定的合格品质量要求。 　　　　　　　　　　　××省（区）××市建材、构件产品质检站 　　　　　　　　　　　　　　　（检验专用章） 　　　　　　　　　　　签发日期：200×年××月××日
备注	

批准	×××	审核	×××	主检	×××

防水卷材外观检查记录

工程名称			××市公安局办公大楼		
卷材名称及规格		SBS弹性体改性沥青防水卷材		卷材种类	高聚物改性沥青防水卷材
进场数量		2500m²		进场时间	××××年××月××日
抽检数量		4卷		抽检时间	××××年××月××日
卷材种类	序号	检查项目	外观质量要求	检查结论	备注
沥青防水卷材	1	孔洞、硌伤	不允许		
	2	露胎、涂改不均	不允许		
	3	折纹、折皱	距卷芯1000mm以外，长度不应大于100mm		
	4	裂纹	距卷芯1000mm以外，长度不应大于100mm		
	5	裂口、缺边	边缘裂口小于20mm，缺边长度小于50mm，深度小于20mm		
	6	每卷卷材接头	不超过一处，较短的一段不应小于2500mm，接头处应加长150mm		
高聚物改性沥青防水卷材	1	孔洞、裂口、缺边	不允许	符合要求	
	2	边缘不整齐	不允许超过10mm	符合要求	
	3	胎体露白未浸透	不允许	符合要求	
	4	撒布材料力度、颜色	均匀	符合要求	
	5	每卷卷材的接头	不超过一处，较短的一段不应小于1000mm，接头处应加长150mm	符合要求	
合成高分子防水卷材	1	折痕	每卷不超过两处，总长度不超过20mm		
	2	杂质	大于0.5mm²颗粒不允许，每1m²不超过9mm²		
	3	胶块	每卷不超过6处，每处面积不大于4mm²		
	4	凹痕	每卷不超过6处，深度不超过本身厚度的30%，树脂类深度不超过15%		
	5	每卷卷材接头	橡胶类每20m不超过一处，较短的一段不应小于3000mm，接头处应加长150mm；树脂类20m长度内不允许有接头		
签字		施工单位	××建筑工程公司		
		技术负责人	材料负责人		检查人
		×××	×××		×××
填表人		×××			共1页第1页

见 证 记 录

编号：__2003F002__

工程名称：__××市公安局办公大楼__

取样部位：__屋面__

样品名称：__弹性体改性沥青防水卷材__　取样基数：__2500m²__　取样数量：__2×1m²__

取样地点：__现场抽样__　　　　　　　　　取样日期：__200×.××.××__

见证记录：1. 厂家：××厂

     2. 品种规格数量：弹性体改性沥青防水卷材，2500m²

     3. 外观检验合格

     4. 试样现场随机取样，方法正确

     5. 取样封存、标识、送检

×建 A—001
见证取样和送检章

见证取样和送检印章：_____

取 样 人 签 字：__×××_____

见 证 人 签 字：__×××_____

记录日期：200×年××月××日

其他材料合格证、检（试）验报告汇总表

工程名称		××市公安局办公大楼工程					
序号	名称	规格品种	数量	进场时间	出厂合格证检验报告编号	检验报告编号	见证取样
1	聚苯板	100mm	2500m²	200×年××月××日	×× ××	200×F001	√
2	炉渣保温材料	—	1000m³	200×年××月××日	×× ××	200×F001	√
3	水泥	32.5	3.77t	200×年××月××日	×× ××	200×F001	√
4	专用胶粉	—	450kg	200×年××月××日	××	200×F001	√
5	雨水管	PVC-DN120	420m	200×年××月××日	××	200×F001	√
填表人		×××					

建筑与结构—建筑屋面工程

隐 蔽 工 程 验 收 记 录

工程名称：××市公安局办公大楼

施工单位：××建筑工程公司

隐蔽工程验收记录

工程名称	××市公安局办公大楼		建设单位	××市公安局
施工单位	××建筑工程公司		监理单位	××监理公司
验收部位	屋面保温层	验收日期 ××××年××月××日	图号	建施-2

隐蔽检查内容	1. 底层隔气层：1.5mmSTF150双面高分子复合防水卷材（300g/m²）。 2. 保温层为100mm厚聚苯板保温材料。 3. 保温板错缝铺设，垫稳铺平，接缝处用碎聚苯板填嵌密实。 4. 保温板上层用1:6炉渣找坡，1%~3%。 5. 屋面出气孔、排水管根部四周细部做法。
施工单位检查结果	符合设计要求。 项目专业质量检查员：××× ××××年××月××日
	项目专业技术负责人　×××　　专业工长（施工员）　×××
监理（建设）单位结论	同意进行下道工序施工。 监理工程师：××× （建设单位项目专业负责人） ××××年××月××日

隐蔽工程验收记录

工 程 名 称	××市公安局办公大楼	建 设 单 位	××市公安局
施 工 单 位	××建筑工程公司	监 理 单 位	××监理公司
验 收 部 位	屋面找平层	验 收 日 期 ××××年××月××日	图 号 建施-2

隐蔽检查内容	1. 屋面基层找平层在现浇钢筋混凝土屋面板表面清扫干净后按设计要求，用1:3水泥砂浆作20mm厚找平层。阴角处抹成圆弧形。基层表面平整，无蜂窝、无起砂。 2. 找坡，最薄处30mm，坡度2%，坡向落水口。每隔6m沿纵横向设置分格缝，与突出屋面墙体交接处与转角处，以及设备管道、通风口处。
施工单位检查结果	符合设计要求。 项目专业质量检查员：××× ××××年××月××日
	项目专业技术负责人 ××× 专业工长（施工员） ×××
监理（建设）单位结论	同意进行下道工序施工。 监理工程师： （建设单位项目专业负责人）××× ××××年××月××日

隐蔽工程验收记录

工程名称	××市公安局办公大楼		建设单位	××市公安局	
施工单位	××建筑工程公司		监理单位	××监理公司	
验收部位	屋面卷材防水层	验收日期	××××年××月××日	图号	建施-2
隐蔽检查内容	1. 防水层SBS改性沥青防水卷材二道，与女儿墙连接处及转角处、伸出屋面管道、通风口等细部先做附加层，附加层宽度为500mm，上翻高度为250mm。 2. 屋面防水层顺长度方向铺贴，铺贴采用热熔法，满贴满粘施工。 3. 卷材横向搭接宽度为150mm，纵向搭接宽度为100mm。 4. 接头处用密封膏嵌缝密封。 5. 防水卷材在立面收头。将卷材压入檐口槽内，压紧压实，防水材料按规定进行了见证取样检测。见检测报告××。				
施工单位检查结果	符合设计要求。 项目专业质量检查员：××× ××××年××月××日				
	项目专业技术负责人	×××	专业工长（施工员）	×××	
监理（建设）单位结论	同意进行下道工序施工。 监理工程师： （建设单位项目专业负责人） ××× ××××年××月××日				

建筑与结构—建筑屋面工程

施 工 记 录

工程名称：××市公安局办公大楼

施工单位：××建筑工程公司

砂浆配合比设计书

工程名称	××市公安局办公大楼	报告编号	2003P003
工程部位	屋面	报告日期	×××
委托单位	××建筑工程公司	委托日期	×××
砂浆品种	水泥砂浆		
水泥报告编号	2003S001	水泥生产厂	××水泥厂
砂子试验编号	2003SH002	掺合料报告编号	2003W002
设计强度等级		配合比例（体积）	—
稠度（mm）	60~80	分层度（mm）	—

原材料名称、规格		重量配合比	每立方米砂浆材料用量（kg）
水泥	普硅32.5	1	296
砂	中砂	3	1326
	—	—	—
外加剂			
	—	—	—
掺合料	粉煤灰（Ⅱ级）	20	53
	—	—	—
	—	—	—

砂浆试配强度	$f_{mm,0} = 11.6 \text{MPa}$
	××建筑工程公司实验室（检验专用章）

备注	1. 本配合比采用施工单位常用材料确定 2. 砂以干料计

批准	×××	审核	×××	主检	×××

建筑与结构—建筑屋面工程

分项、分部
工程质量验收记录

工程名称：××市公安局办公大楼

施工单位：××建筑工程公司

建筑屋面分部（子分部）工程质量验收记录

工程名称	××市公安局办公大楼	结构类型	框架	层数	九层
施工单位	××建筑工程公司	技术部门负责人	×××	质量部门负责人	×××
分包单位	—	分包单位负责人	—	分包技术负责人	—

序号	分项工程名称	检验批数	施工单位检查评定	验收意见
1	保温层	10	合格	
2	找平层	10	合格	
3	卷材防水	5	合格	
4	细部构造	5	合格	
5				该分部工程所含各分项工程质量验收记录完整，符合设计和规范要求，同意验收
6				
7				
8				
9				
10				
11				
12				
13				
14				
15				
16				
17				
质量控制资料			资料完整	同意验收
安全和功能检验（检测）报告			资料完整	同意验收
观感质量验收			综合评价好	

验收单位	分包单位	—	项目经理	—	年 月 日
	施工单位	××建筑工程公司	项目经理	×××	××××年××月××日
	勘察单位	—	项目负责人	—	年 月 日
	设计单位	—	项目负责人	—	年 月 日
	监理（建设）单位 ××监理公司		总监理工程师： （建设单位项目专业负责人）	×××	××××年××月××日

注：本表由总监理工程师（建设单位项目负责人）组织施工单位项目负责人和技术、质量负责人等进行验收；地基与基础、主体结构分部工程的勘察、设计单位工程项目负责人和施工单位技术、质量部门负责人也应参加相关分部工程验收。检查评定由施工单位填写，验收意见由监理单位填写，观感质量验收由验收各方共同商定，监理单位填写。"符合规范要求"的发生项目用文字标注。

屋面保温层分项工程质量验收记录

工程名称	××市公安局办公大楼	结构类型	框架	检验批数	10
施工单位	××建筑工程公司	项目经理	×××	项目技术负责人	×××
分包单位	—	分包单位负责人	—	分包项目经理	—
序号	检验批部位、区段	施工单位检查评定结果		监理(建设)单位验收结论	
1	五层屋面保温层1~3轴(聚苯板)	合格		符合要求	
2	五层屋面保温层20~22轴(聚苯板)	合格		符合要求	
3	八层屋面保温层2~9轴(聚苯板)	合格		符合要求	
4	八层屋面保温层14~21轴(聚苯板)	合格		符合要求	
5	九层屋面保温层9~14轴(聚苯板)	合格		符合要求	
6	五层屋面保温层1~3轴(炉渣)	合格		符合要求	
7	五层屋面保温层20~22轴(炉渣)	合格		符合要求	
8	八层屋面保温层2~9轴(炉渣)	合格		符合要求	
9	八层屋面保温层14~21轴(炉渣)	合格		符合要求	
10	九层屋面保温层9~14轴(炉渣)	合格		符合要求	
11					
12					
13					
14					
15					
16					
17					
18					
检查结论	经检查,屋面保温层分项工程的检验批质量验收记录完整,质量符合设计和规范要求,评定合格。 项目专业技术负责人:××× ×××年××月××日	验收结论		经检查,屋面保温层分项工程资料完整,符合设计和规范要求,评定合格。同意验收。 监理工程师: (建设单位项目专业负责人) ××× ×××年××月××日	

注:1. 本表由施工项目专业质量检查员填写,监理工程师(建设单位项目技术负责人)组织项目专业质量(技术)负责人等进行验收。

2. 记录中"符合规范要求"的发生项目用文字标注,结论栏由本人签字。

卷材、涂膜 防水屋面保温层工程检验批质量验收记录

工程名称	××市公安局办公大楼										验收部位	五层屋面1~3轴
施工单位	××建筑工程公司										项目经理	×××
施工执行标准名称及编号	屋面及防水工程工艺标准（QBJ00X—2002）										专业工长	×××
分包单位	—										分包项目经理	—	施工班组长	×××

	主控项目	规范规定	施工单位检查评定记录										监理（建设）单位验收记录
			1	2	3	4	5	6	7	8	9	10	
1	堆积密度或表观密度，导热系数以及板材的强度、吸水率	第4.2.8条	经查保温材料出厂合格证、质检报告、复验报告（编号××、××、××）各项指标均符合设计要求。										经查保温材料出厂合格证、质量检验报告和抽样复验报告均符合设计和规范要求。
2	保温层的含水率	第4.2.9条	—										

	一般项目		规范规定	施工单位检查评定记录										监理（建设）单位验收记录
				1	2	3	4	5	6	7	8	9	10	
1	保温层的铺设		第4.2.10条	经检查聚苯板铺装紧贴基层，平整稳定，拼缝严密，找坡正确。										铺设方法正确，检查数量符合规范要求，合格点率100%。
2	保温层厚度	松散保温材料和整体现浇保温层	+10%，-5%	—										
		板状保温材料	±5%且≤4mm	+3	-2	-3								
3	倒置式屋面保护层采用卵石铺压时的要求		第4.2.12条											

施工单位检查评定结果	主控项目合格。 一般项目满足规范要求。 项目专业质量检查员：××× ××××年××月××日
监理（建设）单位验收结论	同意验收。 监理工程师： （建设单位项目专业负责人） ××× ××××年××月××日

注：1. 本表由施工项目专业质量检查员填写，监理工程师（建设单位项目技术负责人）组织项目专业质量（技术）负责人等进行验收。

2. 记录中定量项目填写数据，定性项目"符合规范要求"发生项目用文字标注，结果和结论栏由本人签字。

3. QBJ00X—2002为企业标准，下同。

屋面找平层分项工程质量验收记录

工程名称	××市公安局办公大楼	结构类型	框架	检验批数	10
施工单位	××建筑工程公司	项目经理	×××	项目技术负责人	×××
分包单位	—	分包单位负责人	—	分包项目经理	—

序号	检验批部位、区段	施工单位检查评定结果	监理（建设）单位验收结论
1	五层屋面找平层1~3轴（结构）	合格	符合要求
2	五层屋面找平层20~22轴（结构）	合格	符合要求
3	八层屋面找平层2~9轴（结构）	合格	符合要求
4	八层屋面找平层14~21轴（结构）	合格	符合要求
5	九层屋面找平层9~14轴（结构）	合格	符合要求
6	五层屋面找平层1~3轴（保温）	合格	符合要求
7	五层屋面找平层20~22轴（保温）	合格	符合要求
8	八层屋面找平层2~9轴（保温）	合格	符合要求
9	八层屋面找平层14~21轴（保温）	合格	符合要求
10	九层屋面找平层9~14轴（保温）	合格	符合要求
11			
12			
13			
14			
15			
16			
17			
18			

检查结论	经检查，屋面找平层分项工程的检验批质量验收记录完整，质量符合设计和规范要求，评定合格。 项目专业技术负责人：××× 　　　　　　×××年××月××日	验收结论	经检查，屋面找平层分项工程资料完整，符合设计和规范要求，评定合格。同意后续工程施工。 监理工程师： （建设单位项目专业负责人）××× 　　　　　　×××年××月××日

注：1. 本表由施工项目专业质量检查员填写，监理工程师（建设单位项目技术负责人）组织项目专业质量（技术）负责人等进行验收。

2. 记录中"符合规范要求"发生项目用文字标注，结论栏由本人签字。

卷材、涂膜 防水屋面找平层工程检验批质量验收记录

工程名称	××市公安局办公大楼											验收部位	五层屋面1~3轴（结构）
施工单位	××建筑工程公司											项目经理	×××
施工执行标准名称及编号	屋面及防水工程工艺标准（QBJ00X—2002）											专业工长	×××
分包单位	—										分包项目经理	— 施工班组长	×××

	主控项目	规范规定	施工单位检查评定记录										监理（建设）单位验收记录
			1	2	3	4	5	6	7	8	9	10	
1	材料质量及配合比	第4.1.7条	经查水泥出厂合格证（编号××）水泥、砂质检报告（编号××、××）均符合设计要求。										经查验水泥、砂出厂合格证、质检报告均符合设计要求。
2	排水坡度	第4.1.8条	用水平尺拉线检查排水坡度符合设计要求。										

	一般项目	规范规定	施工单位检查评定记录										监理（建设）单位验收记录
			1	2	3	4	5	6	7	8	9	10	
1	基层与突出屋面结构的交接处和基层转角处细部处理	第4.1.9条	基层与突出屋面结构的交接处和基层转角处均做成圆弧状，且整齐平顺										施工方法正确、按规范抽检查点数3点均符合规范要求。合格率100%。
2	水泥砂浆、细石混凝土找平层表面质量	第4.1.10条	经检查找平层平整压光、无酥松、起砂、起皮现象。										
3	分格缝的位置和间距	第4.1.11条	符合设计要求										
4	表面平整度（mm）	5	4	3	2									

施工单位检查评定结果	主控项目合格。 一般项目满足规范要求。 项目专业质量检查员：××× ××××年××月××日
监理（建设）单位验收结论	同意验收。 监理工程师： （建设单位项目专业负责人）××× ××××年××月××日

注：1. 本表由施工项目专业质量检查员填写，监理工程师（建设单位项目技术负责人）组织项目专业质量（技术）负责人等进行验收。

2. 记录中定量项目填写数据，定性项目"符合规范要求"用文字标注，结果和结论栏由本人签字。

卷材防水层分项工程质量验收记录

工程名称	××市公安局办公大楼	结构类型	框架	检验批数	5
施工单位	××建筑工程公司	项目经理	×××	项目技术负责人	×××
分包单位	—	分包单位负责人	—	分包项目经理	—

序号	检验批部位、区段	施工单位检查评定结果	监理（建设）单位验收结论
1	五层屋面防水层1~3轴	合格	符合要求
2	五层屋面防水层20~22轴	合格	符合要求
3	八层屋面防水层2~9轴	合格	符合要求
4	八层屋面防水层14~21轴	合格	符合要求
5	九层屋面防水层9~14轴	合格	符合要求
6			
7			
8			
9			
10			
11			
12			
13			
14			
15			
16			
17			
18			

检查结论	经检查，屋面防水层分项工程的检验批质量验收记录完整，质量符合设计和规范要求，评定合格。 项目专业技术负责人：××× ××××年××月××日	验收结论	经检查，屋面防水层分项工程资料完整，符合设计和规范要求，评定合格，同意验收。 监理工程师： （建设单位项目专业负责人）××× ××××年××月××日

注：1. 本表由施工项目专业质量检查员填写，监理工程师（建设单位项目技术负责人）组织项目专业质量（技术）负责人等进行验收。

2. 记录中"符合规范要求"用文字标注，结论栏由本人签字。

屋面卷材防水层工程检验批质量验收记录

工程名称	××市公安局办公大楼										验收部位	五层屋面1~3轴
施工单位	××建筑工程公司										项目经理	×××
施工执行标准名称及编号	屋面及防水工程工艺标准（QBJ00X—2002）										专业工长	×××
分包单位	—										分包项目经理 —	施工班组长 ×××

	主控项目	规范规定	施工单位检查评定记录										监理（建设）单位验收记录
			1	2	3	4	5	6	7	8	9	10	
1	卷材防水层及其配套材料质量	第4.3.15条	经查防水材料出厂合格证、质检报告、复验报告（编号××、××、××）各项指标均符合设计要求。										经查所用防水材料出厂合格证、质量检验报告和抽样复验报告均符合设计和规范要求。防水层无渗漏，细部构造符合要求。
2	防水层不得有渗漏或积水现象	第4.3.16条	经蓄水试验，防水层无渗漏和积水现象。										
3	防水层的防水构造要求	第4.3.17条	经查验，防水层的细部构造做法均符合设计要求。										

	一般项目		规范规定	施工单位检查评定记录										监理（建设）单位验收记录
				1	2	3	4	5	6	7	8	9	10	
1	防水层的搭接缝与收头质量		第4.3.18条	搭接缝粘接牢固，密封严密，基本无翘边、皱折和鼓泡现象。收头粘接牢固，封闭严密，无翘边。										经检查，各项均符合要求。搭接宽度检查点数3点，合格点数3点，合格率100%。
2	撒布材料或浅色涂料保护层、隔离层设置，分格缝留置		第4.3.19条	卷材自带保护层，隔离层的设置与分割缝的留设均符合设计要求。										
3	排气屋面的排气道设置和排气管的安装		第4.3.20条	—										
4	卷材的铺贴	方向	第4.3.21条	符合规范要求										
		搭接宽度（mm）	−10	−4	−5	−2								

施工单位检查评定结果	主控项目合格。 一般项目满足规范要求。 项目专业质量检查员：××× ××××年××月××日
监理（建设）单位验收结论	同意验收。 监理工程师： （建设单位项目专业负责人）××× ××××年××月××日

注：1. 本表由施工项目专业质量检查员填写，监理工程师（建设单位项目技术负责人）组织项目专业质量（技术）负责人等进行验收。

2. 记录中定量项目填写数据，定性项目"符合规范要求"用文字标注，结果和结论栏由本人签字。

细部构造分项工程质量验收记录

工程名称	××市公安局办公大楼	结构类型	框架	检验批数	5
施工单位	××建筑工程公司	项目经理	×××	项目技术负责人	×××
分包单位	—	分包单位负责人	—	分包项目经理	—

序号	检验批部位、区段	施工单位检查评定结果	监理（建设）单位验收结论
1	五层屋面细部构造1~3轴	合格	符合要求
2	五层屋面细部构造20~22轴	合格	符合要求
3	八层屋面细部构造2~9轴	合格	符合要求
4	八层屋面细部构造14~21轴	合格	符合要求
5	九层屋面细部构造9~14轴	合格	符合要求
6			
7			
8			
9			
10			
11			
12			
13			
14			
15			
16			
17			
18			
检查结论	经检查，屋面细部构造分项工程的检验批质量验收记录完整，质量符合设计和规范要求，评定合格。 项目专业技术负责人：××× ××××年××月××日	验收结论	经检查，屋面细部构造分项工程资料完整，符合设计和规范要求，评定合格，同意验收。 监理工程师： （建设单位项目专业负责人）××× ××××年××月××日

注：1. 本表由施工项目专业质量检查员填写，监理工程师（建设单位项目技术负责人）组织项目专业质量（技术）负责人等进行验收。

2. 记录中"符合规范要求"用文字标注，结论栏由本人签字。

细部构造工程检验批质量验收记录

工程名称	××市公安局办公大楼		验收部位	五层屋面1~3轴
施工单位	××建筑工程公司		项目经理	×××
施工执行标准名称及编号	屋面及防水工程工艺标准（QBJ00X—2002）		专业工长	×××
分包单位	—	分包项目经理	—	施工班组长 ×××

	主控项目	规范规定	施工单位检查评定记录 1 2 3 4 5 6 7 8 9 10	监理（建设）单位验收记录
1	天沟、檐沟的排水坡度	第9.0.10条	经检查排水坡度符合设计1%~3%的要求。	经查验天沟、檐沟的排水坡度及该检验批的屋面细部构造均符合设计要求。
2	天沟、檐沟、檐口、水落口、泛水、变形缝和伸出屋面管道的防水构造	第9.0.11条	经检查天沟、檐沟、檐口、水落口、泛水、变形缝和伸出屋面管道的防水构造，均符合设计要求。	

施工单位检查评定结果	主控项目合格。 一般项目满足规范要求。 项目专业质量检查员：××× ××××年××月××日
监理（建设）单位验收结论	同意验收。 监理工程师： （建设单位项目专业负责人）××× ××××年××月××日

注：1. 本表由施工项目专业质量检查员填写，监理工程师（建设单位项目技术负责人）组织项目专业质量（技术）负责人等进行验收。

2. 记录中定量项目填写数据，定性项目"符合规范要求"用文字标注，结果和结论栏由本人签字。

项目5　建筑与结构—建筑装饰装修分部工程资料

[训练目的与要求]　能完成撰写、收集、整理施工图的建筑与结构—装饰装修分部工程质量控制管理资料工作。按施工图（选用施工图例），参照下列实例的编制程序，确定资料的类型、数量、填写方法，要求用正式表格或采用资料管理软件上机操作完成。编制完成某施工图建筑装饰装修分部工程的子分部、分项检验批的划分与数量。填写汇总建筑装饰装修分部工程的实际发生的质量控制资料。

训练1　建筑装饰装修分部工程的子分部、分项工程检验批的划分与数量

装饰装修工程由地面、抹灰、门窗、吊顶、饰面板（砖）、幕墙、涂饰、细部8个子分部组成，含16个分项共划分113个检验批，见表5-1。

1. 地面子分部工程的划分

该子分部根据工作内容及相关规范，划分为找平层分项工程、水泥砂浆面层分项工程、砖面层分项工程、中密度（强化）复合地板面层分项工程。由于找平层分项工程、砖面层分项工程、中密度（强化）复合地板面层分项工程在各楼层均有分布，因此，以上分项工程按照楼层分别划分为九个检验批。水泥砂浆面层分项工程数量较少，因此划分为一个检验批。

2. 抹灰子分部工程的划分

该子分部根据工作内容及相关规范，只划分为一般抹灰分项工程，并且按照楼层分别划分为九个检验批。

3. 门窗子分部工程的划分

该子分部根据工作内容及相关规范，划分为木门窗制作与安装分项工程（室内木门）、金属门窗安装分项工程、门窗玻璃安装分项工程。木门窗制作与安装分项工程分为木门窗制作检验批及木门窗安装检验批，并且按照楼层分别划分为九个批次。金属门窗制作与安装分项工程按照楼层划分为九个检验批。门窗玻璃安装分项工程按照楼层划分为九个检验批。

4. 吊顶子分部工程的划分

该子分部根据工作内容及相关规范，只划分为明龙骨吊顶分项工程，并且由于数量较少，因此按照三个楼层为一批划分为三个检验批。

5. 饰面板（砖）子分部工程的划分

该子分部根据工作内容及相关规范，划分为饰面板安装分项工程、饰面砖粘贴分项工程。饰面板安装分项工程安装于外墙的一、二层，因此按照楼层分别划分为两个检验批。饰面砖粘贴分项工程在各楼层的卫生间均有分布，但数量较少，

因此按照三个楼层为一批划分为三个检验批。

6. 幕墙子分部工程的划分

该子分部根据工作内容及相关规范，划分为玻璃幕墙分项工程。该玻璃幕墙只在建筑的南北立面有少量内容，因此按照立面划分为两个检验批。

7. 涂饰子分部工程的划分

该子分部根据工作内容及相关规范，划分为水性涂料涂饰分项工程（内墙乳胶漆）、溶剂型涂料涂饰分项工程（木门油漆）、美术涂饰分项工程（外墙真实漆）。水性涂料涂饰分项工程、溶剂型涂料涂饰分项工程在各楼层均有分布，因此，以上分项工程按照楼层分别划分为九个检验批。美术涂饰分项工程只分布于外墙的三至九层，因此按照楼层划分为七个检验批。

8. 细部子分部工程的划分

该子分部根据工作内容及相关规范，只划分为护栏和扶手制作与安装分项工程。由于楼梯数量较少，只有三部，因此，根据楼梯的位置划分为三个检验批。

装饰装修分部分项工程检验批的划分表　　　　表 5-1

分部工程	子分部工程	分项工程	检验批数量
建筑装饰装修	地面	找平层	9
		水泥砂浆面层	9
		砖面层	9
		中密度（强化）复合地板面层	9
	抹灰	一般抹灰	9
	门窗	木门窗制作与安装	9
		金属门窗安装	9
		门窗玻璃安装	9
	吊顶	明龙骨吊顶	3
	饰面板（砖）	饰面板安装	2
		饰面砖粘贴	3
	幕墙	玻璃幕墙	2
	涂饰	水性涂料涂饰	9
		溶剂型涂料涂饰	9
		美术涂饰	7
	细部	护栏和扶手制作与安装	3
		楼梯	3

实训练习：参照上述内容，根据某一施工图例对其装饰装修工程的子分部、分项检验批的划分并确定其数量。

训练2 工程质量控制资料——建筑与结构—建筑装饰装修工程

2.1 填表说明

在该表中只列举了建筑与结构—建筑装饰装修工程中发生的资料项目,第二、七、八、十、十一项没有发生故没有列出。另质量控制资料与项目2类似的表格在此没有列出。

实训练习:参照训练2,根据某一施工图例对其建筑装饰装修工程的工程质量控制资料进行编制、组卷。

2.2 工程质量控制资料——建筑与结构—建筑装饰装修工程组卷实例

建筑与结构—建筑装饰装修工程

工程名称：×××市公安局办公大楼工程

施工单位：××建筑工程公司

建筑与结构—建筑装饰装修工程文件目录

序号	施工文件	份数	备注
一	**图纸会审、设计变更、洽商记录**		
1	洽商记录	1	
二	**工程定位测量、放线记录**	/	
三	**原材料出厂合格证及进场检（试）验报告**		
1	材料、配件、设备进场检验记录	数份	本书略
2	水泥合格证、试验报告	数份	本书略
3	粗（细）骨料试验报告	数份	本书略
4	门窗合格证、试验报告	数份	本书略
5	其他材料合格证、试验报告	数份	本书略
四	**施工试验报告及见证检测报告**	数份	本书略
五	**隐蔽工程验收记录**		
1	门窗工程	数份	
2	楼梯栏杆安装	数份	本书略
3	吊顶安装	数份	本书略
六	**施工记录**	数份	本书略
七	**预制构件、预拌混凝土合格证**	/	
八	**地基基础、主体结构检验及抽样检测资料**	/	
九	**分项、分部工程质量验收记录**		
1	一般抹灰	9	
2	木门窗制作与安装	9	
3	金属门窗安装	9	
4	玻璃安装	9	
5	饰面砖粘贴	3	
6	水性涂料涂饰	9	
7	溶剂型涂料涂饰	3	
8	地面水泥砂浆面层	9	
9	地面找平层	9	
10	地面砖面层	9	
11	护栏和扶手制作与安装	3	
12	中密度（强化）复合地板面层	9	
13	玻璃幕墙	2	
14	明龙骨吊顶	3	
15	美术涂饰	7	
16	饰面板安装	2	
十	**工程质量事故及事故调查处理资料**	/	
十一	**新材料、新工艺施工记录**	/	

建筑与结构—建筑装饰装修工程

图纸会审、
设计变更、洽商记录

工程名称：××市公安局办公大楼

施工单位：××建筑工程公司

洽 商 记 录

工 程 名 称		××市公安局办公大楼	提出单位名称	××建筑工程公司
专 业 名 称		建筑与结构—装饰装修工程	洽商时间	××××年××月××日
参加人员会签栏	建设单位	××× ×××		
	设计单位	××× ×××		
	施工单位	××× ×××		
	监理单位	××× ×××		

洽商内容：

1. 卫生间的吊顶由条形改为方形扣板。

建筑单位盖章：	设计单位盖章：	监理单位盖章：	施工单位盖章：
××××年××月××日	××××年××月××日	××××年××月××日	××××年××月××日

建筑与结构—建筑装饰装修工程

隐 蔽 工 程 验 收 记 录

工程名称：××市公安局办公大楼

施工单位：××建筑工程公司

隐蔽工程验收记录

工程名称	××市公安局办公大楼	建设单位	××市公安局		
施工单位	××建筑工程公司	监理单位	××监理公司		
验收部位	外窗	验 收 日 期	××××年××月××日	图 号	建施-×

隐蔽检查内容	1. 预埋件和固定片 塑钢窗预埋件按安装图集×大样在砌体中预埋，预埋件数量、间距符合设计要求，预埋件间距、固定片间距≤600mm，预埋件与固定片的连接采用螺栓连接和焊接连接。后置埋件及固定片无松动现象。 2. 隐蔽部位的防腐、填嵌处理 窗框与预埋件的固定片为镀锌钢板，框与墙体的缝隙用苯板条挤压填嵌饱满。

施工单位检查结果	符合设计及规范要求。 项目专业质量检查员：×× ××××年××月××日		
	项目专业技术负责人	××	专业工长（施工员） ××

监理（建设）单位结论	符合设计图纸及施工规范的要求，同意隐蔽。 监理工程师： （建设单位项目专业负责人） ××× ××××年××月××日

建筑与结构—建筑装饰装修工程

分项、分部
工程质量验收记录

工程名称：××市公安局办公大楼

施工单位：××建筑工程公司

建筑装饰装修分部（子分部）工程质量验收记录

工程名称	××市公安局办公大楼		结构类型	框架	层数	九层
施工单位	××建筑工程公司		技术部门负责人	××	质量部门负责人	××
分包单位	××专业承包公司		分包单位负责人	××	分包技术负责人	××
序号	分项工程名称	检验批数	施工单位检查评定	验收意见		
1	一般抹灰分项工程	9	合格			
2	碎石垫层和碎砖垫层分项工程	9	合格			
3	找平层分项工程	9	合格			
4	木门窗制作与安装分项工程	9	合格			
5	金属（铝合金）门窗制作与分项工程	9	合格			
6	门窗玻璃安装分项工程	9	合格			
7	水泥砂浆面层分项工程	1	合格	各分项工程质量验收记录完整，符合设计及施工规范要求		
8	中密度（强化）复合木地板面层	9	合格			
9	砖面层分项工程	9	合格			
10	饰面板安装分项工程	3	合格			
11	饰面砖粘贴分项工程	3	合格			
12	明龙骨吊顶分项工程	9	合格			
13	水性涂料涂饰分项工程	9	合格			
14	溶剂型涂料涂饰分项工程	9	合格			
15	美术涂饰分项工程	3	合格			
16	护栏和扶手制作与安装分项工程	3	合格			
17	玻璃幕墙分项工程	2	合格			
18						
19						
质量控制资料			资料完整	符合要求		
安全和功能检验（检测）报告			资料完整	符合要求		
观感质量验收			观感质量符合设计及规范要求，质量评价好			
验收单位	分包单位 ××专业承包公司		项目经理	××	××××年××月××日	
	施工单位 ××建筑工程公司		项目经理	××	××××年××月××日	
	勘察单位 ××勘察院		项目负责人	××	××××年××月××日	
	设计单位 ××设计院		项目负责人	××	××××年××月××日	
	监理（建设）单位 ××监理公司		总监理工程师（建设单位项目专业负责人）	××	××××年××月××日	

注：本表由总监理工程师（建设单位项目负责人）组织施工单位项目负责人和技术、质量负责人等进行验收；地基与基础、主体结构分部工程的勘察、设计单位工程项目负责人和施工单位技术、质量部门负责人也应参加相关分部工程验收。检查评定由施工单位填写，验收意见由监理单位填写，观感质量验收由验收各方共同商定，监理单位填写。"符合规范要求"用文字标注。

一般抹灰分项工程质量验收记录

工程名称	××市公安局办公大楼	结构类型	框架	检验批数	9
施工单位	××建筑工程公司	项目经理	××	项目技术负责人	××
分包单位	—	分包单位负责人	××	分包项目经理	××
序号	检验批部位、区段	施工单位检查评定结果		监理（建设）单位验收结论	
1	一层抹灰	合格		符合要求	
2	二层抹灰	合格		符合要求	
3	三层抹灰	合格		符合要求	
4	四层抹灰	合格		符合要求	
5	五层抹灰	合格		符合要求	
6	六层抹灰	合格		符合要求	
7	七层抹灰	合格		符合要求	
8	八层抹灰	合格		符合要求	
9	九层抹灰	合格		符合要求	
10					
11					
12					
13					
14					
15					
16					
17					
18					
检查结论	经检查，一般抹灰分项工程的检验批质量验收记录完整，质量符合设计和规范要求，评定为合格。 项目专业技术负责人：×× ××××年××月××日		验收结论	经检查，该分项工程资料完整，符合设计和规范要求，评定为合格，同意后续工程施工。 监理工程师： （建设单位项目专业负责人） ×× ××××年××月××日	

注：1. 本表由施工项目专业质量检查员填写，监理工程师（建设单位项目技术负责人）组织项目专业质量（技术）负责人等进行验收。

2. 结论栏由本人签字。

一般抹灰工程检验批质量验收记录

工程名称	×××市公安局办公大楼		验收部位	一层
施工单位	×××建筑工程公司		项目经理	×××
施工执行标准名称及编号	抹灰工程工艺标准（QBJ00X—2002）		分包项目经理	×××
分包单位	—		施工班组长	×××

	主 控 项 目	规范规定	施工单位检查评定记录（1-10）	监理（建设）单位验收记录
1	基层表面清理并洒水润湿	第4.2.2条	基层表面干净、湿润	经查验主控项目符合设计和施工规范要求
2	材料品种和性能，砂浆配合比	第4.2.3条	水泥出厂合格证（××）、原材料复试报告（××）、配合比（××）	
3	抹灰分层进行及质量	第4.2.4条	符合设计及施工规范要求	
4	抹灰层之间粘结，抹灰层与面层质量	第4.2.5条	无空鼓、脱层，符合要求	

	一 般 项 目	规范规定	施工单位检查评定记录（1-10）	监理（建设）单位验收记录
1	表面质量	第4.2.6条	符合要求	经查验查施工记录，对照设计图纸、规范检查，符合要求。定量项目共实测30点，其中合格28点、不合格2点，合格率93%。
2	护角、孔洞、槽、盒和管道后抹灰质量	第4.2.7条	符合要求	
3	抹灰层总厚度及抹灰相关要求	第4.2.8条	符合要求	
4	分格条（缝）设置及宽度、深度	第4.2.9条	符合要求	
5	滴水线（槽）	第4.2.10条	符合要求	

	允许偏差项目	允许偏差值（mm） 普通	允许偏差值（mm） 高级	实测值（mm） 1-10	
6	立面垂直度	4	3	3 4 2 3 4 ⑤ 3 3 2 3	
	表面平整度	4	3	3 3 2 4 3 3 2 3 2 2	
	阴阳角方正	4	3	3 4 4 3 2 3 3 2 3 2	
	分格条（缝）直线度	4	3	2 3 3 2 3 4 2 3 ⑥	
	墙裙、勒脚上口直线度	4	3	3 2 3 3 3 2 3 ⑥ 2 2	

	专业工长（施工员）	×××	施工班组长	×××
施工单位检查评定结果	共实测50点，其中合格47点、不合格3点，合格率94% 经检查，该检验批主控项目和一般项目施工质量符合设计和相关规范要求，实体质量合格，资料完整，评定合格。 项目专业质量检查员：××× ××××年××月××日			
监理（建设）单位验收结论	经检查，见证取样验收，该检验批主控项目和一般项目施工质量符合设计和相关规范要求，评定合格，可进入下道工序。 专业监理工程师： （建设单位项目专业技术负责人）××× ××××年××月××日			

注：1. 本表由施工项目专业质量检查员填写，监理工程师（建设单位项目技术负责人）组织项目专业质量（技术）负责人等进行验收。
2. 记录中定量项目填写数据，结果和结论栏由本人签字。
3. QBJ00X—2002为企业标准，下同。

碎石垫层和碎砖垫层分项工程质量验收记录

工程名称	××市公安局办公大楼		结构类型	框架	检验批数	9
施工单位	××建筑工程公司		项目经理	××	项目技术负责人	××
分包单位	—		分包单位负责人	××	分包项目经理	××
序号	检验批部位、区段		施工单位检查评定结果		监理（建设）单位验收结论	
1	一层		合格		符合要求	
2	二层		合格		符合要求	
3	三层		合格		符合要求	
4	四层		合格		符合要求	
5	五层		合格		符合要求	
6	六层		合格		符合要求	
7	七层		合格		符合要求	
8	八层		合格		符合要求	
9	九层		合格		符合要求	
10						
11						
12						
13						
14						
15						
16						
17						
18						
检查结论	经检查，碎石垫层和碎砖垫层分项工程的检验批质量验收记录完整，质量符合设计和规范要求，评定为合格。 项目专业技术负责人：×× ××××年××月××日			验收结论	经检查，该分项工程资料完整，符合设计和规范要求，评定为合格，同意后续工程施工。 监理工程师： （建设单位项目专业负责人）×× ××××年××月××日	

注：1. 本表由施工项目专业质量检查员填写，监理工程师（建设单位项目技术负责人）组织项目专业质量（技术）负责人等进行验收。

2. 结论栏由本人签字。

碎石垫层和碎砖垫层工程检验批质量验收记录

工程名称	×××市公安局办公大楼	验收部位	一层
施工单位	×××建筑工程公司	项目经理	×××
施工执行标准名称及编号	地面工程工艺标准（QBJ00X—2002）	分包项目经理	×××
分包单位	—	施工班组长	×××

	主控项目	规范规定	施工单位检查评定记录 1 2 3 4 5 6 7 8 9 10	监理（建设）单位验收记录
1	碎石、碎砖材料质量	第4.5.3条	符合设计及施工规范要求	经查验，主控项目符合设计和施工规范要求
2	碎石、碎砖垫层的密实度	设计要求	符合设计及施工规范要求	

	一般项目	规范规定	施工单位检查评定记录 1 2 3 4 5 6 7 8 9 10	监理（建设）单位验收记录
允许偏差(mm)	表面平整度	15	10 11 7	经查验一般项目均符合要求，计数点共实测30点，其中合格28点、不合格2点，合格率93%。
	标高	±20	11 15 -20	
	坡度	≤房间相应尺寸的2/1000，且≤30	× √ √	
	厚度	个别地方≤设计厚度的1/10	√ √ √	

施工单位检查评定结果	共实测50点，其中合格47点、不合格3点，合格率94%。 经检查，该检验批主控项目和一般项目施工质量符合设计和相关规范要求，实体质量合格，资料完整，评定合格。 项目专业质量检查员：××× ××××年××月××日
监理（建设）单位验收结论	经检查，见证取样验收，该检验批主控项目和一般项目施工质量符合设计和相关规范要求，评定合格，可进入下道工序。 专业监理工程师： （建设单位项目专业技术负责人）××× ××××年××月××日

注：1. 本表由施工项目专业质量检查员填写，监理工程师（建设单位项目技术负责人）组织项目专业质量（技术）负责人等进行验收。
2. 记录中定量项目填写数据，结果和结论栏由本人签字。

找平层分项工程质量验收记录

工程名称	××市公安局办公大楼	结构类型	框架	检验批数	9
施工单位	××建筑工程公司	项目经理	××	项目技术负责人	××
分包单位	—	分包单位负责人	××	分包项目经理	××

序号	检验批部位、区段	施工单位检查评定结果	监理（建设）单位验收结论
1	一层水泥砂浆面层	合格	符合要求
2	二层水泥砂浆面层	合格	符合要求
3	三层水泥砂浆面层	合格	符合要求
4	四层水泥砂浆面层	合格	符合要求
5	五层水泥砂浆面层	合格	符合要求
6	六层水泥砂浆面层	合格	符合要求
7	七层水泥砂浆面层	合格	符合要求
8	八层水泥砂浆面层	合格	符合要求
9	九层水泥砂浆面层	合格	符合要求
10			
11			
12			
13			
14			
15			
16			
17			
18			
检查结论	经检查，该分项工程的检验批质量验收记录完整，质量符合设计和规范要求，评定为合格。 项目专业技术负责人：×× ××××年××月××日	验收结论	经检查，该分项工程资料完整，符合设计和规范要求，评定为合格，同意后续工程施工。 监理工程师： （建设单位项目专业负责人）×× ××××年××月××日

注：1. 本表由施工项目专业质量检查员填写，监理工程师（建设单位项目技术负责人）组织项目专业质量（技术）负责人等进行验收。

2. 结论栏由本人签字。

找平层工程检验批质量验收记录

工程名称	×××市公安局办公大楼											验收部位	一层
施工单位	×××建筑工程公司											项目经理	×××
施工执行标准名称及编号	地面工程工艺标准（QBJ00X—2002）											分包项目经理	×××
分包单位	—											施工班组长	×××

	主控项目	规范规定	施工单位检查评定记录										监理（建设）单位验收记录
			1	2	3	4	5	6	7	8	9	10	
1	骨料的粒径及含泥量	第4.9.6条	符合设计及施工规范要求										经查验，主控项目符合设计和施工规范要求
2	水泥砂浆体积比或混凝土强度等级	第4.9.7条	符合设计及施工规范要求										
3	有防水要求立管、套管、地漏	第4.9.8条	符合设计及施工规范要求										

	一般项目		规范规定	施工单位检查评定记录										监理（建设）单位验收记录
				1	2	3	4	5	6	7	8	9	10	
1	找平层与下层结合		第4.9.9条	符合设计及施工规范要求										经查验一般项目均符合要求，计数点共实测15点，其中合格14点、不合格1点，合格率93%。
2	找平层表面应密实		第4.9.10条	符合设计及施工规范要求										
3	允许偏差(mm)	用胶粘剂做结合层，铺拼花木板、塑料板、复合木地板、竹地板面层	表面平整度	2	1	2	③							
			标高	±4	2	3	2							
		用沥青玛琋脂做结合层铺拼花木板、板块面层及毛地板铺木地板	表面平整度	3	3	2	④							
			标高	±5	3	2	-4							
		用水泥砂浆做结合层，铺板块面层，其他各种面层	表面平整度	5	4	5	3							
			标高	±8	6	3	7							
		坡度	≤房间相应尺寸的2/1000，且≤30	√	√	√								
		厚度	个别地方≤设计厚度的1/10	√	√	√								

施工单位检查评定结果	共实测24点，其中合格22点、不合格2点，合格率92%。 经检查，该检验批主控项目和一般项目施工质量符合设计和相关规范要求，实体质量合格，资料完整，评定合格。 项目专业质量检查员：××× ××××年××月××日
监理（建设）单位验收结论	经检查，见证取样验收，该检验批主控项目和一般项目施工质量符合设计和相关规范要求，评定合格，可进入下道工序。 专业监理工程师： （建设单位项目专业技术负责人） ××× ××××年××月××日

注：1. 本表由施工项目专业质量检查员填写，监理工程师（建设单位项目技术负责人）组织项目专业质量（技术）负责人等进行验收。

2. 记录中定量项目填写数据，结果和结论栏由本人签字。

木门窗制作与安装分项工程质量验收记录

工程名称	××市公安局办公大楼		结构类型	框架	检验批数	9
施工单位	××建筑工程公司		项目经理	××	项目技术负责人	××
分包单位	—		分包单位负责人	××	分包项目经理	××
序号	检验批部位、区段		施工单位检查评定结果		监理（建设）单位验收结论	
1	一层木门窗制作与安装		合格		符合要求	
2	二层木门窗制作与安装		合格		符合要求	
3	三层木门窗制作与安装		合格		符合要求	
4	四层木门窗制作与安装		合格		符合要求	
5	五层木门窗制作与安装		合格		符合要求	
6	六层木门窗制作与安装		合格		符合要求	
7	七层木门窗制作与安装		合格		符合要求	
8	八层木门窗制作与安装		合格		符合要求	
9	九层木门窗制作与安装		合格		符合要求	
10						
11						
12						
13						
14						
15						
16						
17						
18						
检查结论	经检查，木门窗制作与安装分项工程的检验批质量验收记录完整，质量符合设计和规范要求，评定为合格。 项目专业技术负责人：×× ××××年××月××日			验收结论	经检查，该分项工程资料完整，符合设计和规范要求，评定为合格，同意后续工程施工。 监理工程师： （建设单位项目专业负责人）×× ××××年××月××日	

注：1. 本表由施工项目专业质量检查员填写，监理工程师（建设单位项目技术负责人）组织项目专业质量（技术）负责人等进行验收。

2. 结论栏由本人签字。

木门窗（制作）工程检验批质量验收记录

单位工程名称	×××市公安局办公大楼											验收部位	一层
施工单位	×××建筑工程公司											项目经理	×××
施工执行标准名称及编号	门窗工程工艺标准（QBJ00X—2002）											分包项目经理	×××
分包单位	—											施工班组长	×××

	主 控 项 目		规范规定	施工单位检查评定记录										监理（建设）单位验收记录
				1	2	3	4	5	6	7	8	9	10	
1	材料质量		第5.2.2条	符合设计及施工规范要求										经查验，主控项目符合设计和施工规范要求
2	应采用烘干木材，含水率符合规定		第5.2.3条	符合设计及施工规范要求										
3	防火、防腐、防虫处理符合设计要求		第5.2.4条	符合设计及施工规范要求										
4	木节、虫眼及填补处理		第5.2.5条	符合设计及施工规范要求										
5	门窗框、扇双榫连接		第5.2.6条	符合设计及施工规范要求										
6	胶合板、纤维板和模压门制作质量		第5.2.7条	符合设计及施工规范要求										
	一 般 项 目		规范规定	施工单位检查评定记录										
				1	2	3	4	5	6	7	8	9	10	
1	木门窗表面质量		第5.2.12条	符合设计及施工规范要求										
2	割脚、拼缝、裁口及刨面		第5.2.13条	符合设计及施工规范要求										
3	槽孔边缘质量		第5.2.14条	符合设计及施工规范要求										经查验一般项目均符合要求，计数点共实测12点，其中合格11点、不合格1点，合格率92%
4	允许偏差项目		允许偏差值（mm）		实测值（mm）									
			单位	普通	高级	1	2	3	4	5	6	7	8	9	10
	翘曲	框	3	2	2	③	2							
		扇	2	2	2	2	1							
	对角线长度差	框、扇	3	2	2	1	2							
	表面平整度	扇	2	2	0	2	③							
	高度、宽度	框	0；−2	0；−1	0	−1	0							
		扇	+2；0	+1；0	1	1	0							
	裁口、线条结合处高低差	框、扇	1	0.5	0.2	0.3	0.3							
	相邻棂子两端间距	扇	2	1	1	②	1							

施工单位检查评定结果	共实测24点，其中合格21点、不合格3点，合格率88%。 经检查，该检验批主控项目和一般项目施工质量符合设计和相关规范要求，实体质量合格，资料完整，评定合格。 项目专业质量检查员：××× ××××年××月××日
监理（建设）单位验收结论	经检查，见证取样验收，该检验批主控项目和一般项目施工质量符合设计和相关规范要求，评定合格，可进入下道工序。 专业监理工程师： （建设单位项目专业技术负责人）××× ××××年××月××日

注：1. 本表由施工项目专业质量检查员填写，监理工程师（建设单位项目技术负责人）组织项目专业质量（技术）负责人等进行验收。

2. 记录中定量项目填写数据，结果和结论栏由本人签字。

木门窗（安装）工程检验批质量验收记录

单位工程名称	×××市公安局办公大楼											验收部位	一层
施工单位	×××建筑工程公司											项目经理	×××
施工执行标准名称及编号	门窗工程工艺标准（QBJ00X—2002）											分包项目经理	×××
分包单位	—											施工班组长	×××

	主 控 项 目	规范规定	施工单位检查评定记录										监理（建设）单位验收记录
			1	2	3	4	5	6	7	8	9	10	
1	门窗质量	第5.2.8条	符合设计及施工规范要求										经查验，主控项目符合设计和施工规范要求
2	框的安装固定，木砖防腐、数量、位置	第5.2.9条	符合设计及施工规范要求										
3	门窗扇安装	第5.2.10条	符合设计及施工规范要求										
4	配件质量及安装	第5.2.11条	符合设计及施工规范要求										

	一 般 项 目	规范规定	施工单位检查评定记录										
			1	2	3	4	5	6	7	8	9	10	
1	框与墙体缝隙的填嵌材料及填嵌要求	第5.2.15条	符合设计及施工规范要求										
2	批水、盖口条、压缝条、密封条安装	第5.2.16条	符合设计及施工规范要求										

	允许偏差项目	留缝限值（mm）		允许偏差（mm）		实测值（mm）										
		普通	高级	普通	高级	1	2	3	4	5	6	7	8	9	10	
3	门窗槽口对角线长度差	—	—	3	2	2	2	1								经查验一般项目符合要求，计数点共实测10点，其中合格8点、不合格2点，合格率80%
	门窗框正、侧面垂直度			2	1	1	②	0								
	框与扇、扇与扇接缝高低差			2	1	1	0	1								
	门窗扇对口缝	1~2.5	1.5~2	—	—	1.2	1	1								
	工业厂房双扇门对口缝	2~5	—	—	—											
	门窗扇与上框间留缝	1~2	1~1.5	—	—	1	②	1.2								
	门窗扇与侧框间留缝	1~2.5	1~1.5	—	—	1	1.1	1.5								
	窗扇与下框间留缝	2~3	2~2.5	—	—											
	门扇与下框间留缝	3~5	3~4	—	—	3	4	3.2								
	双层门窗内外框间距	—	—	4	3											
	无下框时门扇与地面间留缝 外门	4~7	5~6	—	—	5	6	5.2								
	内门	5~8	6~7	—	—	6	7	⑧								
	卫生间门	8~12	8~10	—	—	9	8	8								
	厂房大门	10~20	—	—	—											

施工单位检查评定结果	共实测30点，其中合格27点、不合格3点，合格率90%。 经检查，该检验批主控项目和一般项目施工质量符合设计和相关规范要求，实体质量合格，资料完整，评定合格。 项目专业质量检查员：××× ××××年××月××日
监理（建设）单位验收结论	经检查，见证取样验收，该检验批主控项目和一般项目施工质量符合设计和相关规范要求，评定合格，可进入下道工序。 专业监理工程师： （建设单位项目专业技术负责人）××× ××××年××月××日

注：1. 本表由施工项目专业质量检查员填写，监理工程师（建设单位项目技术负责人）组织项目专业质量（技术）负责人等进行验收。
2. 记录中定量项目填写数据，结果和结论栏由本人签字。

金属门窗制作安装分项工程质量验收记录

工程名称	××市公安局办公大楼		结构类型	框架	检验批数	9
施工单位	××建筑工程公司		项目经理	××	项目技术负责人	××
分包单位	—		分包单位负责人	××	分包项目经理	××
序号	检验批部位、区段		施工单位检查评定结果		监理（建设）单位验收结论	
1	一层金属门窗制作与安装		合格		符合要求	
2	二层金属门窗制作与安装		合格		符合要求	
3	三层金属门窗制作与安装		合格		符合要求	
4	四层金属门窗制作与安装		合格		符合要求	
5	五层金属门窗制作与安装		合格		符合要求	
6	六层金属门窗制作与安装		合格		符合要求	
7	七层金属门窗制作与安装		合格		符合要求	
8	八层金属门窗制作与安装		合格		符合要求	
9	九层金属门窗制作与安装		合格		符合要求	
10						
11						
12						
13						
14						
15						
16						
17						
18						
检查结论	经检查，金属门窗制作与安装分项工程的检验批质量验收记录完整，质量符合设计和规范要求，评定为合格。 项目专业技术负责人：×× ××××年××月××日			验收结论	经检查，该分项工程资料完整，符合设计和规范要求，评定为合格，同意后续工程施工。 监理工程师： （建设单位项目专业负责人）×× ××××年××月××日	

注：1. 本表由施工项目专业质量检查员填写，监理工程师（建设单位项目技术负责人）组织项目专业质量（技术）负责人等进行验收。

2. 结论栏由本人签字。

金属（铝合金）门窗安装工程检验批质量验收记录

单位工程名称	×××市公安局办公大楼											验收部位	一层
施工单位	×××建筑工程公司											项目经理	×××
施工执行标准名称及编号	门窗工程工艺标准（QBJ00X—2002）											分包项目经理	×××
分包单位	—											施工班主张	×××

	主 控 项 目		规范规定	施工单位检查评定记录										监理（建设）单位验收记录
				1	2	3	4	5	6	7	8	9	10	
1	门窗质量		第5.3.2条	符合设计及施工规范要求										经查验，主控项目符合设计和施工规范要求
2	框、副框安装、预埋件埋设、连接方式		第5.3.3条	符合设计及施工规范要求										
3	门窗扇的安装		第5.3.4条	符合设计及施工规范要求										
4	配件质量及安装		第5.3.5条	符合设计及施工规范要求										

	一 般 项 目		规范规定	施工单位检查评定记录										
				1	2	3	4	5	6	7	8	9	10	
1	表面质量		第5.3.6条	符合设计及施工规范要求										
2	推拉门窗扇开关力应不大于100N		第5.3.7条	符合设计及施工规范要求										
3	框与墙体缝隙填嵌、密封		第5.3.8条	符合设计及施工规范要求										
4	密封条		第5.3.9条	符合设计及施工规范要求										
5	门窗排水孔位置和数量		第5.3.10条	符合设计及施工规范要求										

	允许偏差项目		允许偏差（mm）	实测值（mm）										经查验一般项目均符合要求，计数点共实测15点，其中合格13点、不合格2点，合格率87%
				1	2	3	4	5	6	7	8	9	10	
6	门窗槽口宽度、高度	≤1500mm	1.5	2	1	2								
		>1500mm	2											
	门窗槽口对角线长度差	≤2000mm	3	3	④	2								
		>2000mm	4											
	门窗横框的正、侧面垂直度		2.5	2	2	③								
	门窗横框的水平度		2	2	2	1								
	门窗框标高		5	5	5	2								
	门窗框竖向偏离中心		5	3	2	⑥								
	双层门窗内外框间距		4	4	2	3								
	推拉门窗扇与框搭接量		1.5	1	1	②								

施工单位检查评定结果	共实测24点，其中合格20点、不合格4点，合格率83%。 经检查，该检验批主控项目和一般项目施工质量符合设计和相关规范要求，实体质量合格，资料完整，评定合格。 项目专业质量检查员：××× ××××年××月××日
监理（建设）单位验收结论	经检查，见证取样验收，该检验批主控项目和一般项目施工质量符合设计和相关规范要求，评定合格，可进入下道工序。 专业监理工程师：××× （建设单位项目专业技术负责人） ××××年××月××日

注：1. 本表由施工项目专业质量检查员填写，监理工程师（建设单位项目技术负责人）组织项目专业质量（技术）负责人等进行验收。

2. 记录中定量项目填写数据，结果和结论栏由本人签字。

门窗玻璃安装分项工程质量验收记录

工程名称	××市公安局办公大楼	结构类型	框架	检验批数	9
施工单位	××建筑工程公司	项目经理	××	项目技术负责人	××
分包单位	—	分包单位负责人	××	分包项目经理	××
序号	检验批部位、区段		施工单位检查评定结果		监理（建设）单位验收结论
1	一层门窗玻璃安装		合格		符合要求
2	二层门窗玻璃安装		合格		符合要求
3	三层门窗玻璃安装		合格		符合要求
4	四层门窗玻璃安装		合格		符合要求
5	五层门窗玻璃安装		合格		符合要求
6	六层门窗玻璃安装		合格		符合要求
7	七层门窗玻璃安装		合格		符合要求
8	八层门窗玻璃安装		合格		符合要求
9	九层门窗玻璃安装		合格		符合要求
10					
11					
12					
13					
14					
15					
16					
17					
18					
检查结论	经检查，门窗玻璃安装分项工程的检验批质量验收记录完整，质量符合设计和规范要求，评定为合格。 项目专业技术负责人：×× ××××年××月××日		验收结论		经检查，该分项工程资料完整，符合设计和规范要求，评定为合格，同意后续工程施工。 监理工程师： （建设单位项目专业技术负责人） ×× ××××年××月××日

注：1. 本表由施工项目专业质量检查员填写，监理工程师（建设单位项目技术负责人）组织项目专业质量（技术）负责人等进行验收。

2. 结论栏由本人签字。

门窗玻璃安装工程检验批质量验收记录

工程名称	×××市公安局办公大楼											验收部位	一层
施工单位	×××建筑工程公司											项目经理	×××
施工执行标准名称及编号	门窗工程工艺标准（QBJ00X—2002）											分包项目经理	×××
分部工程	—											施工班组长	×××
	主 控 项 目	规范规定	施工单位检查评定记录										监理（建设）单位验收记录
			1	2	3	4	5	6	7	8	9	10	
1	玻璃质量	第5.6.2条	符合设计及施工规范要求										经查验，主控项目符合设计和施工规范要求
2	裁割尺寸及安装质量	第5.6.3条	符合设计及施工规范要求										
3	安装方法，钉子或钢丝卡的数量规格	第5.6.4条	符合设计及施工规范要求										
4	镶钉木压条	第5.6.5条	符合设计及施工规范要求										
5	密封条、密封胶与玻璃、玻璃槽口的装设	第5.6.6条	符合设计及施工规范要求										
6	带密封条的玻璃压条装设	第5.6.7条	符合设计及施工规范要求										
	一 般 项 目	规范规定	施工单位检查评定记录										经检查，一般项目符合设计和施工规范要求
			1	2	3	4	5	6	7	8	9	10	
1	玻璃表面及中空玻璃内外表面	第5.6.8条	符合设计及施工规范要求										
2	门窗玻璃的安装要求	第5.6.9条	符合设计及施工规范要求										
3	腻子的施工要求	第5.6.10条	符合设计及施工规范要求										
施工单位检查评定结果	经检查，该检验批主控项目和一般项目施工质量符合设计和相关规范要求，实体质量合格，资料完整，评定合格。 专业质量检查员：××× ××××年××月××日												
监理（建设）单位验收结论	经检查，见证取样验收，该检验批主控项目和一般项目施工质量符合设计和相关规范要求，评定合格，可进入下道工序。 专业监理工程师： （建设单位项目专业技术负责人）××× ××××年××月××日												

注：1. 本表由施工项目专业质量检查员填写，监理工程师（建设单位项目技术负责人）组织项目专业质量（技术）负责人等进行验收。

2. 记录中定量项目填写数据，结果和结论栏由本人签字。

水泥砂浆面层分项工程质量验收记录

工程名称	××市公安局办公大楼	结构类型	框架	检验批数	9
施工单位	××建筑工程公司	项目经理	××	项目技术负责人	××
分包单位	—	分包单位负责人	××	分包项目经理	××
序号	检验批部位、区段		施工单位检查评定结果	监理（建设）单位验收结论	
1	一层水泥砂浆面层		合格	符合要求	
2	二层水泥砂浆面层		合格	符合要求	
3	三层水泥砂浆面层		合格	符合要求	
4	四层水泥砂浆面层		合格	符合要求	
5	五层水泥砂浆面层		合格	符合要求	
6	六层水泥砂浆面层		合格	符合要求	
7	七层水泥砂浆面层		合格	符合要求	
8	八层水泥砂浆面层		合格	符合要求	
9	九层水泥砂浆面层		合格	符合要求	
10					
11					
12					
13					
14					
15					
16					
17					
18					
检查结论	经检查，水泥砂浆面层分项工程的检验批质量验收记录完整，质量符合设计和规范要求，评定为合格。 项目专业技术负责人：×× ××××年××月××日		验收结论	经检查，该分项工程资料完整，符合设计和规范要求，评定为合格，同意后续工程施工。 监理工程师： （建设单位项目专业技术负责人）×× ××××年××月××日	

注：1. 本表由施工项目专业质量检查员填写，监理工程师（建设单位项目技术负责人）组织项目专业质量（技术）负责人等进行验收。

2. 结论栏由本人签字。

水泥砂浆面层工程检验批质量验收记录

工程名称	×××市公安局办公大楼											验收部位	一层设备用房
施工单位	×××建筑工程公司											项目经理	×××
施工执行标准名称及编号	地面工程工艺标准（QBJ00X—2002）											分包项目经理	×××
分包单位	—											施工班组长	×××
	主 控 项 目		规范规定	施工单位检查评定记录									监理（建设）单位验收记录
				1	2	3	4	5	6	7	8	9	10	
1	材料质量，水泥强度等级≥32.5		第5.3.2条	符合设计及施工规范要求										经查验，主控项目符合设计和施工规范要求
2	拌合料体积比（强度等级）		第5.3.3条	符合设计及施工规范要求										
3	面层与下一层结合		第5.3.4条	符合设计及施工规范要求										
	一 般 项 目		规范规定	施工单位检查评定记录										
				1	2	3	4	5	6	7	8	9	10	
1	表面坡度，不得有倒泛水和积水现象		第5.3.5条	符合设计及施工规范要求										经查验一般项目符合要求，计数点共实测6点，其中合格6点、不合格0点，合格率100%
2	面层表面质量		第5.3.6条	符合设计及施工规范要求										
3	踢脚线与墙面结合、高度、厚度		第5.3.7条	符合设计及施工规范要求										
4	楼梯踏步高度差≤10mm，宽度差≤10mm		第5.3.8条	5	7	8	8	3						
5	允许偏差(mm)	表面平整度	4	符合设计及施工规范要求										
		踢脚线上口平直	4	符合设计及施工规范要求										
		缝格平直	3	符合设计及施工规范要求										
		旋转楼梯踏步两端宽度	5	符合设计及施工规范要求										
施工单位检查评定结果	共实测5点，其中合格5点、不合格0点，合格率100%。经检查，该检验批主控项目和一般项目施工质量符合设计和相关规范要求，实体质量合格，资料完整，评定合格。 项目专业质量检查员：××× ××××年××月××日													
监理（建设）单位验收结论	经检查、见证取样验收，该检验批主控项目和一般项目施工质量符合设计和相关规范要求，评定合格，可进入下道工序。 专业监理工程师： （建设单位项目专业技术负责人）××× ××××年××月××日													

注：1. 本表由施工项目专业质量检查员填写，监理工程师（建设单位项目技术负责人）组织项目专业质量（技术）负责人等进行验收。

2. 记录中定量项目填写数据，结果和结论栏由本人签字。

中密度(强化)复合木地板面层分项工程质量验收记录

工程名称	××市公安局办公大楼		结构类型	框架	检验批数	9
施工单位	××建筑工程公司		项目经理	××	项目技术负责人	××
分包单位	—		分包单位负责人	××	分包项目经理	××
序号	检验批部位、区段		施工单位检查评定结果		监理(建设)单位验收结论	
1	一层中密度(强化)复合木地板面层		合格		符合要求	
2	二层中密度(强化)复合木地板面层		合格		符合要求	
3	三层中密度(强化)复合木地板面层		合格		符合要求	
4	四层中密度(强化)复合木地板面层		合格		符合要求	
5	五层中密度(强化)复合木地板面层		合格		符合要求	
6	六层中密度(强化)复合木地板面层		合格		符合要求	
7	七层中密度(强化)复合木地板面层		合格		符合要求	
8	八层中密度(强化)复合木地板面层		合格		符合要求	
9	九层中密度(强化)复合木地板面层		合格		符合要求	
10						
11						
12						
13						
14						
15						
16						
17						
18						
检查结论	经检查,中密度(强化)复合木地板面层分项工程的检验批质量验收记录完整,质量符合设计和规范要求,评定为合格。 项目专业技术负责人:×× ××××年××月××日			验收结论	经检查,该分项工程资料完整,符合设计和规范要求,评定为合格,同意后续工程施工。 监理工程师:×× ××××年××月××日	

注:1. 本表由施工项目专业质量检查员填写,监理工程师(建设单位项目技术负责人)组织项目专业质量(技术)负责人等进行验收。

2. 结论栏由本人签字。

中密度（强化）复合地板面层工程检验批质量验收记录

工程名称	×××市公安局办公大楼											验收部位	一层办公室
施工单位	×××建筑工程公司											项目经理	×××
施工执行标准名称及编号	地面工程工艺标准（QBJ00X—2002）											分包项目经理	×××
分部工程	—											施工班组长	×××

	主 控 项 目	规范规定	施工单位检查评定记录										监理（建设）单位验收记录
			1	2	3	4	5	6	7	8	9	10	
1	材料技术等级及质量，防腐、防蛀处理	第7.4.3条	符合设计及施工规范要求										经查验，主控项目符合设计和施工规范要求
2	木搁栅安装牢固、平直	第7.4.4条	符合设计及施工规范要求										
3	面层铺设牢固	第7.4.5条	符合设计及施工规范要求										

	一 般 项 目		规范规定	施工单位检查评定记录										监理（建设）单位验收记录
				1	2	3	4	5	6	7	8	9	10	
1	面层图案和颜色，板面无翘曲		第7.4.6条	符合设计及施工规范要求										经查验一般项目均符合要求，计数点共实测10点，其中合格9点、不合格1点，合格率90%
2	面层缝隙，接头，洁净		第7.4.7条	符合设计及施工规范要求										
3	踢脚线表面，接缝，高度		第7.4.8条	符合设计及施工规范要求										
4	允许偏差（mm）	板面缝隙宽度	0.5	0.5	0.2	0.4								
		表面平整度	2.0	2	③	1								
		踢脚线上口平齐	3.0	3	2	2								
		板面拼缝平直	3.0	2	④	3								
		相邻板材高差	0.5	0.1	0.2	0.4								
		踢脚线与面层的接缝	1.0	1	1	②								

施工单位检查评定结果	共实测18点，其中合格17点、不合格1点，合格率94%。 经检查，该检验批主控项目和一般项目施工质量符合设计和相关规范要求，实体质量合格，资料完整，评定合格。 项目专业质量检查员：××× ××××年××月××日
监理（建设）单位验收结论	经检查，见证取样验收，该检验批主控项目和一般项目施工质量符合设计和相关规范要求，评定合格，可进入下道工序。 专业监理工程师： （建设单位项目专业技术负责人）××× ××××年××月××日

注：1. 本表由施工项目专业质量检查员填写，监理工程师（建设单位项目技术负责人）组织项目专业质量（技术）负责人等进行验收。

2. 记录中定量项目填写数据，结果和结论栏由本人签字。

3. QBJ00X—2002为企业标准，下同。

砖面层分项工程质量验收记录

工程名称	××市公安局办公大楼	结构类型	框架	检验批数	9
施工单位	××建筑工程公司	项目经理	××	项目技术负责人	××
分包单位	—	分包单位负责人	××	分包项目经理	××
序号	检验批部位、区段	施工单位检查评定结果		监理（建设）单位验收结论	
1	一层砖面层	合格		符合要求	
2	二层砖面层	合格		符合要求	
3	三层砖面层	合格		符合要求	
4	四层砖面层	合格		符合要求	
5	五层砖面层	合格		符合要求	
6	六层砖面层	合格		符合要求	
7	七层砖面层	合格		符合要求	
8	八层砖面层	合格		符合要求	
9	九层砖面层	合格		符合要求	
10					
11					
12					
13					
14					
15					
16					
17					
18					
检查结论	经检查，砖面层分项工程的检验批质量验收记录完整，质量符合设计和规范要求，评定为合格。 项目专业技术负责人：×× ××××年××月××日		验收结论	经检查，该分项工程资料完整，符合设计和规范要求，评定为合格，同意后续工程施工。 监理工程师： （建设单位项目专业技术负责人） ×× ××××年××月××日	

注：1. 本表由施工项目专业质量检查员填写，监理工程师（建设单位项目技术负责人）组织项目专业质量（技术）负责人等进行验收。

2. 结论栏由本人签字。

砖面层工程检验批质量验收记录

工程名称	×××市公安局办公大楼			验收部位	一层卫生间
施工单位	×××建筑工程公司			项目经理	×××
施工执行标准名称及编号	地面工程工艺标准（QBJ00X—2002）			分包项目经理	×××
分包单位	—			施工班组长	×××

	主 控 项 目		规范规定	施工单位检查评定记录 1 2 3 4 5 6 7 8 9 10	监理（建设）单位验收记录
1	板块的品种、质量		设计要求	符合设计及施工规范要求	经查验，主控项目符合设计和施工规范要求
2	面层与下一层结合		第6.2.8条	符合设计及施工规范要求	
	一 般 项 目		规范规定	施工单位检查评定记录 1 2 3 4 5 6 7 8 9 10	
1	砖面层的表面质量		第6.2.9条	符合设计及施工规范要求	经查验一般项目均符合要求，计数点共实测10点，其中合格9点、不合格1点，合格率90%。
2	面层邻接处的镶边用料及尺寸		第6.2.10条	符合设计及施工规范要求	
3	踢脚线与墙面结合、高度和厚度		第6.2.11条	符合设计及施工规范要求	
4	楼梯踏步相邻高差≤10mm		第6.2.12条	符合设计及施工规范要求	
5	表面坡度，不得有倒泛水和积水现象		第6.2.13条	符合设计及施工规范要求	
6	允许偏差（mm）	表面平整度 — 缸砖	4.0		
		表面平整度 — 水泥花砖	3.0		
		表面平整度 — 陶瓷锦砖、陶瓷地砖	2.0	2 2 ③	
		缝格平直	3.0	2 2 3	
		接缝高低差 — 陶瓷锦砖、陶瓷地砖 水泥花砖	0.5	0.3 0.3 0.4	
		接缝高低差 — 缸砖	1.5		
		踢脚线上口平直 — 陶瓷锦砖、陶瓷地砖 水泥花砖	3.0	2 2 ④	
		踢脚线上口平直 — 缸砖	4.0		
		板块间隙宽度	2.0	2 2 1	

施工单位检查评定结果	共实测15点，其中合格12点、不合格3点，合格率80%。 经检查，该检验批主控项目和一般项目施工质量符合设计和相关规范要求，实体质量合格，资料完整，评定合格。 项目专业质量检查员：××× ××××年××月××日
监理（建设）单位验收结论	经检查，见证取样验收，该检验批主控项目和一般项目施工质量符合设计和相关规范要求，评定合格，可进入下道工序。 专业监理工程师：××× （建设单位项目专业技术负责人） ××××年××月××日

注：1. 本表由施工项目专业质量检查员填写，监理工程师（建设单位项目技术负责人）组织项目专业质量（技术）负责人等进行验收。

2. 记录中定量项目填写数据，结果和结论栏由本人签字。

饰面板安装分项工程质量验收记录

工程名称	××市公安局办公大楼	结构类型	框架	检验批数	3
施工单位	××建筑工程公司	项目经理	××	项目技术负责人	××
分包单位	—	分包单位负责人	××	分包项目经理	××
序号	检验批部位、区段	施工单位检查评定结果		监理（建设）单位验收结论	
1	一~三层饰面板安装	合格		符合要求	
2	四~六层饰面板安装	合格		符合要求	
3	七~九层饰面板安装	合格		符合要求	
4					
5					
6					
7					
8					
9					
10					
11					
12					
13					
14					
15					
16					
17					
18					
检查结论	经检查，饰面板安装分项工程的检验批质量验收记录完整，质量符合设计和规范要求，评定为合格。 项目专业技术负责人：××× ××××年××月××日		验收结论	经检查，该分项工程资料完整，符合设计和规范要求，评定为合格，同意后续工程施工。 监理工程师：××× （建设单位项目专业技术负责人） ××××年××月××日	

注：1. 本表由施工项目专业质量检查员填写，监理工程师（建设单位项目技术负责人）组织项目专业质量（技术）负责人等进行验收。

2. 结论栏由本人签字。

饰面板安装工程检验批质量验收记录

工程名称	×××市公安局办公大楼							验收部位						一层外墙
施工单位	×××建筑工程公司							项目经理						×××
施工执行标准名称及编号	饰面板工程工艺标准（QBJ00X—2002）							分包项目经理						×××
分部工程	—							施工班组长						×××

	主 控 项 目	规范规定	施工单位检查评定记录 1 2 3 4 5 6 7 8 9 10	监理（建设）单位验收记录
1	饰面板的质量	第8.2.2条	符合设计及施工规范要求	经查验，主控项目符合设计和施工规范要求
2	饰面板孔、槽数量、位置和尺寸	第8.2.3条	符合设计及施工规范要求	
3	预埋件、连接件的数量、规格、位置、连接方法和防腐处理，后置埋件现场抗拔强度	第8.2.4条	符合设计及施工规范要求	

	一 般 项 目	规范规定	施工单位检查评定记录 1 2 3 4 5 6 7 8 9 10	
1	饰面板表面质量	第8.2.5条	符合设计及施工规范要求	
2	饰面板嵌缝	第8.2.6条	符合设计及施工规范要求	
3	湿作业法施工，石材应进行防碱背涂处理，饰面板与基体之间灌注材料饱满、密实	第8.2.7条	符合设计及施工规范要求	
4	饰面板上的孔洞套割	第8.2.8条	符合设计及施工规范要求	

	项目	允许偏差（mm）							实测值（mm）											
		石材			瓷板	木材	塑料	金属	1	2	3	4	5	6	7	8	9	10		
		光面石	剁斧石	蘑菇石																
5	立面垂直度	2	3	3	2	1.5	2	2	2	③	1									经查验一般项目均符合要求，计数点共实测12点，其中合格11点，不合格1点，合格率92%
	表面平整度	2	3	—	1.5	1	3	3	1	2	0									
	阴阳角方正	2	4	4	2	1.5	3	3	2	2	2									
	接缝直线度	2	4	4	2	1	1	1	2	2	④									
	墙裙、勒脚上口直线度	2	3	3	2	2	2	2	2	1	2									
	接缝高低差	0.5	3	—	0.5	0.5	1	1	0	0	0.2									
	接缝宽度	1	2	2	1	1	1	1	1	0	②									

施工单位检查评定结果	共实测21点，其中合格18点、不合格3点，合格率86%。 经检查，该检验批主控项目和一般项目施工质量符合设计和相关规范要求，实体质量合格，资料完整，评定合格。 项目专业质量检查员：××× ××××年××月××日
监理（建设）单位验收结论	经检查，见证取样验收，该检验批主控项目和一般项目施工质量符合设计和相关规范要求，评定合格，可进入下道工序。 专业监理工程师： （建设单位项目专业技术负责人）××× ××××年××月××日

注：1. 本表由施工项目专业质量检查员填写，监理工程师（建设单位项目技术负责人）组织项目专业质量（技术）负责人等进行验收。

2. 记录中定量项目填写数据，结果和结论栏由本人签字。

饰面砖粘贴分项工程质量验收记录

工程名称	××市公安局办公大楼	结构类型	框架	检验批数	3
施工单位	××建筑工程公司	项目经理	××	项目技术负责人	××
分包单位	—	分包单位负责人	××	分包项目经理	××
序号	检验批部位、区段		施工单位检查评定结果	监理（建设）单位验收结论	
1	一~三层饰面砖粘贴		合格	符合要求	
2	四~六层饰面砖粘贴		合格	符合要求	
3	七~九层饰面砖粘贴		合格	符合要求	
4					
5					
6					
7					
8					
9					
10					
11					
12					
13					
14					
15					
16					
17					
18					
检查结论	经检查，饰面砖粘贴分项工程的检验批质量验收记录完整，质量符合设计和规范要求，评定为合格。 项目专业技术负责人：××× ××××年××月××日		验收结论	经检查，该分项工程资料完整，符合设计和规范要求，评定为合格，同意后续工程施工。 监理工程师： （建设单位项目专业技术负责人） ××× ××××年××月××日	

注：1. 本表由施工项目专业质量检查员填写，监理工程师（建设单位项目技术负责人）组织项目专业质量（技术）负责人等进行验收。

2. 结论栏由本人签字。

饰面砖粘贴工程检验批质量验收记录

工程名称	×××市公安局办公大楼											验收部位	一层~三层
施工单位	×××建筑工程公司											项目经理	×××
施工执行标准名称及编号	饰面板工程工艺标准（QBJ00X—2002）											分包项目经理	×××
分包单位	—											施工班组长	×××

	主 控 项 目	规范规定	施工单位检查评定记录										监理（建设）单位验收记录
			1	2	3	4	5	6	7	8	9	10	
1	饰面砖的质量	第8.3.2条	符合设计及施工规范要求										经查验，主控项目符合设计和施工规范要求。
2	饰面砖粘贴施工工艺及方法	第8.3.3条	符合设计及施工规范要求										
3	饰面砖粘贴必须牢固	第8.3.4条	符合设计及施工规范要求										
4	满粘法施工的饰面砖工程应无空鼓、裂缝	第8.3.5条	符合设计及施工规范要求										

	一 般 项 目	规范规定	施工单位检查评定记录										
			1	2	3	4	5	6	7	8	9	10	
1	饰面砖表面质量	第8.3.6条	符合设计及施工规范要求										经查验一般项目均符合要求，计数点共实测18点，其中合格16点、不合格2点，合格率89%
2	阴阳角处搭接方式，非整砖使用部位	第8.3.7条	符合设计及施工规范要求										
3	墙面突出物周围的饰面砖应整砖套割吻合，边缘应整齐	第8.3.8条	符合设计及施工规范要求										
4	饰面砖接缝、填嵌、宽深	第8.3.9条	符合设计及施工规范要求										
5	滴水线（槽）	第8.3.10条	符合设计及施工规范要求										

6	允许偏差项目	允许偏差（mm）		实测值（mm）										
		外墙面砖	内墙面砖	1	2	3	4	5	6	7	8	9	10	
	立面垂直度	3	2	2	1	③								
	表面平整度	4	3	2	2	1								
	阴阳角方正	3	3	④	2	3								
	接缝直线度	3	2	2	1	2								
	接缝高低差	1	0.5	0	0.5	0.5								
	接缝宽度	1	1	1	1	0								

施工单位检查评定结果	共实测18点，其中合格16点、不合格2点，合格率89%。 经检查，该检验批主控项目和一般项目施工质量符合设计和相关规范要求，实体质量合格，资料完整，评定合格。 　　　　　　　　　　　　　　　　项目专业质量检查员：××× 　　　　　　　　　　　　　　　　××××年××月××日
监理（建设）单位验收结论	经检查，见证取样验收，该检验批主控项目和一般项目施工质量符合设计和相关规范要求，评定合格，可进入下道工序。 　　　　　　　　　　　　　　　　专业监理工程师： 　　　　　　　　　　　　　　　　（建设单位项目专业技术负责人）××× 　　　　　　　　　　　　　　　　××××年××月××日

注：1. 本表由施工项目专业质量检查员填写，监理工程师（建设单位项目技术负责人）组织项目专业质量（技术）负责人等进行验收。
　　2. 记录中定量项目填写数据，结果和结论栏由本人签字。

明龙骨吊顶分项工程质量验收记录

工程名称	××市公安局办公大楼	结构类型	框架	检验批数	9
施工单位	××建筑工程公司	项目经理	××	项目技术负责人	××
分包单位	—	分包单位负责人	××	分包项目经理	××

序号	检验批部位、区段	施工单位检查评定结果	监理（建设）单位验收结论
1	一层明龙骨吊顶	合格	符合要求
2	二层明龙骨吊顶	合格	符合要求
3	三层明龙骨吊顶	合格	符合要求
4	四层明龙骨吊顶	合格	符合要求
5	五层明龙骨吊顶	合格	符合要求
6	六层明龙骨吊顶	合格	符合要求
7	七层明龙骨吊顶	合格	符合要求
8	八层明龙骨吊顶	合格	符合要求
9	九层明龙骨吊顶	合格	符合要求
10			
11			
12			
13			
14			
15			
16			
17			
18			
检查结论	经检查，明龙骨吊顶分项工程的检验批质量验收记录完整，质量符合设计和规范要求，评定为合格。 项目专业技术负责人：××× ××××年××月××日	验收结论	经检查，该分项工程资料完整，符合设计和规范要求，评定为合格，同意后续工程施工。 监理工程师：××× （建设单位项目专业技术负责人） ××××年××月××日

注：1. 本表由施工项目专业质量检查员填写，监理工程师（建设单位项目技术负责人）组织项目专业质量（技术）负责人等进行验收。

2. 结论栏由本人签字。

明龙骨吊顶工程检验批质量验收记录

工程名称	×××市公安局办公大楼											验收部位	一层
施工单位	×××建筑工程公司											项目经理	×××
施工执行标准名称及编号	吊顶工程工艺标准（QBJ00X—2002）											分包项目经理	×××
分包单位	—											施工班组长	×××

	主 控 项 目	规范规定	施工单位检查评定记录										监理（建设）单位验收记录
			1	2	3	4	5	6	7	8	9	10	
1	吊顶标高、尺寸、起拱和造形	第6.2.2条	符合设计及施工规范要求										经查验,主控项目符合设计和施工规范要求
2	饰面材料材质、品种、规格、图案和颜色	第6.2.3条	符合设计及施工规范要求										
3	吊杆、龙骨、饰面材料的安装	第6.2.4条	符合设计及施工规范要求										
4	吊杆、龙骨的材质、安装间距和防腐防火处理	第6.2.5条	符合设计及施工规范要求										
5	石膏板的接缝	第6.2.6条	符合设计及施工规范要求										

	一 般 项 目	规范规定	施工单位检查评定记录										
			1	2	3	4	5	6	7	8	9	10	
1	饰面材料表面质量	第6.2.7条	符合设计及施工规范要求										经查验一般项目均符合要求,计数点共实测12点,其中合格10点、不合格2点,合格率83%
2	饰面板上灯具等器具设备位置及交接	第6.2.8条	符合设计及施工规范要求										
3	金属和木质吊杆、龙骨的质量及接缝	第6.2.9条	符合设计及施工规范要求										
4	吊顶内填充吸声材料的品种和铺设厚度	第6.2.10条	符合设计及施工规范要求										

	允许偏差项目	允许偏差（mm）				实测值（mm）									
		纸面石膏板	金属板	矿棉板	木板、塑料板格栅	1	2	3	4	5	6	7	8	9	10
5	表面平整度	3	2	2	2	1	2	③	2						
	接缝直线度	3	1.5	3	3	1	②	0	1						
	接缝高低差	1	1	1.5	1	1	1	0	1						

施工单位检查评定结果	共实测12点,其中合格10点、不合格2点,合格率83%。 经经查,该检验批主控项目和一般项目施工质量符合设计和相关规范要求,实体质量合格,资料完整,评定合格。 项目专业质量检查员：××× ××××年××月××日
监理（建设）单位验收结论	经检查,见证取样验收,该检验批主控项目和一般项目施工质量符合设计和相关规范要求,评定合格,可进入下道工序。 专业监理工程师： （建设单位项目专业技术负责人）××× ××××年××月××日

注：1. 本表由施工项目专业质量检查员填写,监理工程师（建设单位项目技术负责人）组织项目专业质量（技术）负责人等进行验收。

2. 记录中定量项目填写数据,结果和结论栏由本人签字。

水性涂料涂饰分项工程质量验收记录

工程名称	××市公安局办公大楼	结构类型	框架	检验批数	9
施工单位	××建筑工程公司	项目经理	××	项目技术负责人	××
分包单位	—	分包单位负责人	××	分包项目经理	××

序号	检验批部位、区段	施工单位检查评定结果	监理（建设）单位验收结论
1	一层水性涂料涂饰	合格	符合要求
2	二层水性涂料涂饰	合格	符合要求
3	三层水性涂料涂饰	合格	符合要求
4	四层水性涂料涂饰	合格	符合要求
5	五层水性涂料涂饰	合格	符合要求
6	六层水性涂料涂饰	合格	符合要求
7	七层水性涂料涂饰	合格	符合要求
8	八层水性涂料涂饰	合格	符合要求
9	九层水性涂料涂饰	合格	符合要求
10			
11			
12			
13			
14			
15			
16			
17			
18			
检查结论	经检查，水性涂料涂饰分项工程的检验批质量验收记录完整，质量符合设计和规范要求，评定为合格。 项目专业技术负责人：××× ××××年××月××日	验收结论	经检查，该分项工程资料完整，符合设计和规范要求，评定为合格，同意后续工程施工。 监理工程师： （建设单位项目专业技术负责人）××× ××××年××月××日

注：1. 本表由施工项目专业质量检查员填写，监理工程师（建设单位项目技术负责人）组织项目专业质量（技术）负责人等进行验收。

2. 结论栏由本人签字。

水性涂料涂饰工程检验批质量验收录

工程名称	×××市公安局办公大楼		验收部位	一层内墙面
施工单位	×××建筑工程公司		项目经理	×××
施工执行标准名称及编号	涂饰工程工艺标准（QBJ00X—2002）		分包项目经理	×××
分包单位	—		施工班组长	×××

	主 控 项 目	规范规定	施工单位检查评定记录 1 2 3 4 5 6 7 8 9 10	监理（建设）单位验收记录
1	材料的质量	第10.2.2条	符合设计及施工规范要求	经查验,主控项目符合设计和施工规范要求
2	颜色、图案	第10.2.3条	符合设计及施工规范要求	
3	涂饰均匀、粘结质量，不得漏涂、透底等	第10.2.4条	符合设计及施工规范要求	
4	基层处理	第10.2.5条	符合设计及施工规范要求	

	一 般 项 目		规范规定 普通	规范规定 高级	施工单位检查评定记录 1 2 3 4 5 6 7 8 9 10	
1	薄涂料涂饰质量	颜色	均匀一致	均匀一致	符合设计及施工规范要求	经查验一般项目均符合设计及施工规范要求
		泛碱、咬色	允许少量轻微	不允许	符合设计及施工规范要求	
		流坠、疙瘩	允许少量轻微	不允许	符合设计及施工规范要求	
		砂眼、刷纹	允许少量轻微	无	符合设计及施工规范要求	
		装饰线、分色线直线度	2mm	1mm		
2	厚涂料	颜色	均匀一致	均匀一致		
		泛碱、咬色	允许少量轻微	不允许		
		点状分布	—	疏密均匀		
3	复层涂料	颜色		均匀一致		
		泛碱、咬色		不允许		
		喷点疏密程度		均匀、不允许连片		
4	涂层与其他装修材料和设备衔接处		第10.2.9条		符合设计及施工规范要求	

施工单位检查评定结果	经检查,该检验批主控项目和一般项目施工质量符合设计和相关规范要求,实体质量合格,资料完整,评定合格。 项目专业质量检查员：××× ××××年××月××日
监理（建设）单位验收结论	经检查,见证取样验收,该检验批主控项目和一般项目施工质量符合设计和相关规范要求,评定合格,可进入下道工序。 专业监理工程师： （建设单位项目专业技术负责人）××× ××××年××月××日

注：1. 本表由施工项目专业质量检查员填写,监理工程师（建设单位项目技术负责人）组织项目专业质量（技术）负责人等进行验收。

2. 记录中定量项目填写数据,结果和结论栏由本人签字。

溶剂性涂料涂饰分项工程质量验收记录

工程名称	××市公安局办公大楼	结构类型	框架	检验批数	9
施工单位	××建筑工程公司	项目经理	××	项目技术负责人	××
分包单位	—	分包单位负责人	××	分包项目经理	××
序号	检验批部位、区段	施工单位检查评定结果		监理（建设）单位验收结论	
1	一层溶剂性涂料涂饰	合格		符合要求	
2	二层溶剂性涂料涂饰	合格		符合要求	
3	三层溶剂性涂料涂饰	合格		符合要求	
4	四层溶剂性涂料涂饰	合格		符合要求	
5	五层溶剂性涂料涂饰	合格		符合要求	
6	六层溶剂性涂料涂饰	合格		符合要求	
7	七层溶剂性涂料涂饰	合格		符合要求	
8	八层溶剂性涂料涂饰	合格		符合要求	
9	九层溶剂性涂料涂饰	合格		符合要求	
10					
11					
12					
13					
14					
15					
16					
17					
18					
检查结论	经检查，溶剂性涂料涂饰分项工程的检验批质量验收记录完整，质量符合设计和规范要求，评定为合格。 项目专业技术负责人：××× ××××年××月××日	验收结论		经检查，该分项工程资料完整，符合设计和规范要求，评定为合格，同意后续工程施工。 监理工程师： （建设单位项目专业技术负责人）××× ××××年××月××日	

注：1. 本表由施工项目专业质量检查员填写，监理工程师（建设单位项目技术负责人）组织项目专业质量（技术）负责人等进行验收。

2. 结论栏由本人签字。

溶剂型涂料涂饰工程检验批质量验收记录

工程名称	×××市公安局办公大楼		验收部位	一层木门窗
施工单位	×××建筑工程公司		项目经理	×××
施工执行标准名称及编号	门窗工程工艺标准（QBJ00X—2002）		分包项目经理	×××
分包单位	—		施工班组长	×××

主控项目		规范规定	施工单位检查评定记录 1 2 3 4 5 6 7 8 9 10	监理（建设）单位验收记录
1	材料的质量	第10.3.2条	符合设计及施工规范要求	经查验，主控项目符合设计和施工规范要求
2	颜色、光泽、图案	第10.3.3条	符合设计及施工规范要求	
3	涂饰均匀、粘结质量，不得漏涂、透底等	第10.3.4条	符合设计及施工规范要求	
4	基层处理	第10.3.5条	符合设计及施工规范要求	

一般项目			规范规定		施工单位检查评定记录	
			普通	高级	1 2 3 4 5 6 7 8 9 10	
1	色漆涂饰质量	颜色	均匀一致	均匀一致		经查验一般项目符合要求符合设计及施工规范要求
		光泽、光滑	光泽基本均匀光滑无挡手感	光泽基本均匀光滑		
		刷纹	刷纹通顺	无刷纹		
		裹棱、流坠、皱皮	明显处不允许	不允许		
		装饰线、分色线直线度	2mm	1mm		
2	清漆涂饰质量	颜色	基本一致	均匀一致	符合设计及施工规范要求	
		木纹	棕眼刮平、木纹清楚	棕眼刮平、木纹清楚	符合设计及施工规范要求	
		光泽、光滑	光泽基本均匀光滑无挡手感	光泽基本均匀光滑	符合设计及施工规范要求	
		刷纹	无刷纹	无刷纹	符合设计及施工规范要求	
		裹棱、流坠、皱皮	明显处不允许	不允许	符合设计及施工规范要求	
3	涂层与其他装修材料和设备衔接处		第10.3.8条		符合设计及施工规范要求	

施工单位检查评定结果	经检查，该检验批主控项目和一般项目施工质量符合设计和相关规范要求，实体质量合格，资料完整，评定合格。 项目专业质量检查员：××× ××××年××月××日
监理（建设）单位验收结论	经检查，见证取样验收，该检验批主控项目和一般项目施工质量符合设计和相关规范要求，评定合格，可进入下道工序。 专业监理工程师： （建设单位项目专业技术负责人）××× ××××年××月××日

注：1. 本表由施工项目专业质量检查员填写，监理工程师（建设单位项目技术负责人）组织项目专业质量（技术）负责人等进行验收。

2. 记录中定量项目填写数据，结果和结论栏由本人签字。

美术涂料分项工程质量验收记录

工程名称	××市公安局办公大楼	结构类型	框架	检验批数	3
施工单位	××建筑工程公司	项目经理	××	项目技术负责人	××
分包单位	—	分包单位负责人	××	分包项目经理	××
序号	检验批部位、区段		施工单位检查评定结果	监理(建设)单位验收结论	
1	一~三层美术涂料		合格	符合要求	
2	四~六层美术涂料		合格	符合要求	
3	七~九层美术涂料		合格	符合要求	
4					
5					
6					
7					
8					
9					
10					
11					
12					
13					
14					
15					
16					
17					
18					
检查结论	经检查,美术涂料分项工程的检验批质量验收记录完整,质量符合设计和规范要求,评定为合格。 项目专业技术负责人:××× ××××年××月××日		验收结论	经检查,该分项工程资料完整,符合设计和规范要求,评定为合格,同意后续工程施工。 监理工程师: (建设单位项目专业技术负责人) ××× ××××年××月××日	

注:1. 本表由施工项目专业质量检查员填写,监理工程师(建设单位项目技术负责人)组织项目专业质量(技术)负责人等进行验收。

2. 结论栏由本人签字。

美术涂饰工程检验批质量验收记录

工程名称	×××市公安局办公大楼	验收部位	一~三层外墙
施工单位	×××建筑工程公司	项目经理	×××
施工执行标准名称及编号	涂饰工程工艺标准（QBJ00X—2002）	分包项目经理	×××
分包单位	—		三层外墙

	主 控 项 目	规范规定	施工单位检查评定记录 1 2 3 4 5 6 7 8 9 10	监理（建设）单位验收记录
1	材料的质量	第10.4.2条	符合设计及施工规范要求	经查验，主控项目符合设计和施工规范要求
2	涂饰均匀和粘结牢固、不得漏涂、透底	第10.4.3条	符合设计及施工规范要求	
3	基层处理	第10.4.4条	符合设计及施工规范要求	
4	套色、花纹和图案	第10.4.5条	符合设计及施工规范要求	

	一 般 项 目	规范规定	施工单位检查评定记录 1 2 3 4 5 6 7 8 9 10	
1	美术涂饰表面应洁净，不得有流坠	第10.4.6条	符合设计及施工规范要求	经查验一般项目符合设计及施工规范要求
2	仿花纹涂饰饰面应具有被模仿材料纹理	第10.4.7条	符合设计及施工规范要求	
3	套色涂饰图案不得移位，纹理和轮廓清晰	第10.4.8条	符合设计及施工规范要求	

施工单位检查评定结果	经检查，该检验批主控项目和一般项目施工质量符合设计和相关规范要求，实体质量合格，资料完整，评定合格。 项目专业质量检查员：××× ××××年××月××日
监理（建设）单位验收结论	经检查，见证取样验收，该检验批主控项目和一般项目施工质量符合设计和相关规范要求，评定合格，可进入下道工序。 专业监理工程师： （建设单位项目专业技术负责人）××× ××××年××月××日

注：1. 本表由施工项目专业质量检查员填写，监理工程师（建设单位项目技术负责人）组织项目专业质量（技术）负责人等进行验收。

2. 记录中定量项目填写数据，结果和结论栏由本人签字。

护栏扶手制作安装分项工程质量验收记录

工程名称	××市公安局办公大楼	结构类型	框架	检验批数	3
施工单位	××建筑工程公司	项目经理	××	项目技术负责人	××
分包单位	—	分包单位负责人	××	分包项目经理	××
序号	检验批部位、区段		施工单位检查评定结果	监理(建设)单位验收结论	
1	一~三层护栏扶手制作安装		合格	符合要求	
2	四~六层护栏扶手制作安装		合格	符合要求	
3	七~九层护栏扶手制作安装		合格	符合要求	
4					
5					
6					
7					
8					
9					
10					
11					
12					
13					
14					
15					
16					
17					
18					
检查结论	经检查,护栏扶手制作安装分项工程的检验批质量验收记录完整,质量符合设计和规范要求,评定为合格。 项目专业技术负责人:××× ××××年××月××日		验收结论	经检查,该分项工程资料完整,符合设计和规范要求,评定为合格,同意后续工程施工。 监理工程师: (建设单位项目专业技术负责人)××× ××××年××月××日	

注:1. 本表由施工项目专业质量检查员填写,监理工程师(建设单位项目技术负责人)组织项目专业质量(技术)负责人等进行验收。

2. 结论栏由本人签字。

护栏和扶手制作与安装工程检验批质量验收记录

工程名称	×××市公安局办公大楼			验收部位	1号楼梯
施工单位	×××建筑工程公司			项目经理	×××
施工执行标准名称及编号	细部工程工艺标准（QBJ00X—2002）			分包项目经理	×××
分包单位	—			施工班组长	×××

	主 控 项 目	规范规定	施工单位检查评定记录 1 2 3 4 5 6 7 8 9 10	监理（建设）单位验收记录
1	材料的材质、规格、数量、性能	第12.5.3条	符合设计及施工规范要求	经查验,主控项目符合设计和施工规范要求
2	造形、尺寸、安装位置	第12.5.4条	符合设计及施工规范要求	
3	安装预埋件数量、规格、位置、连接节点	第12.5.5条	符合设计及施工规范要求	
4	护栏高度、栏杆间距、安装位置、牢固	第12.5.6条	符合设计及施工规范要求	
5	护栏玻璃的品种、规格	第12.5.7条	符合设计及施工规范要求	

	一 般 项 目	规范规定	施工单位检查评定记录 1 2 3 4 5 6 7 8 9 10	监理（建设）单位验收记录
1	护栏、扶手转角弧度、接缝及表面质量	第12.5.8条	符合设计及施工规范要求	经查验一般项目均符合要求,计数点共实测12点,其中合格11点、不合格1点,合格率92%
2	允许偏差项目	允许偏差（mm）	实测值（mm） 1 2 3 4 5 6 7 8 9 10	
	护栏垂直度	3	2 2 3	
	栏杆间距	3	2 1 ④	
	扶手直线度	4	3 2 3	
	扶手高度	3	3 3 2	

施工单位检查评定结果	共实测12点，其中合格11点、不合格1点，合格率92%。 经检查，该检验批主控项目和一般项目施工质量符合设计和相关规范要求，实体质量合格，资料完整，评定合格。 项目专业质量检查员：××× ××××年××月××日
监理（建设）单位验收结论	经检查，见证取样验收，该检验批主控项目和一般项目施工质量符合设计和相关规范要求，评定合格，可进入下道工序。 专业监理工程师： （建设单位项目专业技术负责人）××× ××××年××月××日

注：1. 本表由施工项目专业质量检查员填写，监理工程师（建设单位项目技术负责人）组织项目专业质量（技术）负责人等进行验收。

2. 记录中定量项目填写数据，结果和结论栏由本人签字。

玻璃幕墙分项工程质量验收记录

工程名称	××市公安局办公大楼	结构类型	框架	检验批数	2
施工单位	××建筑工程公司	项目经理	××	项目技术负责人	××
分包单位	—	分包单位负责人	××	分包项目经理	××
序号	检验批部位、区段	施工单位检查评定结果	监理（建设）单位验收结论		
1	南立面玻璃幕墙	合格	符合要求		
2	北立面玻璃幕墙	合格	符合要求		
3					
4					
5					
6					
7					
8					
9					
10					
11					
12					
13					
14					
15					
16					
17					
18					
检查结论	经检查，玻璃幕墙分项工程的检验批质量验收记录完整，质量符合设计和规范要求，评定为合格。 项目专业技术负责人：××× ××××年××月××日	验收结论	经检查，该分项工程资料完整，符合设计和规范要求，评定为合格，同意后续工程施工。 监理工程师： （建设单位项目专业技术负责人）××× ××××年××月××日		

注：1. 本表由施工项目专业质量检查员填写，监理工程师（建设单位项目技术负责人）组织项目专业质量（技术）负责人等进行验收。

2. 结论栏由本人签字。

玻璃幕墙工程检验批质量验收记录一

共2页，第1页

单位工程名称	×××市公安局办公大楼		验收部位	北立面
施工单位	×××建筑工程公司		项目经理	×××
施工执行标准名称及编号	幕墙工程工艺标准（QBJ00X—2002）		分包项目经理	×××
分包单位	—		施工班组长	×××

	主 控 项 目	规范规定	施工单位检查评定记录 1 2 3 4 5 6 7 8 9 10	监理（建设）单位验收记录
1	材料、构件和组件的质量	第9.2.2条	符合要求	经查验，主控项目符合设计和施工规范要求
2	幕墙的造形和立面分格	第9.2.3条	符合要求	
3	幕墙玻璃的质量	第9.2.4条	符合要求	
4	幕墙与主体结构连接的预埋件、连接件、紧固件安装牢固、数量、规格、位置连接方法和防腐处理	第9.2.5条	符合要求	
5	连接件、紧固件的螺栓安装	第9.2.6条	符合要求	
6	隐框、半隐框幕墙的托条	第9.2.7条	符合要求	
7	明框幕墙的玻璃安装	第9.2.8条	符合要求	
8	$h>4m$的全玻璃幕墙安装	第9.2.9条	符合要求	
9	点支承幕墙的安装	第9.2.10条	符合要求	
10	幕墙与主体结构连接节点、变形缝、墙角连接节点	第9.2.11条	符合要求	
11	幕墙应无渗漏	第9.2.12条	符合要求	
12	结构胶、密封胶的打注，宽度和厚度	第9.2.13条	符合要求	
13	幕墙开启窗的配件和安装质量	第9.2.14条	符合要求	
14	防雷装置的连接	第9.2.15条	符合要求	

	一 般 项 目	规范规定	施工单位检查评定记录 1 2 3 4 5 6 7 8 9 10	监理（建设）单位验收记录
1	幕墙表面质量	第9.2.16条	符合要求	经查验，主控项目符合设计和施工规范要求
2	每平方米玻璃的表面质量	第9.2.17条	符合要求	
	明显划伤及长度>100mm的轻微划伤	不允许		
	长度≤100mm的轻微划伤	≤8条		
	擦伤总面积	≤500mm²		
3	一个分格铝合金型材的表面质量	第9.2.18条	符合要求	
	明显划伤及长度>100mm的轻微划伤	不允许		
	长度≤100mm的轻微划伤	≤2条		
	擦伤总面积	≤500mm²		
4	明框幕墙外露框、压条	第9.2.19条	符合要求	
5	幕墙的密封胶缝	第9.2.20条	符合要求	
6	防火、保温材料填充	第9.2.21条	符合要求	
7	幕墙隐蔽节点的遮封装修	第9.2.22条	符合要求	

注：1. 本表由施工项目专业质量检查员填写，监理工程师（建设单位项目技术负责人）组织项目专业质量（技术）负责人等进行验收。

2. 记录中定量项目填写数据，定性项目"符合规范要求"用文字标注，结果和结论栏由本人签字。

玻璃幕墙工程检验批质量验收记录二

共2页，第2页

允许偏差项目		允许偏差(mm)	实测值（mm）										监理（建设）单位验收记录
			1	2	3	4	5	6	7	8	9	10	
明框玻璃幕墙安装	幕墙垂直度 幕墙高度≤30m	10	4	5	7								
	30m＜幕墙高度≤60m	15											
	60m＜幕墙高度≤90m	20											
	幕墙高度＞90m	25											
	幕墙水平度 幕墙幅宽≤35m	5	5	⑦	4								
	幕墙幅宽＞35m	7											
	构件直线度	2	2	1	2								
	构件水平度 构件长度≤2m	2	2	2	2								
	构件长度＞2m	3											
	相邻构件错位	1	②	1	0								
	分框对角线长度差 对角线≤2m	3											经检验一般项目符合要求，计数点共实测15点，其中合格13点、不合格2点，合格率87%
	对角线＞2m	4	3	4	2								
隐框半隐框玻璃幕墙安装	幕墙垂直度 幕墙高度≤30m	10											
	30m＜幕墙高度≤60m	15											
	60m＜幕墙高度≤90m	20											
	幕墙高度＞90m	25											
	幕墙水平度 层高≤3m	3											
	层高＞3m	5											
	幕墙表面平整度	2											
	板材立面垂直度	2											
	板材上沿水平度	2											
	相邻板材板角错位	1											
	阳角方正	2											
	接缝直线度	3											
	接缝高低差	1											
	接缝宽度	1											

	专业工长（施工员）	×××	施工班组长	×××
施工单位检查评定结果	共实测18点，其中合格16点、不合格2点，合格率89%。 经检查，该检验批主控项目和一般项目施工质量符合设计和相关规范要求，实体质量合格，资料完整，评定合格。 项目专业质量检查员：××× ××××年××月××日			
监理（建设）单位验收结论	经检查，见证取样验收，该检验批主控项目和一般项目施工质量符合设计和相关规范要求，评定合格，可进入下道工序。 专业监理工程师： （建设单位项目专业技术负责人）××× ××××年××月××日			

注：1. 本表由施工项目专业质量检查员填写，监理工程师（建设单位项目技术负责人）组织项目专业质量（技术）负责人等进行验收。
2. 记录中定量项目填写数据，定性项目"符合规范要求"用文字标注，结果和结论栏由本人签字。

项目6　安全和功能检验资料核查记录

建筑与结构安全和功能检验资料核查记录

工程名称：××市公安局办公大楼

施工单位：××建筑工程公司

单位(子单位)工程安全和功能检验资料核查记录

序号	项目	安全和功能检验	份数	核查意见	备注
一	建筑与结构	屋面淋水记录	5	合格	
二		地下室防水效果检查记录	2	合格	
三		有防水要求的地面蓄水试验记录	9	合格	
四		建筑物垂直度、标高、全高测量记录	1	合格	
五		抽气风道检查记录	1	合格	
六		幕墙及外窗气密性、水密性、耐风压检测报告	1	合格	
七		建筑物沉降观测测量记录	/		
八		节能保温测试记录	/		
九		室内环境检测记录	1	合格	

屋面淋水试验记录

工程名称	××市公安局办公大楼	建设单位	××市公安局
施工单位	××建筑工程公司	监理单位	××监理公司
试验部位	五层屋面1~3轴	检查日期	×年×月×日
屋面面积	240m²	试验日期	×××年××月××日	淋水时间	×时—×时

淋水记录	沿屋面A轴和D轴布置两根同长度的花管（钢管直径38mm，管上部钻4mm的孔，孔距1000mm），用有压力的自来水管接通进行持续淋水（呈人工降水状）2h。经检查： 1. 屋面及水落口、伸出屋面管道细部无渗漏。 2. 无积水现象。 3. 屋面排水通畅。

施工单位检查结果	淋水试验合格。　　　　　　　　　项目专业质量检查员：××× 　　　　　　　　　　　　　　　　　　　　××××年××月××日
	项目专业技术负责人　　×××　　专业工长（施工员）　　×××
监理（建设）单位结论	符合规范要求。 　　　　　　　　　　　　　　　　　监理工程师： 　　　　　　　　　　　　　　（建设单位项目专业技术负责人）　××× 　　　　　　　　　　　　　　　　　　　　××××年××月××日

地下室防水效果检查记录

工程名称	××公安局办公大楼		建设单位	××公司	
施工单位	××建筑工程公司		监理单位	××监理公司	
施工部位	基础外墙	防水等级	×级	检查日期	××××年××月××日
检查记录	基础外墙内侧表面干燥，无湿渍现象。				
施工单位检查结果	防水效果满足地下防水工程施工质量验收规范（GB50208—2002）3.0.1条、附录C第C.0.1条规定。 项目专业质量检查员：××× ××××年××月××日				
	项目专业技术负责人	×××	专业工长（施工员）	×××	
监理（建设）单位结论	符合规范要求。 监理工程师： （建设单位项目专业技术负责人） ××× ××××年××月××日				

建筑物垂直度、标高、全高测量记录

工程名称	××公安局办公大楼		建设单位	××公司
施工单位	××建筑工程公司		监理单位	××监理公司
设计总高	280500mm		标准垂直度	20mm

	垂直度测量		标高测量	
测量记录	测量点	实测偏差（mm）	测量点	实测偏差（mm）
	1号西北角	18	A北侧西端檐口	+14
	2号东北角	12	B东侧北端檐口	+10
	3号东南角	17	C南侧东端檐口	+13
	4号西南角	20	D西侧南端檐口	+7
	测量点示意图：			

施工单位检查结果	实测偏差值符合砌体工程施工质量验收规范（GB50203—2002）、建筑变形测量规程（JGJ/T8—97）规定。　　　　　　　项目专业质量检查员：××× ××××年××月××日			
	项目专业技术负责人	×××	测量人	×××
监理（建设）单位结论	符合规范要求。 　　　　　　　　　　　　　监理工程师： 　　　　　　（建设单位项目专业技术负责人）　××× 　　　　　　　　　　　　　××××年××月××日			

检 验 报 告

（200×）×建质（委）字第 CH001 号

产 品 名 称：　　　铝合金窗　　　

委 托 单 位：　　××建筑工程公司　　

检 验 类 别：　　　委托检验　　　

××省（区）建筑材料、建筑构件产品质量监督监督站

二〇〇×年××月××日

注 意 事 项

1. 报告无"检验报告专用章"无效。

2. 复制报告未重新加盖"检验报告专用章"无效。

3. 报告无主检、审核、批准人签名无效。

4. 报告涂改无效。

5. 对检验鉴定报告若有异议,应于收到报告之日起十五日内向检验单位提出,逾期不予受理。

6. 委托检验对来样负责,抽样检验对抽样批量负责。

打字:×××	校对:×××
地址:×××市××路4号	电话:(××××)4313487
邮政编码:830054	传真:××××—4326064

门窗检验报告

×建质（委）字第 CH001 号　　　　　　　　　　　　　　　　　　共 2 页第 1 页

产品名称	铝合金窗	规格、型号	C1218
工程名称	×××市公安局办公大楼	商　标	××
工程部位	外窗	报告编号	2003CH001
委托单位	×××建筑工程公司	委托日期	×××
见证单位	—	见证人	—
生产单位	××厂	送样人	×××
样品数量	3 樘	委托项目	抗风压、气密性、水密性
代表批量	20 樘		
试件面积	2.16m^2	检验类别	委托检验
开启缝长	5.44m	受力杆测点间距	1720mm
玻璃品种	平板	玻璃最大尺寸	500mm×1100mm
挡水高度	1.8cm	开启密封条材料	橡皮条
五金配件	双锁点	镶嵌材料	压条
样品状态	未发现影响测试的缺陷	镶嵌方法	干法
检验依据	建筑外窗抗风压性能分级及检测方法（GB/T7106—2002） 建筑外窗气密性能分级及检测方法（GB/T7107—2002） 建筑外窗水密性能分级及检测方法（GB/T7108—2002）		
检验结论	该样品经检验，水密性能达到 GB/T7108—2002 标准规定的 I 级窗要求；抗风压性能达到 GB/T7106—2002 标准规定的 4 级窗要求；气密性能正压、负压均达到 GB/T7107—2002 标准规定的 4 级窗要求。 　　　　　　　　　　　×××建材、构件产品质检站 　　　　　　　　　　　　　（检验专用章） 　　　　　　　　　签发日期：200×年××月××日		
备注			
批准	×××	审核	×××	主检	×××

门窗检验报告

××建质（委）字第 CH001 号　　　　　　　　　　　　　　　　　　　共2页第2页

检验项目			计量单位	实　测　值			单项判定	
				第一樘	第二樘	第三樘		
建筑外窗的气密性能	10Pa下单缝长空气渗透量	正压	m³/(m·h)	0.7	0.61	0.68	0.7	4级
		负压		0.57	0.56	0.56	0.6	4级
	10Pa下单位面积空气渗透量	正压	m³/(m·h)	1.94	1.70	1.90	1.8	4级
		负压		1.58	1.57	1.55	1.6	4级
建筑外窗水密性能			Pa	100	100	100	100	1级
建筑外窗抗风压性能			kPa	2.9	2.5	2.7	2.5	4级
建筑外窗保温性能			W/m²·K	—	—	—	—	—

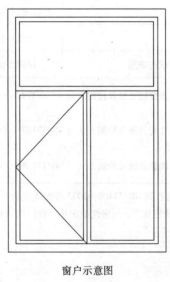

窗户示意图

备注					
批准	×××	审核	×××	主检	×××

三项物理性能分级对照表

建筑外窗气密性能分级表

分级	1	2	3	4	5
单位缝长分级指标 $q_1/m^3/(m \cdot h)$	$6.0 \geqslant q_1 > 4.0$	$4.0 \geqslant q_1 > 2.5$	$2.5 \geqslant q_1 > 1.5$	$1.5 \geqslant q_1 > 0.5$	$q_1 \leqslant 0.5$
单位面积分级指标 $q_1/m^3/(m \cdot h)$	$18 \geqslant q_2 > 12$	$12 \geqslant q_2 > 7.5$	$7.5 \geqslant q_2 > 4.5$	$4.5 \geqslant q_2 > 1.5$	$q_2 \leqslant 1.5$

建筑外窗水密性能分级表

分级	1	2	3	4	5	××× [1)
分级指标 ΔP (Pa)	$100 \leqslant \Delta P < 150$	$150 \leqslant \Delta P < 250$	$250 \leqslant \Delta P < 350$	$350 \leqslant \Delta P < 500$	$500 \leqslant \Delta P < 700$	$\Delta P \geqslant 700$

1) ×××× 表示用≥700Pa 的具体值,取代分级号

建筑外窗抗风压性能分级表

分级代号	1	2	3	4	5	6	7	8	x··x [a)
分级指标 P_3 (kPa)	$1.0 \leqslant P_3 < 1.5$	$1.5 \leqslant P_3 < 2.0$	$2.0 \leqslant P_3 < 2.5$	$2.5 \leqslant P_3 < 3.0$	$3.0 \leqslant P_3 < 3.5$	$3.5 \leqslant P_3 < 4.0$	$4.0 \leqslant P_3 < 4.5$	$4.5 \leqslant P_3 < 5.0$	$P_3 \geqslant 5.0$

a) 表中x··x表示用≥5.0kPa的具体值,取代分级号

检 验 报 告

(200×)×建质(委)字第001号

工 程 名 称： ××市公安局办公大楼

委 托 单 位： ××建筑工程公司

检 验 类 别： 委托抽检

×××省（区）建筑材料、建筑构件产品质量监督监督站

（××建筑工程室内环境检测中心）

二〇〇×年××月××日

注 意 事 项

1. 报告无"检验报告专用章"无效。

2. 复制报告未重新加盖"检验报告专用章"无效。

3. 报告无主检、审核、批准人签名无效。

4. 报告涂改无效。

5. 对检验鉴定报告若有异议，应于收到报告之日起十五日内向检验单位提出，逾期不予受理。

6. 委托检验对来样负责，抽样检验对抽样批量负责。

打字：×××　　　　　　　　校对：×××
地址：×××市×××路4号　　电话：（××××）4313487
邮政编码：830054　　　　　　传真：××××—4326064

室内环境污染物检测报告

(2003)×建质(检)字第001号

<table>
<tr><th colspan="2">检验项目</th><th>氡</th><th>游离甲醛</th><th>苯</th><th>氨</th><th>TVOC</th><th rowspan="2">单项判定</th></tr>
<tr><td colspan="2">计量单位</td><td>mg/m³</td><td>mg/m³</td><td>mg/m³</td><td>mg/m³</td><td>mg/m³</td></tr>
<tr><td rowspan="2">质量指标</td><td>Ⅰ</td><td>≤200</td><td>≤0.08</td><td>≤0.09</td><td>≤0.2</td><td>≤0.5</td><td></td></tr>
<tr><td>Ⅱ</td><td>≤400</td><td>≤0.12</td><td>≤0.09</td><td>≤0.5</td><td>≤0.6</td><td></td></tr>
<tr><td rowspan="10">检测结果</td><td>101（客厅）</td><td>26</td><td>0.06</td><td>未检出</td><td>0.2⁻</td><td>0.2</td><td>符合</td></tr>
<tr><td>106（大卧室）</td><td>24</td><td>0.05</td><td>未检出</td><td>0.2⁻</td><td>0.1</td><td>符合</td></tr>
<tr><td>210（小卧室）</td><td>24</td><td>0.04</td><td>未检出</td><td>0.1</td><td>0.2</td><td>符合</td></tr>
<tr><td>203（大卧室）</td><td>20</td><td>0.06</td><td>未检出</td><td>0.1</td><td>0.2</td><td>符合</td></tr>
<tr><td>—</td><td>—</td><td>—</td><td>—</td><td>—</td><td>—</td><td>—</td></tr>
<tr><td>—</td><td>—</td><td>—</td><td>—</td><td>—</td><td>—</td><td>—</td></tr>
<tr><td>—</td><td>—</td><td>—</td><td>—</td><td>—</td><td>—</td><td>—</td></tr>
<tr><td>—</td><td>—</td><td>—</td><td>—</td><td>—</td><td>—</td><td>—</td></tr>
<tr><td>—</td><td>—</td><td>—</td><td>—</td><td>—</td><td>—</td><td>—</td></tr>
<tr><td>—</td><td>—</td><td>—</td><td>—</td><td>—</td><td>—</td><td>—</td></tr>
</table>

单位（子单位）工程观感质量检查记录

GB50300—2001

工程名称	××市公安局办公大楼					施工单位		××建筑工程公司				
序号	项目		抽查质量状况								质量评价		

序号	项目		抽查质量状况									好	一般	差
1	建筑与结构	室外墙面	√	√	√	○	√	√	√	√	√	√		
2		变形缝	√	√	√	√	√	√	√	√	√	√		
3		水落管、屋面	√	√	√	√	○	√	√	√	√	√		
4		室内墙面	√	√	√	√	√	√	√	√	√	√		
5		室内顶棚	√	√	√	√	○	√	√	○	√		√	
6		室内地面	√	√	√	√	√	√	√	√	√	√		
7		楼梯、踏步、护栏	√	○	√	√	√	√	√	√	√	√		
8		门窗	√	√	√	√	○	○	√	√	○		√	
1	给水排水与采暖	管道接口、坡度、支架												
2		卫生器具、支架、阀门												
3		检查口、扫除口、地漏												
4		散热器、支架												
1	建筑电气	配电箱、盘、板，接线盒												
2		设备器具、开关、插座												
3		防雷、接地												
1	通风与空调	风管、支架												
2		风口、风阀												
3		风机、空调设备												
4		阀门、支架												
5		水泵、冷却塔												
6		绝热												
1	电梯	运行、平层、开关门												
2		层门、信号系统												
3		机房												
1	智能建筑	机房设备安装及布局												
2		现场设备安装												
3														
观感质量综合评价			好											

结论：

        施工单位项目经理×××   总监理工程师

                    （建设单位项目负责人）×××

        ××××年××月××日   ××××年××月××日

注：抽查质量状况、质量评价、观感质量综合评价记录由施工单位填写，结论由监理（建设）单位填写。质量评价"好"用√标注，"一般"用○标注，"差"用×标注。质量评价差的项目，应进行返修。签字栏须由本人签字。

单位（子单位）工程质量竣工验收记录

GB50300—2001

工程名称	××市公安局办公大楼	结构类型	框架	层数/建筑面积	21365m²
施工单位	××建筑工程公司	技术负责人	×××	开工日期	××××年××月××日
项目经理	×××	项目技术负责人	×××	竣工日期	××××年××月××日

序号	项目	验收记录	验收结论
1	分部工程	共6分部，经查4分部 符合标准及设计要求4分部	同意验收
2	质量控制资料核查	共11项，经审查符合要求11项，经核定不符合规范要求0项	同意验收
3	安全和主要使用功能核查及抽查结果	共核查6项，符合要求6项， 共抽查3项，符合要求3项， 经返工处理符合要求0	同意验收 ——— 同意验收
4	观感质量验收	共抽查8项，符合要求8项， 不符合要求0	同意验收
5	综合验收结论	合格	

参加验收单位	建设单位	监理单位	施工单位	设计单位
	（公章）	（公章）	（公章）	（公章）
	单位（项目）负责人 ×××年××月××日	总监理工程师 ×××年××月××日	单位负责人 ×××年××月××日	单位（项目）负责人 ×××年××月××日

注：本表验收记录由施工单位填写。验收结论由监理（建设）单位填写。综合验收结论由参加验收各方共同商定，建设单位填写，应对工程质量是否符合设计和规范要求及总体质量水平做出评价。参加验收单位栏须有本人签字，单位盖章。

主要参考文献

1. 中华人民共和国国家标准. 建设工程文件归档整理规范（GB/T 50328—2001）. 北京：中国建筑工业出社，2001
2. 王立信主编. 建筑工程技术资料应用指南. 北京：中国建筑工业出版社，2003
3. 吴松勤主编. 建筑工程施工质量验收规范. 北京：中国建筑工业出版社，2003
4. 建筑工程施工质量验收统一标准（GB50300—2001）. 北京：中国建筑工业出版社，2001
5. 建筑地基基础工程施工质量验收规范（GB50202—2002）. 北京：中国建筑工业出版社，2002
6. 砌体工程施工质量验收规范（GB50203—2002）. 北京：中国建筑工业出版社，2002
7. 混凝土结构工程施工质量验收规范（GB50204—2002）. 北京：中国建筑工业出版社，2002
8. 钢结构工程施工质量验收规范（GB50205—2001）. 北京：中国建筑工业出版社，2001
9. 木结构工程施工质量验收规范（GB50206—2002）. 北京：中国建筑工业出版社，2002
10. 屋面工程质量验收规范（GB50207—2002）. 北京：中国建筑工业出版社，2002
11. 地下防水工程质量验收规范（GB50208—2002）. 北京：中国建筑工业出版社，2002
12. 建筑地面工程施工质量验收规范（GB50209—2002）. 北京：中国建筑工业出版社，2002
13. 建筑装饰装修工程施工质量验收规范（GB50210—2001）. 北京：中国建筑工业出版社，2001
14. 建筑给水排水及采暖工程施工质量验收规范（GB50242—2002）. 北京：中国建筑工业出版社，2002
15. 建筑电气工程施工质量验收规范（GB50303—2002）. 北京：中国建筑工业出版社，2002
16. 通风与空调工程施工质量验收规范（GB50243—2002）. 北京：中国建筑工业出版社，2002
17. 电梯工程施工质量验收规范（GB50310—2002）. 北京：中国建筑工业出版社，2002
18. 蔡高金. 建筑安装工程施工技术资料管理实例应用手册. 北京：中国建筑工业出版社，2003
19. 建设工程法律法规选编. 北京：中国建筑工业出版社，2004
20. 房屋建筑工程技术资料撰写收集整理应用实例. 新疆：自治区建筑标准设计办公室